现代服务领域技能型人才培养模式创新规划教材

管理学基础与实务

主　编　彭庆武

副主编　张于林　宋德凤　周　敏

中国水利水电出版社
www.waterpub.com.cn

内 容 提 要

本书是中国高等职业技术教育研究会《现代服务业技能人才培养培训模式研究与实践》子课题研究成果之一，紧紧围绕高职高专人才的培养目标，按照理论适用、实用、够用的改革要求，以理论密切联系实际的特点作为出发点与追求目标来组织编写。

本书总体设计思路和做法是：按照“工学结合”人才培养模式的要求，采用“基于工作过程导向一工作过程系统化课程”的设计方法，以工作过程为导向，以项目和工作任务为载体，进行工作过程系统化课程设计。将各个学习情境所涉及的内容细分成若干个具体的技能和任务对学生进行训练，各个学习情境按照工作过程组成了完整的管理学体系。真正体现了“工学结合”、融“教、学、做”为一体及“以学生为主体”的高职教育理念。在设计工作任务及其理论知识时，既贯彻上述先进的高职理念，又注意教材的理论性和完整性，以使学生在“管理学”方面具备一定的可持续发展的能力，较好地解决和实现了高职教材一直提倡但又很难以解释和实现的“理论必需、够用”的问题和要求。

本书既可作为高职高专经管类专业的教材，也可作为工商企业中基层管理人员的培训教材。

本书配有免费电子教案，读者可以从中国水利水电出版社网站以及万水书苑下载，网址为：http://www.waterpub.com.cn/softdown/或 http://www.wsbookshow.com。

图书在版编目（CIP）数据

管理学基础与实务 / 彭庆武主编. -- 北京 : 中国水利水电出版社, 2011.1
现代服务领域技能型人才培养模式创新规划教材
ISBN 978-7-5084-8156-2

Ⅰ. ①管… Ⅱ. ①彭… Ⅲ. ①管理学－高等学校：技术学校－教材 Ⅳ. ①C93

中国版本图书馆CIP数据核字(2010)第240491号

策划编辑：周益丹　责任编辑：杨元泓　加工编辑：胡海家　封面设计：李　佳

书　名	现代服务领域技能型人才培养模式创新规划教材 **管理学基础与实务**
作　者	主　编　彭庆武 副主编　张于林　宋德凤　周　敏
出版发行	中国水利水电出版社 （北京市海淀区玉渊潭南路 1 号 D 座　100038） 网址：www.waterpub.com.cn E-mail：mchannel@263.net（万水） sales@waterpub.com.cn 电话：（010）68367658（营销中心）、82562819（万水）
经　售	全国各地新华书店和相关出版物销售网点
排　版	北京万水电子信息有限公司
印　刷	北京市天竺颖华印刷厂
规　格	184mm×260mm　16 开本　12.75 印张　314 千字
版　次	2011 年 1 月第 1 版　2011 年 1 月第 1 次印刷
印　数	0001—4000 册
定　价	24.00 元

现代服务业技能人才培养培训模式研究与实践
课题组名单

顾　问：	王文槿	李燕泥	王成荣
	汤鑫华	周金辉	许　远
组　长：	李维利	邓恩远	
副组长：	郑锐洪	闫　彦	邓　凯
	李作聚	王文学	王淑文
	杜文洁	陈彦许	
秘书长：	杨庆川		
秘　书：	杨　谷	周益丹	胡海家
	陈　洁	张志年	

课题参与院校

北京财贸职业学院
北京城市学院
国家林业局管理干部学院
北京农业职业学院
北京青年政治学院
北京思德职业技能培训学校
北京现代职业技术学院
北京信息职业技术学院
福建对外经济贸易职业技术学院
泉州华光摄影艺术职业学院
广东纺织职业技术学院
广东工贸职业技术学院
广州铁路职业技术学院
桂林航天工业高等专科学校
柳州铁道职业技术学院
贵州轻工职业技术学院
贵州商业高等专科学校
河北公安警察职业学院
河北金融学院
河北软件职业技术学院
河北政法职业学院
中国地质大学长城学院
河南机电高等专科学校
开封大学
大庆职业学院
黑龙江信息技术职业学院
伊春职业学院
湖北城市建设职业技术学院
武汉电力职业技术学院
武汉软件工程职业学院
武汉商贸职业学院
武汉商业服务学院
武汉铁路职业技术学院
武汉职业技术学院
湖北职业技术学院
荆州职业技术学院
上海建桥学院
常州纺织服装职业技术学院
常州广播电视大学
常州机电职业技术学院
常州建东职业技术学院
常州轻工职业技术学院
常州信息职业技术学院
江海职业技术学院
金坛广播电视大学
南京化工职业技术学院
苏州工业园区职业技术学院
武进广播电视大学
辽宁城市建设职业技术学院
大连职业技术学院
大连工业大学职业技术学院
辽宁农业职业技术学院
沈阳师范大学工程技术学院
沈阳师范大学职业技术学院
沈阳航空航天大学
营口职业技术学院
青岛恒星职业技术学院
青岛职业技术学院
潍坊工商职业学院
山西省财政税务专科学校
陕西财经职业技术学院
陕西工业职业技术学院
天津滨海职业学院
天津城市职业学院
天津天狮学院
天津职业大学
浙江机电职业技术学院
鲁迅美术学院
宁波职业技术学院
浙江水利水电专科学校

实践先进课程理念　构建全新教材体系

——《现代服务领域技能型人才培养模式创新规划教材》

出版说明

“现代服务领域技能型人才培养模式创新规划教材”丛书是由中国高等职业技术教育研究会立项的《现代服务业技能人才培养培训模式研究与实践》课题①的研究成果。

进入新世纪以来，我国的职业教育、职业培训与社会经济的发展联系越来越紧密，职业教育与培训的课程的改革越来越为广大师生所关注。职业教育与职业培训的课程具有定向性、应用性、实践性、整体性、灵活性的突出特点。任何的职业教育培训课程开发实践都不外乎注重调动学生的学习动机，以职业活动为导向、以职业能力为本位。目前，职业教育领域的课程改革领域，呈现出指导思想多元化、课程结构模块化、职业技术前瞻化、国家干预加强化的特点。

现代服务类专业在高等职业院校普遍开设，招生数量和在校生人数占到高职学生总数的40%左右，以现代服务业的技能人才培养培训模式为题进行研究，对于探索打破学科系统化课程，参照国家职业技能标准的要求，建立职业能力系统化专业课程体系，推进高职院校课程改革、推进双证书制度建设有特殊的现实意义。因此，《现代服务业技能人才培养培训模式研究与实践》课题是一个具有宏观意义、沟通微观课程的中观研究，具有特殊的桥梁作用。该课题与人力资源和社会保障部的《技能人才职业导向式培训模式标准研究》课题②的《现代服务业技能人才培训模式研究》子课题并题研究。经过酝酿，于2008年底进行了课题研究队伍和开题准备，2009年正式开题，研究历时16个月，于2010年12月形成了部分成果，具备结题条件。课题组通过高等职业技术教育研究会组织并依托60余所高等职业院校，按照现代服务业类型分组，选取市场营销、工商企业管理、电子商务、物流管理、文秘、艺术设计专业作为案例，进行技能人才培养培训模式研究，开展教学资源开发建设的试点工作。

《现代服务业技能人才培养培训方案及研究论文汇编》（以下简称《方案汇编》）、《现代服务领域技能型人才培养模式创新规划教材》（以下简称《规划教材》）既作为《现代服务业技能人才培养培训模式研究与实践》课题的研究成果和附件，也是人力资源和社会保障部部级课题《技能人才职业导向式培训模式标准研究》的研究成果和附件。

《方案汇编》收录了包括市场营销、工商企业管理、电子商务、物流管理、文秘（商务秘书方向、涉外秘书方向）、艺术设计（平面设计方向、三维动画方向）共6个专业8个方向的人才培养方案。

《规划教材》是依据《方案汇编》中的人才培养方案，紧密结合高等职业教育领域中现代服务业技能人才的现状和课程设置进行编写的，教材突出体现了“就业导向、校企合作、

---

① 课题来源：中国高等职业技术教育研究会，编号：GZYLX2009-201021

② 课题来源：人力资源和社会保障部职业技能鉴定中心，编号：LA2009-10

双证衔接、项目驱动”的特点，重视学生核心职业技能的培养，已经经过中国高等职业技术教育研究会有关专家审定，列入人力资源和社会保障部职业技能鉴定中心的《全国职业培训与技能鉴定用书目录》。

本课题在研究过程中得到了中国水利水电出版社的大力支持。本丛书的编审委员会由从事职业教育教学研究、职业培训研究、职业资格研究、职业教育教材出版等各方面专家和一线教师组成。上述领域的专家、学者均具有较强的理论造诣和实践经验，我们希望通过大家共同的努力来实践先进职教课程理念，构建全新职业教育教材体系，为我国的高等职业教育事业以及高技能人才培养工作尽自己一份力量。

丛书编审委员会

现代服务领域技能型人才培养模式创新规划教材

工商企业管理专业编委会

前　言

21 世纪是新的知识经济时代，是不同于传统工业经济时代的新时代，它正在产生与发展一种新的不同于工业经济时代的生产方式，即网络技术支撑的大规模智能化定制生产方式。这一生产方式不同于工业经济时代的生产方式。工业经济时代的生产方式是机器生产机器，是大规模标准化的生产方式。而所谓网络技术支撑是指现代网络技术已经是集信息平台、交易平台与生产平台为一体；所谓智能化是指以智能计算机控制生产经营；定制是指完全按照每个人的需求爱好来制造产品，而且可以做到大规模低成本。知识经济时代的到来、新的生产方式的形成，对我们的社会组织尤其是企业产生了重大的影响，对传统的管理理念、管理模式、管理经验产生了重大的冲击，尽管 21 世纪的新经济形态可能导致管理及管理学的重大变革，但不管怎样变革，管理学的知识始终是要在实践中运用的，而这种运用的有效性很大程度上取决于如何将管理学知识与方法结合组织特定的内容进行创新。在高等职业教育中，管理学原理这一学习领域所对应的是企业的中、低级管理岗位，如企业部门或车间的人力资源管理员、项目管理员、生产管理员、市场营销员、质量管理员、物流管理员、办公室文员、车间主任及部门经理等。

上述工作岗位和工作任务所涉及的理论与方法，包括行使管理职能、制定劳动定额与激励员工、运用管理原理分析企业系统及其效益、管理方法和管理技术、制定企业工作计划、设计企业组织机构并进行人员配备、领导与指挥企业运作、制定控制流程并对工作进行控制等，也就是本教材的主要内容。

本教材的编写在采用“基于工作过程导向—工作过程系统化课程”、“任务驱动”及“项目教学”等模式的同时，将已被事实证明教学效果很好的案例教学法与上述方法综合应用。本教材的主要特点如下：

（1）体现了最新的高职教育理念。按照“工学结合”人才培养模式的要求，采用“基于工作过程导向—工作过程系统化课程”的设计方法，以工作过程为导向，以项目和工作任务为载体，进行工作过程系统化课程设计，真正体现了“工学结合”、融“教、学、做”为一体及“以学生为主体”的高职教育理念。

（2）以工作过程为导向。本书不是按照学科体系的逻辑关系和先后顺序编写的，而是以实际的企业管理工作过程为导向进行学习领域的整体设计和八个学习情境的设计。学生完成了本学习领域的学习和训练，也就学会了企业管理工作过程中工作任务所涉及的主要的管理原理与管理方法，每个学习情境也是按照一项具体的企业管理工作设计的。

（3）以企业管理工作项目为载体。以具体的企业管理工作项目为载体设计工作任务，项目和任务包含与反映了要完成项目和任务所需要的技能及其相关的管理理论与方法。

（4）任务驱动学习模式。根据企业实际的工作情况与要求，将企业管理工作内容设计成“工作任务”。学生在任务驱动下进行学习，教师的主要任务是指导学生完成具体任务，讲解与任务有关的管理理论与方法，而不是“教书”，即强调学生学，而不是教师教。

本书由武汉职业技术学院、武汉软件职业学院、咸宁职业技术学院、荆州职业技术学院四所高职院校的具有多年企业工作经验及管理类课程教学的资深教师参与编写，彭庆武编写单元一、单元七，宋德凤、聂晗编写单元二，宋德凤、董美友编写单元五，周敏编写单元三，张于林编写单元四，程敏编写单元六，秦一丹编写单元八，全书由彭庆武进行策划与统稿，全书由浙江水利水电专科学校经济与管理工程系主任闫彦教授担任主审，编写过程中许多公司管理人员、其他院校企业管理教师提出了宝贵意见，同时本书在编写过程中参考了大量的文献和资料，在此对各位朋友、专家、作者一并表示感谢。同时对于书中的缺憾与不足，敬请同行批评指正。

编 者

2010 年 11 月

目 录

学习单元一　管理与管理者

职业素养

1. 养成从事管理工作的良好习惯；
2. 培养成为一名合格管理者的综合素质；
3. 提升作为一名优秀管理者的管理理念。

能力目标

1. 了解管理的一般概念和相关知识；
2. 进行日常管理活动；
3. 理解管理的深刻内涵及管理者的使命；
4. 掌握常用的管理方法。

学习任务一　管理定位

1.1.1　学习导入

哈佛大学有一个非常著名的关于目标对人生影响的跟踪调查。对象是一群智力、学历、环境等条件都差不多的年轻人，调查结果如下：25 年后再来看被调查的人，有清晰且长远目标的人，25 年来几乎都不曾更改过自己的人生目标，他们都朝着同一个方向不懈地努力，现在，他们几乎都成了社会各界的顶尖成功人士，他们当中不乏白手创业者、行业领袖、社会精英；有清晰但短期目标的人，大都生活在社会的中上层，他们的共同特点是，那些短期目标不断被达成，生活状态稳步上升，成为各行各业的不可或缺的专业人士，如医生、律师、工程师、高级主管等；有较模糊目标的人，几乎都生活在社会的中下层面，他们能安稳地生活与工作，但都没有什么特别的成绩；无目标的人，几乎都生活在社会的最底层，他们的生活都过得很不如意，常常失业。靠社会救济，并且常常都在抱怨他人，抱怨社会，抱怨世界。

（资料来源：中华硕博网 http://www.china-b.com）

1.1.2　相关知识

管理是人类一项最基本的社会活动，其含义极为广泛，通俗的说法有“管理就是管事理人”；“管理就是让别人按自己的意愿去把事情办好”等。就一般意义而论，管理是人们为了实现既定目标而有效利用资源的过程。因而管理的内容十分广泛，一个人有效利用时间是管理，合理安排自己的工资收入也是管理……但我们这里讨论的管理是针对社会组织而言的。每个社会组织都有自己的目标，而要达到目标就必须通过计划、组织、领导、激励、控制等一系列手段去统一组织成员的意志，协调他们的行为，将组织内各种资源合理地配备起来。这一系列的活动过程就是管理。所以，管理是指组织中的管理者通过计划、组织、领导、激励和控制等环节来有效地获得和利用各种资源以期达到组织目标的过程。

管理的这个综合概念至少包括四个方面的含义：

（1）管理适用于任何一个社会组织。管理的第一要素是组织，因为只有集体活动才需要协调，单个人的活动不能算是管理。

（2）管理的基本对象是人。组织活动的主体是人，尽管管理一般都要涉及人、财、物、信息各方面，但纯粹以财、物、信息为对象的管理不是真正意义上的管理，只有包括人在内的管理才是真正意义上的管理。这就是说管理是一种人际关系，存在着管理者和被管理者。

（3）管理是一种协调活动。协调就是使个人的努力与集体的预期目标相一致。管理的本质是协调，每一项管理职能每一次管理决策都需要进行协调，都是为了协调。当然协调的方法可以多种多样，要讲究协调的艺术。

（4）管理是一种有目的的活动。管理的目的是为了实现预期的目标，对企业来说就是要创造盈余（利润）。就是要创造一种环境，使人们在这个环境里投入最少的时间、资金、原材料和个人的辛劳，能够完成集体的目标，或者在这个环境里使用现有的资源，完成的预期目标越多越好。

【课堂训练】王大有是某公司行销部门的六位科长之一，最近该部门经理的职位空缺，王大有是三位被考虑提升补缺的人选中最被看好的一位，这三位人选在工作推动及协调上关系极为密切。从去年开始该部门员工的业绩已呈下降趋势，员工缺勤及流动率偏高，面对这些恶劣情况，外加上级主管的压力，迫使行销部门的原任经理不得不请辞，行销部门的现况，虽不至于到达存亡关头，但却值得高度警惕。该部门的员工已认知情况的严重性，他们常公开讨论该部门经理的空缺究竟应由谁来填补，他们甚至在私底下预测新任的经理，可能会待多久，某天，王大有应公司总经理之约共进午餐，总经理向他透露，他已被内定为行销部门的代经理，并指出倘若他能在未来半年内化解行销部门的危机，他将被赋予正式的经理职位，假如你是王大有，你会不会接任代经理的职位？原因何在？

1.1.2.1 管理的性质

管理具有二重性质，即自然属性和社会属性。

（1）管理的自然属性是指管理要处理人与自然的关系，要合理组织生产力，故也称为管理的生产力属性。管理是一切共同活动所要求的，是适应社会生产力发展和社会分工发展要求而产生的，是社会协作过程本身的要求。马克思曾经指出："一切规模较大的直接社会劳动或共同劳动，都或多或少地需要指挥，以协调个人的活动，并执行生产总体的运动——不同于这一总体的独立器官的运动——所产生的各种一般职能。一个单独的提琴手是自己指挥自己，一个乐队就需要一个乐队指挥。"（《资本论》P367）事实上，一切人类的共同活动——小至一个乐队的演奏，大到整个国家的经济建设，管理都是其顺利进行的必要条件，而且共同活动的规模越大，管理就越显得重要。管理的这种自然属性是由生产力发展水平和人类活动的社会化程度决定的，是一种客观存在，与生产方式、社会制度无关。

（2）管理的社会属性是指管理要处理人与人之间的关系，要受一定生产关系、政治制度和意识形态的影响和制约。通常也称作管理的生产关系属性。例如，管理权属于谁？管理的目的是什么？管理的基本方式是什么等。这些问题归根到底要反映社会制度的性质，本质上，管理从来就是为统治阶级、为生产资料的占有者服务的。管理是一定社会生产关系的反映。国家的管理，企业的管理，各种社会组织的管理概莫能外。在资本主义条件下，管理体现了资本主义的生产关系。尽管世界在变化，管理的社会属性也有所变化，表现在：①经理阶层的产生，使生产资料的所有权与经营权发生分离；②中产阶级的产生，他们拥有股票参与管理；③国家干预经济，国家垄断资本主义的产生；④社会公众与消费者对企业的影响和权力日益扩大。这说明资本主义企业管理的社会属性已经多元化了，但并没有从根本上改变资本的剥削性和独裁性，只不过是它把蛋糕做得更大了。社会主义管理的社会属性要求把握一点，即坚持生产资料的社会主义公有制。社会主义的根本任务是发展生产力，以满足人民日益增长的物质文化生活需要，人与人之间的关系是平等的。但由于我国还处在社会主义初级阶段，仍存在理论和现实的许多问题难以解决。

（3）管理二重性理论的现实意义。

1）要全面认识管理的任务和作用。管理要求既要合理组织生产力，又要努力改善生产关系，两者不可偏废。“见物不见人”和“见人不见物”的倾向都是错误的。

2）要全面认识对管理人员的素质要求。管理的基本任务决定了管理人员既应具备组织生产力的技术知识和能力，又应具备处理人际关系及各种社会关系的知识和能力。软硬兼备，又红又专。

3）要全面地认识国外的管理理论和经验。批判地吸收、学习和借鉴国外在生产力组织方面和处理人际关系及各种社会关系方面的先进理论和经验，不盲目照搬。

1.1.2.2　管理的职能

管理具有哪些基本职能呢？经过许多人一百多年的研究，至今还是众说纷纭，达 15 种之多。经典的提法是法约尔的计划、组织、指挥、协调和控制五职能；最常见的提法是厄威克的计划、组织和控制；最新颖的提法是决策、组织、领导、控制和创新（《管理学：原理与方法》周三多、陈传明、鲁明泓）。本课程的提法是计划、组织、领导和控制，它将法约尔五职能中的指挥、协调职能合为领导职能。

（1）计划职能。必须规定组织的目标以及如何实现目标。计划职能包含制定组织目标，制定整体战略以实现这些目标，以及将计划逐层展开，以便协调和整合各种不同类型的活动。

（2）组织职能。管理者还承担着设计组织结构的职责，包括决定组织要完成的任务是什么；谁去完成这些任务；这些任务怎样分类组合；谁向谁报告；以及各种决策应由哪一层级制定。

（3）领导职能。每一个组织都是由人组成的，管理的任务是指导和协调组织中的人。当管理者激励下属，指导他们的活动，选择最有效的沟通渠道解决组织成员之间的冲突时，他就是在进行领导。

（4）控制职能。当设定了目标之后，就开始制定计划，向各部门分派任务，雇佣人员，对人员进行培训和激励。尽管如此，有些事情还可能出岔子。为了保证事情按既定的计划进行，必须监控组织的绩效，必须将实际的表现与预定的目标进行比较。如果出现任何显著的偏差，管理的任务就是使组织回到正确的轨道上来。这种监控、比较和纠正就是控制职能的含义。

【小资料】管理的演变。

管理的发展经过了三个发展阶段：传统发展阶段、科学发展阶段、现代管理阶段。

传统管理阶段的时间是 18 世纪后期到 20 世纪初期，由手工业生产过渡到近代机械化早期，属资本主义自由竞争阶段。这时虽然出现了工厂，但还处于工厂发展的早期阶段，管理工作一开始并不很重视。以后由于使用机器，使得劳动分工协作显得越来越重视，因此，管理工作也显得重要了。内容是传授管理者的经验，这一阶段虽然出现了亚当·斯密、巴贝奇、欧文等科学管理思想的先驱，但还没有形成系统的、科学的管理理论。科学管理时代的时间是 20 世纪初到 50 年代，资本主义发展到了垄断阶段，这一阶段科学管理代替了传统的经验管理，资本主义企业管理进入了一个新阶段。这个时期的管理有几个著名的代表人物。如泰罗、法约尔、吉尔布雷斯等。现代管理阶段的时间是 20 世纪 50 年代以后。管理理论和管理实践得到了飞速的发展。主要代表人物有德鲁克、巴纳德、伯法、卡斯特和罗森次韦克、西蒙等。

1.1.3 学习自测

一、单选题

1．由于管理的广泛性和复杂性及研究的侧重点不同，对管理所下定义也各异。法约尔认为，（ ）。

A．管理就是要确切地知道要别人干什么，并要求他们用最好最经济的方法去干

B．管理就是实行计划、组织、指挥、协调和控制

C．管理就是决策

2．这是一个网络系统，由输入、处理、输出和反馈四个环节构成，它在管理各职能中占有重要地位，就是管理的（ ）。

A．决策职能　　B．控制职能　　C．领导职能

3．梅奥等人通过霍桑试验得出结论：人们的生产效率不仅受到物理的、生理的因素的影响，而且还受到社会环境、社会心理因素的影响。由此创立了（ ）。

A．行为科学学说　　B．人文关系学说

C．人际关系学说

4．科学管理理论是古典管理理论之一，科学管理的中心问题是（ ）。

A．提高劳动生产率　　B．提高工人的劳动积极性

C．制定科学的作业方法

5．对企业现在和未来的整体效益活动实行全局性管理，就是（ ）的核心。

A．经营管理　B．战略管理　C．企业战略

二、判断题

1．组织是管理的一项重要职能，它由三个基本要素构成，即目标、结构和关系。（ ）

2．从教材给“管理”所下定义中，可以得出这样的结论，管理的对象就是组织及其各种资源。（ ）

3．现代企业管理学认为，企业管理的重点在经营，而经营的核心是计划。（ ）

4．控制的实质就是使实践符合于计划，计划就是控制的基础。（ ）

5．组织的效率是指组织活动达到组织目标的经济效益大小。（ ）

6．法约尔是西方古典管理理论在法国的杰出代表，他提出的一般管理理论对西方管理理

论的发展有重大的影响，被誉为“一般管理理论之父”。 （ ）

7．在《社会组织与经济组织理论》一书中，他最早提出一套比较完整的行政组织体系理论，因此被称之为“组织理论之父”。他就是法国古典管理理论的代表——韦伯。 （ ）

8．梅奥认为，在共同的工作过程中，人们相互之间必然发生联系，产生共同的感情，自然形成一种行为准则或惯例，要求个人服从，这就构成了“人的组织”。 （ ）

9．“正式组织”与“非正式组织”的区别在于，“正式组织”中以效率的逻辑为重要标准。 （ ）

10．经验学派主张通过分析经验来研究并传授管理学问题，被称为经验教学。 （ ）

三、简答题

1．如何理解管理的性质？

2．马斯洛的需要层次理论把人类的需要归为五大类，它们都是哪些需要？

3．简述控制在管理中的地位和作用。

1.1.4 案例分析

叶萍服装店

私营企业“叶萍服装店”店主兼经理吕叶萍三年前办起这家服装店以来，一直经营得很顺利。最近，她不断收到许多顾客的口头或书面抱怨，反映该店在产品质量和交货方面都有很多问题，还常常碰上原材料不足的情况；有两家关键主顾甚至取消了对该店的大宗订货。这使她困惑不解，不明白她的生意究竟出了什么毛病。小吕 1974 年高中毕业后，就下乡插队落户。那时，她就迷上了服装裁剪缝制这门手艺，在生产队的缝纫组里跟一位老裁缝学习与实践操练，并赢得过“巧手姑娘”的美誉。1977 年她返城回家，大学没考上，在家待业，就先参加了一个缝纫组的工作。一年多以后，她进入街道成衣厂当了一名集体所有制工人。她的经验、手艺和才能，使她很快脱颖而出，当上了厂服装设计组组长。

小吕十分喜爱这工作，白天干活，晚上买来有关书籍自学，还自费先后进了服装设计和剪裁训练班。1980～1982 年期间，厂里交给她各式各样的任务，有些还相当艰巨，她都欣然接受，因为她认为这对于她全面掌握成衣业务是个难得的好机会。她参加设计了妇女时装和童装，跟各种布匹供应商打交道，选购合适的衣料，与有特殊订货要求的客户磋商，讨价还价，洽淡合同，她还负责过特殊订货设计、剪裁和缝制间的协调工作，甚至协助过会计整理账目。到 1983 年初，小吕觉得自己已经熟悉服装业务，可称“羽翼丰满”，终于决定停薪留职自己筹资开办服装店。这样，经过积极准备，在当年 6 月正式办起了这家“叶萍服装店”。创业之初，一切从简，她自己任经理，包揽了内、外的全部管理工作，还兼任服装设计师；找来几位熟悉业务的待业知青，一个当秘书兼会计，一个负责下样剪裁，另两人操作缝纫机。由于过去在厂里她参加过跟顾客打交道的活动，一些老“关系户”对她的手艺有些了解，所以开店伊始就得到了几小笔订货。小吕觉得一开始就在顾客中建立起信誉，这是至关重要的。所以她兢兢业业地加工这几批衣服，力求做到优质低价，打响第一炮。这头批主顾果然对“叶萍服装店”的活计十分满意。到翌年春天，这小店已经以质量优异、价格公道并能承做特制服装而赢得了声誉，订货额也提高了 60%，大主顾也由 6 家增加到了 11 家。为了配合生产的增长，小吕又增聘了一位剪裁师傅，并把缝纫机操作工从 2 人增加到 4 人。她自己主要还是搞服装设计，同顾客谈判特殊订货，以及走访各家供应商选购布料。生意在继续迅速扩展，到 1986 年春，订货额又增加了 150%，并招来了 8 位成批订货的大主顾。考虑到业务的进一步增长，小吕再请了一位兼职会计员，负责顾客应付账款的造表、登记，以及编制职工工资表和发放工资；还增加了两位剪裁师傅和四名缝纫工。小吕自己则将更多的时间放在服装尤其是时装设计上，因为“叶萍服装店”已经以其优质特制时装而声誉远扬；同时，她还去采购布料，走访可能的主顾，以争取更多的业务。可是，到了 1986 年初夏，她开始听到了一些顾客的埋怨，反映产品质量有所下降，交货也不及时。这使小吕警觉起来，她十分关心主顾们的感觉，便通过打电话、走访和写信等方式，对出现的问题再三表示抱歉，并保证改进。但是，以后的日子里，顾客们的牢骚反而越来越多了。有位老主顾甚至取消了一笔订货，并且扬言今后不再跟“叶萍服装店”做生意，另一位老主顾则说，情况若不见改善，他也要撤消订货，断绝往来。为此，小吕召开了一次全体职工会议，向职员们说明了顾客反映的情况，并征求大家意见。职工们议论纷纷，有的说，缝纫机买来是旧货，活又重，早就该维修了；有的说，买来的布料有不少疵点；还有的提醒说，有一种布料存货已经用光了。后来她又收到一张没署名的便条，说有几位工人午餐时间太长，干活还常常磨洋工，等等。因此，小吕认为如今真该去请求管理专家来给她一些指点和帮助了。有人告诉她，本地一所大学有一位管理学教授赵博士，对小型企业的经营管理经验丰富，造诣颇深。她决定登门请教，只要确实能改善她家店的营业状况，即使付一笔咨询费也心甘情愿。如果你就是赵博士，根据案例所提供的情况，试分析“叶萍服装店”目前的经营到底出了什么问题以及原因何在？

（黄雁芳，宋克勤．管理学教程案例集．上海：上海财经大学出版社，2008）

1.1.5 实训项目

表 1-1 实训名称：管理认知

实训目的	加深对管理的认识；明确自己在未来职场的管理角色
实训条件	多媒体设备，摄像设备
实训要求	学员分组，要求男女同学搭配，打乱宿舍、地域的界限； 竞选小组长
教师任务	1．组织组长竞选发言；2．点评组长发言
实训评价	对小组活动打分

【参考答案】

一、单选题

1～5 B B C A C

二、判断题

1～5 √ × × √ × 6～10 × × × √ ×

学习任务二 做成熟的管理者

1.2.1 学习导入

我公司有一个平面设计师，我们叫他小马。平时他做的广告是在我的指导下进行的。昨天有一个突发事件，合肥分公司要参加一个展会，需要对展会进行一些平面方面的设计，而该展会的方案是由公司设计总监负责，创意是美好家居旅程，具体的表现是做一个像公交车一样的布展，创意来源于北京奥运会闭幕式伦敦奥运表演。首先我们来看设计总监的过程：第 1 步，设计总监自己把布展的 CAD 图纸做好，包括车的轮廓、尺寸、外形，有几扇窗，有无前后门，车牌的位置等。第 2 步，到小马电脑前，把要求告诉他，让他把车的平面设计做出来，然后进行喷绘。第 3 步，坐在小马旁边进行具体业务指导，不时提出要求：用这个颜色……把这个填充一下……用洋河蓝色经典广告上的蓝色……把图层合并等。小马觉得很烦，工作推进得也很慢。我平时让小马做广告的流程（当然，广告设计和布展设计的过程是不一样的，但我们只看其中的管理原理）：第 1 步，我自己把广告上的文字全部写好。第 2 步，把文字发给小马，让他消化一下。第 3 步，结合文字把广告创意的要求告诉他，在读文字的时候，把广告的具体要求告诉他（哪些文字是需要重点突出的，哪些内容是需要表现的等。第 3 步，在他理解了广告内容之后，给他 30～60 分钟左右（具体看广告的重要性和紧急性）的时间，让他收集素材和灵感，在规定时间结束后，最关键的要求他手绘出至少 2 个以上的稿子让我选择。第 4 步，我作出决策，小马开始设计广告。第 5 步，广告初样出来后，我提出修改意见，最终定稿。

那么，通过这个对比，我们能体会到什么呢？

（资料来源：http://www.cnxz.cn 中国鞋网）

1.2.2 相关知识

管理者是组织和利用各种资源去实现组织目标的指挥者、组织者。

1.2.2.1 管理者的分类

管理人员（如图 1-1 所示）按层次分为：

（1）高层管理人员：即对整个组织的管理负有全面责任的人，它们的主要职责是，制定组织的总目标、总战略、掌握组织的大政方针并评价整个组织的绩效。

（2）中层管理人员：它们的主要职责是，贯彻执行高层管理人员所制定的重大决策，监督和协调基层管理人员的工作。与高层管理人员相比，中层管理人员特别注意日常的管理工作。

（3）基层管理人员：它们的主要职责是，给下属作业人员分派具体工作任务，直接指挥和监督现场作业活动，保证各项任务的有效完成。

一名管理者应具备的管理技能包括技术技能、人际技能和概念技能三方面。

（1）技术技能，是指管理者在所从事的领域内所拥有的专业能力。

（2）人际技能，是指管理者拥有的处理人际关系的技能，亦即与他人共事的能力。

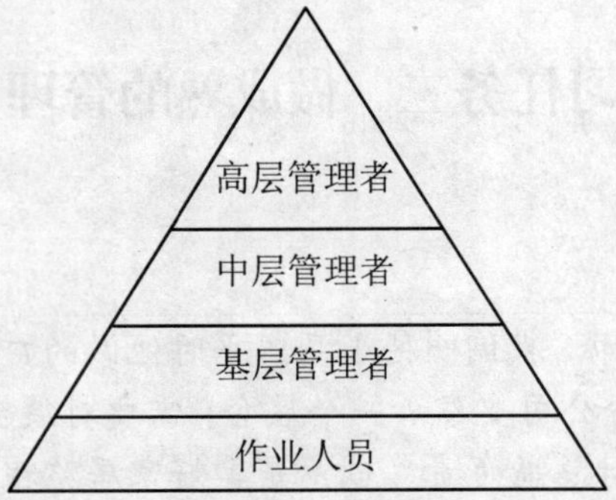

图 1-1　管理者分类

（3）概念技能，是指管理者拥有的把握方向、纵观全局制定大政方针和战略决策的能力。

不同管理人员在行使管理基本职能时的侧重点不同，如表 1-2 所示。

表 1-2　管理者的层次与管理职能

管理者的层次	管理者所需的技能
高层管理者	概念技能
中层管理者	人际技能
基层管理者	技术技能

哈佛商学院的 Katy 教授研究得出各级管理者所需技能的最优化组合，如表 1-3 所示。

表 1-3　不同管理者在管理技能上的不同侧重要求

	技术技能（%）	人际技能（%）	概念技能（%）
高层管理者	17.9	39.4	42.7
中层管理者	22.8	42.4	34.8
基层管理者	50.3	37.7	12.0

【课堂训练】看看我们自己的管理才能和处事技巧怎么样！

D 公司是一家从事研制开发高精密仪器的高科技公司，拥有员工 350 名，最近雇佣了一名刚刚获得 MBA 的贺小姐，她能力强，基础扎实，性格果断，有开拓性，人际关系也很好。她进入公司后工作表现令人满意，很快就被提升为部门主管，这时她才干了三个月，而其他同样的员工往往要干一年才能爬到这个位置。在贺小姐任职的第三年初，她由于出色的工作表现，被任命为一项尖端项目的开发负责人，这项工作非常重要，而且正面临另一家公司的竞争。新的任命刚二个月，D 公司老总意外地接到这个项目组中 5 位专家的辞呈，他们都有可能去那一家公司服务，为竞争对手工作。老总找他们谈话，他们对贺小姐的工作没什么不满意，甚至认为她是最勤奋的人，但是他们不满意她居然比他们这些在公司干了七八年的人升迁得快得多，因此，他们要到其他公司去显示才干，与她一比高低！

请大家发表自己的看法，

（1）你是老总，你怎么处理这个事件？

（2）你是贺小姐，你该怎么办？

（3）您觉得D公司的升迁制度有没有问题？

表1-4进一步表明了管理技能和管理职能之间的关系。

表1-4　管理技能和管理职能之间的关系

技能	职能			
	计划	组织	领导	控制
获取权力		√	√	
积极倾听			√	√
评估跨文化差异		√	√	
预算	√			√
选择有效的领导方式			√	
教练			√	
创建有效的团队		√	√	
授权		√	√	
设计富有挑战性的工作		√	√	
发展信任			√	
执行纪律			√	√
访谈		√	√	
减少变革的阻力		√	√	√
管理时间	√			√
指导			√	
谈判			√	
提供反馈			√	
解读组织文化		√	√	
主持有效果的会议	√	√	√	
审视环境	√			
设立目标	√			
创造性的解决问题	√			

（资料来源：罗宾斯．管理学．北京：中国人民大学出版社，2004）

1.2.2.2　管理者的素质

（1）思路敏捷。思路敏捷是解决问题的必备要素。一个能成功处理繁杂事物的人必须思维清晰，反应敏捷，能够很快抓住事物的本质，做出判断，使问题迎刃而解。

（2）谈吐得当。谈吐应对能够表现一个人的学识和修养。个人修养不是一朝一夕完成的，需要不断努力和完善。

（3）身体健康。竞争压力越来越大，管理者要在竞争中取胜，健康的体魄是保证。身体健康的人不仅精力充沛，而且心胸宽广、态度乐观，在压力面前不会轻易败下阵来。

（4）团队精神。不要以为当领导就是一个人说了算，一意孤行必将众叛亲离。善待他人，尊重每一个人，是做好事情的关键。协调、沟通、协商才是管理者需要做的事。

（5）领导才能。领导才能不是专业技能，不是学历和文凭，而是学识修养、人生经验、世故阅历等多方面综合素质的反映，集中表现在识人、用人、容人的能力上。

（6）敬业精神。人与人能力上的差别，有时就在于 99 步与 1 步之间，有毅力走完最后一步的人往往是成功者。成功取决于高度负责的精神和锲而不舍的精神。一个有成就的人一定是个乐观进取、百折不挠的人。

（7）好学创新。竞争瞬息万变，社会高速发展，满足现状就是落伍。所以，要不断接受新事物、新观念，善于创新进取，才能求得不断发展。

（8）个人操守。一个人再有学识，再有能力，操守把持上有问题，久之必酿成大措。越是成大事者，越要拘小节。

（9）生活习惯。一个生活习惯良好而有规律的人，才能做事认真讲原则。从一个人生活上的点点滴滴，能够观察到他的未来发展。

（10）适应能力。适者生存的法则不光适用于自然界，人类更是这样。一个个性极端的人，即使很有天分，也不一定适合当管理者。一个成功的管理者能够很快适应各种环境，使企业发展壮大。

1.2.2.3 管理者的能力

企业管理是一项系统工程，必须靠自己努力去适应、去改变、去征服。首先作为一个管理者必须知道自己在企业是什么角色，职责任务是什么，该干什么，不该干什么。必须做到在其位、谋其职、担其任、负其责、享其利。企业为每一个员工都提供了平等演出的舞台，但这仅只是创造了外部环境，究竟你能不能表演得好，还得靠个人的能力。

作为一个管理者最重要的一项就是树立榜样——树立一个你期望其他人学习的好榜样。榜样非常重要，因为人们更多地通过他们的眼睛来获取信息，他们看到你做的比听到你说的效果要大得多。“领导就是榜样”是对领导者最精干和生动的描述。

作为一个管理者不仅要能激发他人跟随你一起工作，以取得共同目标，而且能创立一种机会和成长并存的环境。在这种环境下，每个人都想抓住机遇，做出显著业绩。在了解的基础上信任员工，给她舞台让她充分发挥。当然，要让下属长期保持旺盛的士气，绝非如此简单。不仅要制定一套详细的法则制度和按劳分配、多劳多得的薪酬奖励分配方案，给每一位员工提供公平、适当的竞争环境，还应当采取许多其他的激励方法，比如：尊重、关爱、赞美、宽容下属，物质奖励等，还有给下属指出奋斗的目标、帮助下属规划出其发展的蓝图、恰到好处的批评等。综合运用各种激励手段使全体员工的积极性、创造性、企业的综合活力达到最佳状态。

作为一个管理者不仅能够让员工体验解决难题、分享成功的乐趣，而且能够让员工认识到他们是这个团队的一部分，每个人都是这个团队有价值的贡献者。管理者通过及时有效的沟通不仅能解决许多工作中现存的和潜在的问题，更能让团队成员知道团队需要他们，激发他们的工作热情，形成和谐的团队。管理者必须了解团队中每个人有形的和无形的需求，尽力满足他们的需求或引导改变他们的需求。随着你这方面能力的加强，团队成员会更有活力、更有聚合力、更忠诚。

作为一个管理者首先应专注某些主要方面，其中一项是处理信息，使用信息。及时向员工通报公司的销售情况、重要交易、经营业绩和重大事项，可使员工及时了解公司的情况，尤其是那些振奋人心的合同、业绩、人物和事件能够很大程度上鼓励和刺激员工，激发大家的荣誉感和归属感。其次管理者在创造目标和价值的同时，也担负创造公正、公平和支持环境的任务。通过聆听员工意见，响应需求，促进行为结果，帮助完成目标；领导的才能不是表现在告诉别人如何完成工作，而是如何使别人有能力完成它。最后，持续不断地吸取知识和磨练自身技能，以维护作为领导者的地位。现代社会，科技信息的快速发展要求我们随时做出快速反应，组织的前瞻性日益成为竞争的砝码。新的思想、概念、工具层出不穷，要求领导者对决策进行反省，并用开放的态度广泛地学习。与此同时，整个组织也将逐渐向开放的学习型组织转变。有科学家预言，未来的领导，由于变化越来越快，持续的学习和改革将是唯一不变的任务。

一个成功的管理者能够广泛听取、吸收信息意见，审时度势，从时间、战略和全局上考虑和分析问题，抓住时机，确立目标。同时，力图将目标明确化、愿景化，使下属真正理解并建立信心，持久投入，成为组织的信仰和价值观。

成功者的一种通病就是被成就冲昏了头脑。一旦你开始赞叹自己多么了不起，那就陷入麻烦了。一个成功的管理者受到太多赞美会停止前进。关键是要学会从容对待一切，包括成功和失败。两者通常都是短暂的，都会提供有价值的教训。在你想着已把全世界握在手心且没人能像你时，赶紧停下来，别再想那些你已做出的成就了；相反，多想想那些等待你去做的事情吧。

本节开篇案例告诉我们，优秀的管理者要这样解决问题。

（1）管理者应该让员工感动。老子说，知其荣，守其辱，为天下谷（道德经，第二十八章）。指的是一个优秀的国家领导人，在教导下属时，应该让他们把事情做成功后觉得是因为自己的努力而成功的。所以，看上面的案例，设计总监的管理方式太过于具体，当别人夸奖这个平面方案的时候，设计总监会觉得自豪，而小马会觉得沮丧，小马认为这个稿子不是自己做的，而是设计总监做的，他的脸上会堆着有点假的笑容，但是内心会有失败的挫折感。

（2）管理者对下属员工的指导应该是“业务原则”。用业务原则进行指导，当然业务原则要具体、有可行性，这样才能发挥员工的积极性，什么叫员工积极性，就是说他自己通过思考、寻找、尝试、修改、经验的总结，最终被人认可后产生的满足感。所以在管理时，首先写好广告文字，通过读广告文字提出具体的要求，哪些是重点，哪些要表现，创意的方向是什么（比如，做江北分公司的广告，创意的方向是通过长江大桥的历史照片的怀照感来表现，同时运用长江大桥旧照片体现出我们举办活动的规模），这个就是一个可行的业务原则。在这个原则指引下，小马能发挥自己的主观能动性，广告被认可后，当然产生了极大的满足感，因为真正的创意是他自己做出来的（江北的广告定稿创意是整版用一张邮票的方式做表达，非常好）。

（3）什么是优秀的下属。优秀的下属应该给自己的上司永远出的是一道选择题，而不是问题。发现问题谁都会，但如何解决才能体现自身的价值。这个问题我发现了，我觉得有几种解决的方法，这几种方法各有什么好的地方、有什么不足之处。无能的下属只能是怨天尤人，或者是推卸责任。我现在没客户了，领导你看怎么办，给点客户吧……；这个问题不是我们设计部的责任，都是工程部没把工程做好，样板房看一个死一个……

（4）优秀的流程是成功的保证。这个流程是什么？①先确定文字，因为如果文字不确定，要求也不确定，那么对文字把握就不深，排版也无从谈起，所以流程的第 1 步是确定文字，文字确定了，具体的要求和业务原则也就确定。所以优秀流程是上一个流程给下一个流程提出的产生结果应该是明确的、无歧义的、易于理解的和表现的。②给他时间收集素材和灵感，同时有时间限定和要求限定，做平面设计最重要的是创意，没有时间是不可能做到的。③要求他不要先上电脑画，而是先手绘，并且必须是两套以上的方案。为什么要手绘，我认为平面更重要的是思想，而不是电脑技术，电脑只是工具，如果不用手绘直接上电脑，除了会阻碍设计灵感，更重要的是稿子一旦否决，工作的效率就差了，而且设计师还会有挫折感，另外还有实验表明，人一旦付出了努力，就不会轻易放弃，所以很多时间，设计师的表现会说：他觉得这个稿子挺好。强行让他改，他的思路永远突破不了原来的水平，而手绘草图不会产生这个想法，毕竟他付出的努力，或者说看到草图和看到电脑图的成就感是不一样的（心理学的一些原理）。同时，要求他至少做两个以上的稿子，一个是培养他解决问题的能力，二是培养他看问题的角度要多样，不要太片面，三是逼迫他努力发挥出人的潜能。有了这个流程，成功是必然的！

（5）管理者要学会表扬下属。管理者除了要认同，并且表扬他的成就和努力之外，更重要的是要向自己的更高领导表扬下属，这个总是容易被一般的管理者忽略，而且最好要在自己的下属和自己的上司同时在的时候去表扬，一般的表现是向自己的上司推荐下属的作品，这样会让下属感动。记住，不要贪功，在这个世界上没有任何一件成功的事情是某一个人的功劳，有宽广博大的胸怀的管理者比单纯的人格能力更值得别人尊敬。

【课堂训练】小刘为甲公司的新任程序设计师，他被任用是因甲公司计划扩充商业信息软件的生意，面谈时甲公司认为小刘很有潜力，可栽培成主管。甲公司是由一家会计师事务所投资开办的，该会计师事务所的主要业务是提供客户计算机查询国内外会计信息，传统的会计师业务反而较少。由于使用计算机（主要是PC）的经验，加上软硬件需定期维修，于是会计师事务所决定涉入商业信息软件开发的生意，想藉此行业的快速成长来多角化，并支持其母公司事务所的业务。甲公司的总经理由母公司的一位股东也是会计师担任，公司大计皆由此总经理定夺，公司草创，一切以节俭为本，故人员精简，且多做多样繁杂工作，对新PC的采购也以可用够用为原则。公司聘了一位有技术背景的副总，小刘发现他为了应付上司的交办杂务，根本无法专心于系统开发，且面对一部旧而慢的PC，他实在不知如何是好。另一方面，他认为这工作是一项有意义的挑战，特别是其他员工多不具备此专业训练，他在公司的前程机会很好。

试分析：

（1）甲公司的整个经营管理面是否适当？

（2）小刘应如何做？

1.2.3 学习自测

一、单选题

1. 为了保证组织目标得以实现，就需要有控制职能。纵向看，各个管理层次都要重视控制职能，（ ）。

A．愈是基层的管理者，控制要求的时效性愈短，综合性愈弱

B．愈是基层的管理者，控制要求的时效性愈短，综合性愈强

C．愈是基层的管理者，控制要求的时效性愈长，综合性愈强

2．责任、权力、利益三者之间不可分割，必须是协调的、平衡的和统一的，这就是组织工作中的（ ）原则。

A．责权利相结合 B．分工协作 C．目标任务

3．管理幅度是指一个主管能够直接有效地指挥下属成员的数目。经研究发现，高层管理人员的管理幅度通常以（ ）较为合适。

A．4～8 人 B．6～8 人 C．8～10 人

4．授权时应依被授权者的才能和知识水平的高低而定。这就是授权的（ ）原则。

A．因事设人，视能授权 B．因人设职，视能授权

C．任人唯贤

5．管理者授权时，必须向被授权人明确所授事项的任务目标及权责范围，亦即授权的（ ）原则。

A．明确责任 B．目标明确 C．权责对等

二、判断题

1．管理幅度、管理层次与组织规模存在着相互制约的关系。也就是说，当组织规模一定时，管理幅度与管理层次成正比关系。（ ）

2．究竟采取扁平型或是高层型组织结构，主要取决于组织规模的大小和组织领导者的有效管理幅度等因素。因为在管理幅度不变时，组织规模与管理层次成正比。规模大，层次多，则呈高层型结构；反之亦然。（ ）

3．影响组织集权与分权程度的因素很多。从组织成长的不同方式来看，如果组织是靠其内部积累由小到大逐级发展起来的，则分权程度较高。（ ）

4．组织规模的大小，也是影响集权与分权的因素之一。规模越大，管理层次和管理部门越多，为了提高管理效率，集权程度就应高些；相反亦然。（ ）

5．一个组织选聘管理人员是采用内源渠道还是外源渠道，要视具体情况而定。一般而言，高层主管一般采用外源渠道。（ ）

6．让管理人员依次分别担任同一层次不同职务或不同层次相应的职务。该方法能全面培养管理者的能力，就是管理人员培训方法中的职务培训。（ ）

7．组成领导班子的成员，应该具有合理的知识结构，即由不同的知识水平的人，按照一定的比例排列组合而成。一般而言，职能部门的领导者和中层、基层领导者应具有较多的管理知识和经验。（ ）

8．凡正面难以处理的问题，你不妨灵活适时地运用“逆向思维”来个“换位”思考，换个角度看问题，也许就能找到一条解决问题的捷径。亦即所谓的逆向思维法。（ ）

9．控制，是组织在动态变化的环境中，为了确保实现既定的组织目标而进行的检查、监督、纠正偏差等管理活动的统称。它是一种动态的、适时的信息处理过程。（ ）

10．企业要顺利运转，必须根据经营目标，对各生产要素进行统筹安排和全面调度，使各要素间能够均衡配置，各环节相互衔接、相互促进。这里的统筹安排和全面调度就是组织，它需要管理者的管理行为来执行。（ ）

三、简答题

1．简要说明管理人员的选聘标准。

2．管理者的影响力表现在哪些方面？

3．管理者应具备哪些个人素质？

4．管理者合理用人的艺术表现在哪些方面？

1.2.4 案例分析

院长应该是谁

某设计院是一所拥有 500 多名工程技术人员、历史较长的大型设计单位。设计院的某一研究室有 15 位成员，室主任老张是位经验丰富的高级工程师，他手下还有 3 名高工和 11 名较年轻的工程师和助理工程师。老张知识渊博，为人正派，深受室内同事的爱戴，在室里享有极高的威信，在他的带领下，室里同志团结协作，这个室的工作多次受到院部的表扬和嘉奖。不久，老张被调到市开发区一家正在建设中的大型企业负责引进技术和设备的工作。因此，该室主任一职暂告空缺，亟待填补。大家认为，新任室主任应从内部选拔，但究竟由哪一位担任呢？

室内舆论普遍认为高工王甦希望最大。王工 45 岁，他是美国麻省理工学院的博士毕业生，业务能力很强，而且很富有创新精神，回国五年多来，设计工作一直很出色，他主持的设计项目中有三项已获得轻工部颁发的优秀奖，有一项已获市里的特等奖，他尊重室里的同事，能主动与大家协作，多次成功地组织攻克项目。室内同事认为他是最理想的人选。但个别同志也担心，他直言不讳，曾对院里一些领导的工作作风提过不少意见，可能“得罪”过院部的某些领导。不过，室里另一位高工李祖德的竞争力也不容忽视。李工今年 49 岁，虽业务平平，但和院长私交颇深，他们同时调来本院，平时来往密切，这一点是王工无可比拟的。室内同志认为第三位高工刘仰机会最小。他已 54 岁了，来本院工作已近 30 年，业务能力尚可，但没有什么创造性。从不与人争吵，是位有名的“老好人”。但他对各级领导都恭顺谦卑，只要领导叫他干的，他总一声不响地去干。因此，他与院里领导的关系都较好，在领导的眼里，他是“听话”的人，但这些却在室内引起不少人的非议。

在此期间，李工和刘工的工作表现得特别出色，对室里的同事特别和气，并经常设法打听别人对室主任人选的猜测和议论。而王工则无任何异常表现，他一如既往地工作着。有人跟王工开玩笑说：“老王，您要升官了，升官后一定要请大家吃一顿啊！”王工谦逊地说：“工作都是大家干的，我有何德何能配当室主任！当然，如果大家和领导要我干，我也会尽力的。”

一周后，院里任命刘工为室主任。这在研究室里引起了很大的震动。刘工当然喜形于色。他认为这不仅是自己运气好，而且是他一贯“听话”、“敬上”的努力所致。王、李两位虽也面露微笑，但总觉得不太自然，而其余的则多表示：“不可理解，不可思议！”过了没几天，院长把刘工召去，布置给室里一项为某省设计一家中型造纸厂的任务。该厂地处穷乡僻壤，设备全是国产的。老刘思索良久才去找老李，说：“老李，院里下达这个任务很重要，我看你就接了吧，反正你手头的任务马上就完了。”老李说：“对不起，这活我可干不了。我手头的这个项目虽快结尾了，但还有不少问题，一时还很难解决得了，你还是让老王去干吧！”于是，老刘又硬着头皮去找王工：“老王，院里下达了一项支援内地建中型造纸厂的任务，这任务紧迫，独立性又强，我想只有你才能担此任了！”老王不加思索地说：“刘主任，您知道，我手头的一项任务也是十分紧迫的，而且只干到一半啊，我怎么能离开呢？您叫老李去吧！”老刘脸有难色地说：“老李说他尚有许多扫尾的问题要解决……”老王也不客气地说：“那么，老刘，那就只好劳您老兄自己了，您身为室主任，理当身为表率，你手头目前又没任务，只有你自己去担当此重任了。”老刘语塞，不声不响地走掉了。

几天后，老刘召开室里全体同志会议，宣布院长的一项新指示：“我从院长那里知道，给我室一个新的项目，设备要从美国引进，项目开始和进行过程中都要到美国去，院长和我商量，决定由李工担任此任，并给李工专门配备一位外语学院毕业的英文翻译……”这时人们不禁哗然。几个青年业务尖子再也按捺不住了，纷纷提出质问：“你们为什么不让王工去？王工业务能力最强，英语没话说的，他对美国又熟悉，如让他担此任务，出国不用翻译，又节省了国家外汇……”老王本人也感到不可理解，他转身拂袖而去。接连二三日，王工和几位较年青的业务尖子均告病未来上班。待到王工和几个青年的业务尖子来上班时，刘主任要院长来到了室内，院长对他们不但不问生病、身体情况，劈头就大声批评：“你们也真不像样，都一起生病了，是真生病还是假生病，不管怎样，都一律扣一个月的奖金……”不等院长说完，王工第一个站起来说：院长，不用扣奖金了，工资我都不要了，这是我的辞职报告……”紧接着，几个业务尖子也一起纷纷递交了他们的辞职报告。随后，他们便离开，到一家乡镇企业去了，他们在那里心情愉快，一个月的收人比原来高出三倍多，他们搞出了几项设计，还使这个设计院原二室望尘莫及呢！

讨论题：

（1）请分析该设计院院长选聘领导干部的标准。

（2）如果你是该设计院的院长，你将选择谁为该院二室的主任？为什么？

（3）根据案例，你认为该设计院院长的领导风格是什么？

（4）如果你是老刘，你打算怎样去做好室里的领导？

（资料来源：http://www.fz160.com/index.php/article/xuanzhizhuangxiu/2009-07-17/12042.html）

1.2.5 实训项目

表 1-5 实训名称：基层管理者一般做什么

实训目的	了解基层管理者主要工作职责
实训条件	多媒体教室
实训要求	要求学生分组讨论并列出基层管理者日常管理活动
教师任务	分析确定基层管理者的职责
实训评价	组长给每位组员打分，教师给组长打分

【参考答案】

一、单选题

1～5 A A A C C

二、判断题

1～5 × √ × × × 6～10 √ × √ √ √

学习单元二　决策

职业素养

1. 如何成为一位卓越的决策者；
2. 培养环境分析的能力。

能力目标

1. 理解决策的概念；
2. 明确决策的类型；
3. 表述决策的程序；
4. 掌握决策的方法。

学习任务一　环境分析

2.1.1　学习导入

龟兔赛跑——最终双赢。龟兔赛跑的故事连幼儿园的小朋友都知道。兔子骄傲，半路上睡着了，于是乌龟跑了第一。可是，龟兔赛跑不只赛了一次。第一次乌龟赢了，兔子不服气，要求再赛第二次。第二次赛跑兔子吸取了经验，一口气跑到了终点，兔子赢了。乌龟又不服了，对兔子说，咱们跑第三次吧，前两次都是按你指定的路线跑，第三次该按我指定的路线跑。兔子想，反正我跑得比你快，你怎么指定路线我都同意。于是就按照乌龟指定的路线跑。又是兔子当先，快到终点时，一条河挡住了路，兔子过不去了。乌龟慢慢爬到河边，一游就游过去了，这次是乌龟得了第一。当龟兔商量再赛一次的时候，它们突然改变了主意，何必这么竞争呢，咱们合作吧！在陆地上兔子驮着乌龟跑，很快跑到河边，到了河里，乌龟驮着兔子游，结果是双赢的结局。

这个故事告诉我们搞企业，发展经济，不一定什么事情都非要我吃掉你，你吃掉我。企业兼并、重组都是双赢。商场上，今天是你的竞争对手的人，说不定同时或者今后就是你的合作伙伴。商场上不一定要把问题搞得那么僵，各自后退一步，也许就海阔天空，跟战场一样，不战而胜为上。商场上不要什么弦都绷得太紧，人要留有余地，要站得高，看得远。在很多情况下，你说是“让利”，实际上不是，而是共同取得更大的利益，是双赢。也就是说管理人员在作出决策时，要进行环境分析，充分利用各种有利的环境因素，通过优化的方案实现优化的目标。

（资料来源：中国国家人才网http://www.newjobs.com.cn）

2.1.2 相关知识

企业环境是指存在于企业的内部和外部，对企业的经营方式具有潜在影响力的一系列因素和条件的机会。这些因素随着时间的变化而变化，在这个过程中，为企业管理者创造了机遇，也带来了威胁。

这一节将共同探讨这些因素的性质，并思考企业管理者应该如何对其作出反应。企业的环境分析通常包括一般环境分析和任务环境分析。所谓一般环境（General Environment），也叫宏观环境，包括的内容非常广泛，对于企业的影响相对间接。而任务环境（Task Environment）也叫微观环境，影响着企业获取资源和提供产出的能力，对于企业的影响既直接也间接。

2.1.2.1 一般环境

企业经营的一般环境是一个由若干要素构成的综合性的复杂环境，这些要素本身又是一个个的小环境，它们互相影响，互相作用。一般环境包括经济、技术、社会文化、人口、政治法律以及全球性因素等，内容复杂。对于个人管理者而言，准确识别一般环境因素变化而带来的机遇及挑战不是一件容易的事情，因此可用于一般环境分析的方法是 PEST 分析法，即从政治、经济、社会文化和科学技术等方面对环境进行分析，除此之外，历史和自然环境对企业的影响也是值得关注的。

1. 政治法律因素

政治法律因素是法律法规发生变化的结果。这些因素是由社会内部政治和法律的发展变化引发的，对管理者和组织均会产生显著的影响。我们知道，任何一个国家的法律法规都是和该国的政治制度直接相关的，是一国统治阶级意志的体现。政治环境引导着企业营销活动的方向，法律环境则为企业规定经营活动的行为准则。政治与法律相互联系，共同对企业的生产经营活动产生影响和发挥作用。

政治法律因素对企业的影响体现在以下几个方面：

（1）直接性。即国家政治法律环境直接影响着企业的经营状况。

（2）难于预测性。对于企业来说，很难预测国家政治法律环境的变化趋势。

（3）不可逆转性。政治法律环境因素一旦影响到企业，就会使企业发生十分迅速和明显的变化，而这一变化企业是驾驭不了的。

因此，政治法律环境能给企业带来机遇，也同样能带来威胁。

2. 经济因素

经济因素包括企业面临的社会经济条件及其运行状况，主要是指一个国家或地区的社会经济制度、经济发展水平、产业结构、劳动力结构、物资资源状况、消费水平、消费结构及国际经济发展动态等。通常用通货膨胀率、汇率、银行利率、各国政府货币/财政政策、税率、失业率等数据来表示。

当失业率下降时，往往意味着普通消费者家庭获得了更多的就业机会，随之带来的收入上升能促进消费，同时企业售出自己产品的机会就能增加。相反，恶化的经济形势则会带来威胁，因为这种情况使得社会消费能力下降，同时也限制了管理者获取企业所需资源的能力。不良的经济环境使得管理者工作的难度加大，因而对管理者提出的要求更高。

3. 社会文化因素

社会文化环境因素是指企业所处的社会结构、社会风俗和习惯、信仰和价值观念、行为规范、生活方式、文化传统、人口规模与地理分布等因素的形成和变动。美国联合航空公司为了讨好顾客，在飞机起飞前，每次都要献上一束白色的康乃馨，后来发现很多顾客不要鲜花。后经调查知道，亚洲很多国家的白色象征死亡和厄运。

社会文化环境因素是影响企业管理诸多变量中最复杂、最深刻、最重要的变量。社会文化是某一特定人类社会在其长期发展历史过程中形成的，它主要由特定的价值观念、行为方式、伦理道德规范、审美观念、宗教信仰及风俗习惯等内容构成，它影响和制约着人们的消费观念、需求欲望及特点、购买行为和生活方式，对企业经营行为产生直接影响。

企业营销对社会文化环境的研究一般从以下几个方面入手：

（1）教育状况。受教育程度的高低，影响到消费者对企业产品功能、款式、包装和服务要求的差异性，企业必须加以考虑。

（2）宗教信仰。宗教是构成社会文化的重要因素，宗教对人们消费需求和购买行为的影响很大。不同的宗教有自己独特的对节日礼仪、商品使用的要求和禁忌。某些宗教组织甚至在教徒购买决策中有决定性的影响。为此，企业可以把影响大的宗教组织作为自己的重要公共关系对象，在经营活动中也要注意到不同的宗教信仰，以避免由于矛盾和冲突给企业营销活动带来损失。

（3）价值观念。价值观念是指人们对社会生活中各种事物的态度和看法。不同文化背景下，人们的价值观念往往有着很大的差异。

（4）消费习俗。消费习俗是指人们在长期经济与社会活动中所形成的一种消费方式与习惯。不同的消费习俗，具有不同的需求。

4. 科学技术因素

1950 年以前，全球所有的计算能力都不足以设计一个能发出“生日快乐”声音的贺卡。今天，一台家用摄像机的计算能力比 IBM360 还要大。

科学技术是社会生产力中最活跃的因素，它影响着人类社会的历史进程和社会生活的方方面面，对企业经营活动的影响更是显而易见。现代科学技术突飞猛进，科技发展对企业的影响作用表现在以下几个方面。

（1）科技发展促进社会经济结构的调整。每一种新技术的发现、推广都会给有些企业带来新的市场机会，导致新行业的出现。同时，也会给某些行业、企业造成威胁，使这些行业、企业受到冲击甚至被淘汰。例如，电脑的运用代替了传统的打字机，复印机的发明排挤了复写纸，数码相机的出现将夺走胶卷的大部分市场等。

（2）科技发展促使消费者购买行为的改变。随着多媒体和网络技术的发展，出现了电视购物、网上购物等新型购买方式。人们还可以在家中通过“网络系统”订购车票、飞机票、戏票和球票。企业也可以利用这种系统进行广告宣传、营销调研和推销商品。随着新技术革命的进展。

（3）科技发展影响企业营销组合策略的创新。科技发展使新产品不断涌现，产品寿命周期明显缩短，要求企业必须关注新产品的开发，加速产品的更新换代。

（4）科技发展促进企业管理的现代化。科技发展为企业管理现代化提供了必要的装备，如电脑、传真机、电子扫描装置、光纤通信等设备的广泛运用，对改善企业管理，实现现代化起了重要的作用。同时，科技发展对企业管理者也提出了更高的要求，促使其更新观念，掌握现代化管理理论和方法，不断提升管理水平。

2.1.2.2 任务环境

任务环境是直接制约和影响企业营销活动的力量和因素，包括竞争者、顾客、供应商、企业内各部门、各类中介机构、社会公众等。分析任务环境的目的在于更好地协调企业与这些相关群体的关系，使企业获得更大的利益。

1. 供应商

供应商是指对企业进行生产所需而提供特定的原材料、辅助材料、设备、能源、劳务、资金等资源的供货单位。这些资源的变化直接影响到企业产品的产量、质量以及利润，从而影响企业营销计划和营销目标的完成。

一个大的制造企业周围都有成千上万个中小企业为其提供服务。美国通用的供应商多达5000家。过去，企业和供应商之间的关系具有一定的竞争性，现在，很多企业更加注重与供应商建立战略合作联盟关系，通过与供应商的精诚合作，节约资金，保证质量，加快产品上市的速度。

供应商能否供应质量有保证的生产资料直接影响到企业产品的质量，进一步会影响到销售量、利润及企业信誉。例如，劣质葡萄难以生产出优质的葡萄酒，劣质建筑材料难以保证建筑物的百年大计。为此，企业必须了解供应商的产品，分析其产品的质量标准，从而来保证自己产品的质量，赢得消费者，赢得市场。

2. 竞争者

竞争者是指与本企业相处同一行业，提供相同或替代产品的企业。同行不一定是冤家，不是同行未必不是冤家，同行的竞争性取决于企业间的目标、实力、战略和同质性。竞争的结果是优胜劣汰，强者更强。

行业内现有竞争对手通常包括以下几个方面：

（1）竞争对手的基本情况，主要研究竞争对手的数量、分布、活动、实力及主要威胁，根据相应的市场地位找到主要竞争对手。

（2）主要竞争对手研究，研究主要竞争对手对本企业构成威胁的原因。

（3）主要竞争对手的发展动向研究，研究主要竞争对手市场发展或市场转移动向、产品发展动向、供应商转移动向、战略联盟动向等。

3. 顾客

顾客作为企业产品和服务的购买者，决定了企业的成败。成功企业都善于捕捉顾客心理，开发、取悦和留住顾客。

4. 企业内各部门

企业管理者要充分考虑到企业内部的环境力量和因素。企业是组织生产和经营的经济单位，是一个系统组织。企业内部一般设立计划、技术、采购、生产、营销、质检、财务、后勤等部门。企业内部各职能部门的工作及其相互之间的协调关系直接影响企业的整体活动。由于各部门各自的工作重点不同，有些矛盾往往难以协调。如生产部门关注的是长期生产的定型产品，要求品种规格少、批量大、标准化订单、较稳定的质量管理，而营销部门注重的是能适应市场变化、满足目标消费者需求的“短、平、快”产品，则要求多品种规格、少批量、个性化订单、特殊的质量管理。所以，企业管理者必须具备高超的管理技巧，协调和处理好各部门之间的矛盾和关系，营造良好的企业环境。

5. 各类中介机构

各类中介机构是指为企业经营提供各种服务的企业或部门的总称。中介对企业经营产生直接的、重大的影响，只有通过有关中介所提供的服务，企业才能把产品顺利地送达到目标消费者手中，同时中介机构能帮助树立企业形象和为企业提供各种资源。

（1）中间商。中间商是指把产品从生产商流向消费者的中间环节或渠道，它主要包括批发商和零售商两大类。

（2）营销服务机构。营销服务机构是指企业营销中提供专业服务的机构，包括广告公司、广告媒介经营公司、市场调研公司、营销咨询公司、财务公司等。

（3）物资分销机构。物资分销机构是指帮助企业进行保管、储存、运输的物流机构，包括仓储公司、运输公司等。

（4）金融机构。金融机构是指帮助企业进行资金融通的机构，包括银行、信托公司、保险公司等。金融机构的主要功能是为企业营销活动提供融资及保险服务。在现代化社会中，任何企业都要通过金融机构开展经营业务往来。金融机构业务活动的变化还会影响企业的管理，比如银行贷款利率上升，会使企业成本增加；信贷资金来源受到限制，会使企业经营陷入困境。为此，企业应与这些公司保持良好的关系，以保证融资及信贷业务的稳定和渠道的畅通。

6. 社会公众

社会公众是企业经营中与企业活动发生关系的各种群体的总称。公众对企业的态度，会对其产生巨大的影响，它既可以有助于企业树立良好的形象，也可能妨碍企业的形象。所以企业必须采取处理好与主要公众的关系，争取公众的支持和偏爱，为自己营造和谐、宽松的社会环境。

社会公众分析的对象包括：

（1）金融公众。金融公众主要包括银行、投资公司、证券公司、股东等，他们对企业的融资能力有重要的影响。

（2）媒介公众。媒介公众主要包括报纸、杂志、电台、电视台等传播媒介，他们掌握传媒工具，有着广泛的社会联系，能直接影响社会舆论对企业的认识和评价。

（3）政府公众。政府公众主要指与企业营销活动有关的各级政府机构部门，他们所制定的方针、政策、对企业营销活动或是限制，或是机遇。

（4）社团公众。社团公众主要指与企业活动有关的非政府机构，如消费者组织、环境保护组织，以及其他群众团体。企业活动涉及到社会各方面的利益，来自这些社团公众的意见、建议，往往对管理者有着十分重要的影响作用。

（5）社区公众。社区公众主要指企业所在地附近的居民和社区团体。社区是企业的邻里，企业保持与社区的良好关系，为社区的发展作一定的贡献，会受到社区居民的好评，他们的口碑能帮助企业在社会上树立形象。

（6）内部公众。内部公众是指企业内部的管理人员及一般员工。管理者应该处理好企业内部广大员工的关系，调动他们的积极性和创造性。

2.1.2.3 市场环境分析方法

目前，存在着许多市场环境分析方法，在此主要介绍SWOT分析法。

SWOT分析代表分析企业优势（Strength）、劣势（Weakness）、机会（Opportunity）和威

胁（Threats）。因此，SWOT 分析实际上是将对企业内外部条件各方面内容进行综合和概括，进而分析组织的优劣势、面临的机会和威胁的一种方法。其中，优劣势分析主要是着眼于企业自身的实力及其与竞争对手的比较，而机会和威胁分析将注意力放在外部环境的变化及对企业的可能影响上，但是，外部环境的同一变化给具有不同资源和能力的企业带来的机会与威胁却可能完全不同，因此，两者之间又有紧密的联系。

1. 优势与劣势分析（SW）

当两个企业处在同一市场或者说它们都有能力向同一顾客群体提供产品和服务时，如果其中一个企业有更高的盈利率或盈利潜力，那么，我们就认为这个企业比另外一个企业更具有竞争优势。换句话说，所谓竞争优势是指一个企业超越其竞争对手的能力，这种能力有助于实现企业的主要目标——盈利。但值得注意的是：竞争优势并不一定完全体现在较高的盈利率上，因为有时企业更希望增加市场份额，或者多奖励管理人员或雇员。

竞争优势可以指消费者眼中一个企业或它的产品有别于其竞争对手的任何优越的东西，它可以是产品线的宽度、产品的大小、质量、可靠性、适用性、风格和形象以及服务的及时、态度的热情等。虽然竞争优势实际上指的是一个企业比其竞争对手有较强的综合优势，但是明确企业究竟在哪一个方面具有优势更有意义，因为只有这样，才可以扬长避短，或者以实击虚。

由于企业是一个整体，并且由于竞争优势来源的广泛性，所以，在做优劣势分析时必须从整个价值链的每个环节上，将企业与竞争对手做详细的对比。如产品是否新颖，制造工艺是否复杂，销售渠道是否畅通，以及价格是否具有竞争性等。如果一个企业在某一方面或几个方面的优势正是该行业企业应具备的关键成功要素，那么，该企业的综合竞争优势也许就强一些。需要指出的是，衡量一个企业及其产品是否具有竞争优势，只能站在现有潜在用户角度上，而不是站在企业的角度上。

企业在维持竞争优势过程中，必须深刻认识自身的资源和能力，采取适当的措施。因为一个企业一旦在某一方面具有了竞争优势，势必会吸引到竞争对手的注意。一般地说，企业经过一段时期的努力，建立起某种竞争优势；然后就处于维持这种竞争优势的态势，竞争对手开始逐渐做出反应；而后，如果竞争对手直接进攻企业的优势所在，或采取其他更为有力的策略，就会使这种优势受到削弱。

而影响企业竞争优势的持续时间，主要的是三个关键因素：①建立这种优势要多长时间？②能够获得的优势有多大？③竞争对手作出有力反应需要多长时间？如果企业分析清楚了这三个因素，就会明确自己在建立和维持竞争优势中的地位。

2. 机会与威胁分析（OT）

随着经济、社会、科技等诸多方面的迅速发展，特别是世界经济全球化、一体化过程的加快，全球信息网络的建立和消费需求的多样化，企业所处的环境更为开放和动荡。这种变化几乎对所有企业都产生了深刻的影响。正因为如此，环境分析成为一种日益重要的企业职能。

环境发展趋势分为两大类：一类表示环境威胁，另一类表示环境机会。环境威胁指的是环境中一种不利的发展趋势所形成的挑战，如果不采取果断的战略行为，这种不利趋势将导致公司的竞争地位受到削弱。环境机会就是对公司行为富有吸引力的领域，在这一领域中，该公司将拥有竞争优势。

【课堂训练】进行个人职业生涯规划 SWOT 分析。

SWOT 分析对个人职业生涯的分析也是一种有用的工具。进行个人 SWOT 分析，包括严格地审视你个人的长处和短处，然后评估你感兴趣的各种职业生涯道路的机会和威胁。

步骤 1：评估你个人的长处和短处。我们所有的人都具有某种特殊的技能、才能和能力，我们都喜欢做某些事，不喜欢做另一些事。例如，有些人不喜欢整天坐在桌子旁，另一些人在与生人打招呼时感到紧张。列出你喜欢的活动和擅长的事情，然后识别你不喜欢的事情和你不擅长的方面。重要的是认识到你的短处，从而你能够要么试图改正它，要么在职业生涯中避开它。列出你个人的长处和短处，并标出那些你认为特别重要的特质。

步骤 2：识别职业生涯的机会和威胁。我们通过学习了解到，不同的产业面临着不同的机会和威胁，重要的是识别这些外部因素，因为你选择的职位和未来的职业生涯将会受到这些机会和威胁的重要影响。一个处于衰退产业中的公司是很少可能提供职业生涯成长机会的；另一方面，身处前景光明的产业中，你的工作前景也将是光明的。列出一个你最感兴趣的产业（职业方向），批判性地提出这个产业所面临的机会和威胁。

步骤 3：描绘未来 5 年职业生涯的目标，进行你的 SWOT 评估。列出 4～5 个在未来 5 年中你要实现的目标，这些目标可能包括在你毕业后找到一份称心的工作，你打算管理多少个下属，或者你希望你的工资水平达到多高等。记住，理想的情况时，你应当使你的优势与所在产业的机会相吻合（请分别说明 SWOT 分析后的行动方案）。

步骤 4：描绘未来 5 年职业生涯的行动计划。现在到了你的计划现实化的时候了，写出实现你生涯目标的具体行动计划，确切地描述你在什么时候应该做什么。例如，你的 SWOT 分析可能表明，为了实现你期望的职业生涯目标，你需要选择更多的管理课程，你职业生涯的行动计划应当表明，你什么时候选修这些课程。你职业生涯的具体行动计划将为你未来的决定提供指南，正如组织的计划为管理者的决策提供指南一样。

2.1.3 学习自测

一、单选题

1．一个组织内部的规章制度属于（　）的。

A．组织的一般环境的内容　　B．组织的内部环境的内容

C．组织文化的隐性内容　　D．组织文化的显性内容

2．某公司以前主要生产塑料制品，经营状况不理想。后来注意到，影视作品及电视广告中出现的家庭居室多使用各色塑料百叶窗，这种现象渐成时尚。于是公司推出了各种款式、尺寸、颜色的百叶窗，取得了不错的经营业绩。该公司的这一调整是（　）。

A．对技术环境的利用与引导　　B．对经济环境的利用与引导

C．对社会文化环境的适应　　D．对经济环境的适应

3．企业不可控制的环境因素包括（　）。

A．宏观环境　　B．微观环境

C．企业对策　　D．营销因素

4．政府颁布了禁止在公共场所吸烟的法令，这对烟草商来说是（　）。

A．一种环境威胁　　B．一种市场机会

C．没有关系　　D．一种对策

5．当企业面临环境威胁时，可通过各种方式限制或扭转不利因素的发展，这就是（ ）策略。

A．转移 B．减轻 C．对抗 D．竞争

二、多选题

下列哪些因素属于组织所面临的任务环境（ ）。

A．竞争对手 B．顾客 C．技术因素 D．经济因素

三、判断题

1．政治、经济、技术、社会等宏观环境对组织的影响是间接的，不会导致企业的生死存亡。 （ ）

2．组织文化是组织行为方式和风格特征的深层次影响因素，对组织的经营业绩和长期发展具有明显的作用。 （ ）

3．若环境波动的频率低，组织的计划重点应放在短期的内容和操作性的具体内容上面。 （ ）

4．管理者的工作环境不同，所遇到的问题也不尽相同，所以不同的管理者的任务不同，职能也不同。 （ ）

四、简答题

1．简述影响企业的环境因素。

2．行业内现有竞争对手通常包括哪些？

3．科技发展对企业的影响作用表现在哪些方面？

2.1.4 案例分析

教授的桶

吴教授带了两个学生，一个叫约翰，另一个叫汤姆。约翰沉稳而好学，汤姆外向而张扬。教授很喜欢约翰，逢人便夸奖他的优秀；教授也很想改变汤姆，但始终没找到一个好机会。

汤姆对教授平日表现出来的偏心很有意见，于是决定去找教授谈谈。一天，汤姆看到教授心情很好，便走到教授跟前，问教授说："老师，您经常夸奖约翰，他到底优秀在什么地方？"教授其实早就在等待汤姆找他的这一天，他认为这是教育汤姆的最好机会。他听完汤姆的话，微笑着对汤姆说："优秀不优秀，我说了不算。我认为最好的办法是你们两个人比试一下。"汤姆当即同意了。

第二天，教授把约翰和汤姆都叫到一起，开始主持二人的比赛。教授说："我这里有两只桶，那边有两只一样大的水缸，你们两个人用这两只水桶从这边水池里打水。谁先把水缸装满，谁就是获胜者！"约翰、汤姆两人看着教授身后一大、一小两只水桶，谁也没说话。教授说："汤姆可以先挑选水桶！"汤姆听到教授说他可以先挑选水桶，便二话没说，拿起那只大桶向水池跑去，约翰拿起小桶跟着跑了过去。当汤姆把桶从水池里提出来的时候才发现，自己的水桶底部有个大洞。等他提着一桶水跑到水缸跟前的时候，桶里的水已所剩无几了。等约翰把水缸装满的时候，汤姆才装了不到半缸。教授宣布约翰获得了胜利。他对二人说："在做任何事情的时候都要仔细观察，如果观察不到位，即使获得了先机也可能失败！"汤姆对比赛结果很不服气，于是教授决定再比一次，这次是由约翰先挑选水桶。约翰仔细地看了看两

个桶，拿起了那只大桶。汤姆偷偷地笑了笑，提起小桶朝水池跑去。约翰则从旁边顺手拿了一块毛巾，把水桶底部的洞堵上了，然后才去水池提水。大桶装的水比小桶两桶还多。等约翰装满水缸时，汤姆刚装了一半多一点。比赛结果又是约翰取得了胜利。教授说："发现问题及时采取补救措施，仍然不会失去优势。"汤姆依然不服气，教授决定第二天再比。回去以后，约翰好像没发生什么事情一样，依然读他的书，写他的文章，而汤姆则找了一块软木，刻了一个木塞准备第二天使用。

第二天一大早，大家都来到了水池边。教授说："今天你们谁也不能先挑选水桶，要抢！抢到大桶，用大桶；抢到小桶，用小桶！"汤姆眼疾手快，不等教授说完就把大桶抢到了手，约翰拿到了小桶。等汤姆把大桶拿到手里的时候，傻眼了！这只大桶根本就没底！自然又是约翰获胜了。

教授说："任何事物都不可能是一成不变的，光靠经验去处理问题往往会导致失败！"汤姆这次彻底服气了。之后也变得沉稳、踏实起来了。

问题：

（1）吴教授夸奖约翰优秀，优秀在什么地方？

（2）"任何事物都不可能是一成不变的，光靠经验去处理问题往往会导致失败"这句话给我们的启示是什么？

（资料来源：http://www.luosi.com/information/manage/2008/849.html）

2.1.5　实训项目

表 2-1　实训名称：三个和尚水吃不完

实训目的	分析环境，实现目标
实训条件	多媒体教室
实训要求	听故事找方法。老话说："一个和尚挑水吃，两个和尚抬水吃，三个和尚没水吃。"现在的观点是"一个和尚没水吃，三个和尚水吃不完。"
教师任务	指导学生思考：通过环境分析，思考应如何进行机制创新、管理创新、技术创新，转变观念，通过协作或引进新的竞争机制或采取新的办法，达到目标——三个和尚水吃不完
实训评价	每人写出报告或现场讲述各自观点，看看哪些方法更好

【参考答案】

一、单选题

1～5　D　C　A　A　B

二、多选题

AB

三、判断题

1～4　×　√　×　√

学习任务二 确定目标

2.2.1 学习导入

有一位父亲带着三个孩子，到沙漠去猎杀骆驼。他们到达了目的地。父亲问老大："你看到了什么呢？"老大回答："我看到了猎枪、骆驼，还有一望无际的沙漠"。父亲摇摇头说："不对。"父亲以相同的问题问老二。老二回答："我看到了爸爸、大哥、弟弟，猎枪、骆驼、还有一望无际的沙漠。"父亲又摇摇头说："不对。"父亲又以相同问题问老三。老三回答："我只看到了骆驼。"父亲高兴地点点头说："答对了。"这个故事告诉我们：一个人若想走上成功之路，首先必须有明确的目标。目标一经确立之后，就要心无旁骛，集中全部精力，勇住直进。

（资料来源：教育在线 http://www.eduol.cn）

2.2.2 相关知识

目标是在一定时期内企业活动的期望成果，是企业使命在一定时期内的具体化，是衡量企业活动有效性的标准。企业活动是个体活动的有机叠加，只有各个员工，各个部门对企业活动作出预期的贡献，企业目标才可能实现。所以如何使全体员工、各个部门积极主动、想方设法为实现企业的总目标而努力奋斗是管理活动有效性的关键。目标管理正是解决这一问题的具体方法。

2.2.2.1 企业中的目标概念

1. 目标的概念

目标是指企业或组织所指向的终点。目标管理是用系统的方法，将庞大复杂的事情和行为，整理为关键性的可控制目标的管理活动，激励所属成员高效实现组织目标的方法。

2. 目标的特点

设定目标应符合 SMART 原则：明确的（Specific）、可测量的（Measurable）、行动导向的（Action-Oriented）、务实的（Realistic）、有时间表的（Time-Related）。

2.2.2.2 选择目标

企业在选择目标的时候应注意 3 个要点：

（1）选择目标的内容和顺序。企业应首先决定在未来一段时间内到底要取得哪些成果。在一定的时间和条件下，某一目标可能比其他目标更重要，不同的目标内容和顺序导致不同的政策和行动，也会有不同的资源分配顺序。因此，大至一个国家，小至一个人，准确地选择目标内容和顺序都是至关重要的。

（2）选择适当的目标时间。这是指要用多长时间来达到目标。一般说来，人们习惯于按日历的相等间隔确定计划时间，从而也就确定了目标时间，但这种做法有时与实际所需时间不一致，所以也可以按承诺原则确定目标时间。我们作了某项选择就是对未来行动作了承诺，合理的目标时间应当与合理承诺时间相同。

目标时间应与方案的投资回收期相等。一项新产品计划的时间范围不应只到做出该产品就结束，而应到销售能和支出相抵为止。

（3）目标要有明确的指标和价值。目标不能含糊其辞，应尽可能数量化，以便度量和控制。例如，以产值作为衡量企业经营好坏的指标给企业造成了不良后果，就是因为产值不能反映本质的东西。反映目标的指标不但要有数量指标，而且要有质量指标；不仅要有绝对指标，也需要有相对指标。如利润与利润率、流动资金利润率、投资利润率等。

2.2.2.3 目标管理的原理

美国管理大师彼得·德鲁克（Peter Drucker）于1954年在其名著《管理实践》中最先提出了“目标管理”的概念，其后他又提出“目标管理和自我控制”的主张。德鲁克认为，并不是有了工作才有目标，而是相反，有了目标才能确定每个人的工作。所以“企业的使命和任务，必须转化为目标”。

目标管理的提出正值第二次世界大战后西方经济由恢复转向迅速发展的时期，企业采用新的方法调动员工积极性以提高竞争能力，目标管理的出现可谓应运而生，逐渐被广泛应用，并很快为日本、西欧国家的企业所仿效，在世界管理界大行其道。

目标管理的具体形式各种各样，但其基本内容是一样的。所谓目标管理乃是一种程序或过程，它使企业中的管理者和下属一起协商，根据使命确定一定时期内企业的总目标，由此决定管理者和下属的责任和分目标，并把这些目标经营、评估和奖励每个部门和个人贡献的标准。

目标管理指导思想上是以Y理论为基础的，即在目标明确的条件下，人们能够对自己负责，它与传统管理方式相比有鲜明的特点：

（1）重视人的因素。目标管理是一种参与的、民主的、自我控制的管理制度，也是一种把个人需求与企业目标结合起来的管理制度，在这一制度下，上级与下属的关系是平等、尊重、依赖、支持，下属在承诺目标和被授权之后是自觉、自主和自治的。

（2）建立目标锁链与目标体系。目标管理通过专门设计的过程，将企业的整体目标逐级分解，转换为各部门、各员工的分目标。从企业目标到部门目标，最后到个人目标。在目标分解过程中，权、责、利三者已经明确，而且相互对称。这些目标方向一致，环环相扣，相互配合，形成协调统一的目标体系。

（3）重视成果。目标管理以制定目标为起点，以目标完成情况的考核为终结。工作成果是评定目标完成程度的标准，也是人事考核和奖评的依据，更是评价管理工作绩效的唯一准则。至于完成目标的具体过程，途径和方法，上级并不过多干预。所以，在目标管理制度下，监督的成分很少，而控制目标实现的能力却很强。

2.2.2.4 目标管理的基本程序

目标管理分三个阶段实施：第一阶段为目标的设置；第二阶段为实现目标过程的管理；第三阶段为测定与评价所取得的成果。

（1）目标的设置。这是目标管理最重要的阶段，这一阶段可分为4个步骤：

①高层管理预定目标。这是一个暂时的、可以改变的目标预案。即可以由上级提出，再同下属讨论；也可以由下属提出，上级批准。无论哪种方式，必须共同商量决定；其次，领导必须根据企业的使命和长远战略，估计客观环境带来的机会和挑战，对本企业的优劣有清醒的认识。对企业能够完成的目标心中有数。

②重新审议组织结构和职责分工。目标管理要求每一个分目标都有明确的责任主体。因

此预定目标之后，需要重新审查现有组织结构，根据新的目标要求进行调整，明确目标责任者，协调关系。

③确立下属的目标。首先下属应明确企业的规划和目标，然后上下级共同商定下属的分目标。上级要尊重下属，平等待人，耐心倾听下属意见，帮助下属发展一致性和支持性目标。分目标要具体量化，便于考核；要分清轻重缓急，以免顾此失彼；既要有挑战性，又要有实现可能。每个员工和部门的分目标要和其他的分目标协调一致，支持企业目标的实现。

④上级和下属就实现各项目标所需的条件以及实现目标后的奖惩事宜达成协议。分目标制定后，要授予下属相应的资源配置的权力，实现责、权、利的统一。由下属写成书面协议，整个企业汇总所有资料后，绘制出目标图。

（2）实现目标过程的管理。目标管理重视结果，强调自主、自治和自觉。但这并不等于领导可以放手不管。相反，由于形成了目标体系，一环失误，就会牵动全局。因此领导对目标实施过程中的管理是不可缺少的。目标实施过程中，首先进行定期检查，利用双方经常接触的机会和信息反馈渠道自然地进行；其次要向下属通报进度，便于互相协调；再次要帮助下属解决工作中出现的困难和问题。当出现意外和不可测事件，严重影响企业目标实现时，也可修改原定的目标。

（3）总结和评估。达到预定的期限后，下属首先进行自我评估，提交书面报告；然后领导和下属一起考核目标完成情况，决定奖惩；同时讨论下一阶段目标，开始新循环。如果目标没有完成，就分析原因、总结教训，切忌相互指责，从而保持相互信任的气氛。

目标管理在全世界产生很大影响，但实施中也出现许多问题。因此必须客观分析其优势，才能扬长避短，收到实效。

2.2.2.5 目标管理的优点

（1）目标管理对企业内易于度量和分解的目标会带来良好的绩效。对于那些在技术上具有可分性的工作，由于责任、任务明确，目标管理常常会起到立竿见影的效果。而对于技术不可分的团队工作，则难以实施目标管理。

（2）目标管理有助于改进组织结构的职责分工。当企业目标和责任明确，就不容易发生授权不足与职责不清等缺陷。

（3）目标管理启发了自觉，调动了员工的主动性、积极性、创造性。由于强调自我控制，自我调节，将个人利益和企业利益紧密联系起来，因而提高了士气。

（4）目标管理促进了意见交流和相互了解，改善了人际关系。

2.2.2.6 目标管理的缺点

在实际操作中，目标管理也存在许多明显的缺点，主要表现在：

（1）目标难以制定。企业内的许多目标难以定量化、具体化；许多团队工作在技术上不可分解；企业环境变化越来越快，企业的内部活动日益复杂，使企业活动的不确定性越来越大。

（2）目标管理的哲学假设不一定都存在。Y 理论对于人类的动机作了过分乐观的假设，实际中的人是有“机会主义本性”的，尤其在监督不利的情况下，目标管理所要求的承诺、自觉、自治气氛难以形成。

（3）目标商定可能增加管理成本。目标商定、向下沟通、统一思想是很费时间的；每个部门、个人都关注自身目标的完成，很可能忽略了相互协作和企业目标的实现，滋长本位主义、临时观点和急功近利倾向。

（4）有时奖惩不一定都能和目标成果相配合，也很难保证公正性，从而削弱了目标管理的效果。

在实际中推行目标管理时，除了掌握具体的方法以外，还要特别注意把握工作的性质，分析其分解和量化的可能；提高员工的职业道德水平，培养合作精神，建立健全各项规章制度，注意改进领导作风和工作方法，使目标管理的推行建立在一定的思想基础和科学管理基础上；要逐步推行，长期坚持，不断完善，从而使目标管理发挥预期的作用。

【课堂训练】王总的目标管理做法。

北方公司王总经理在一次管理技能培训中学习到一些目标管理的内容。他对于这种理论逻辑上的简单清晰及其预期的收益印象非常深刻。因此，他决定在公司内部实施这种管理方法。首先他需要为公司的各部门制定工作目标。王总认为：由于各部门的目标决定了整个公司的业绩，因此应该由他本人为他们确定较高目标。

确定了目标之后，他就把目标下发给各个部门的负责人，要求他们如期完成，并以口头通知的形式说明在计划完成后他要组织人员亲自对落实情况按照目标的要求进行考核和奖惩。但是他没有想到的是中层经理在收到任务书的第二天，就集体上书表示无法接受这些目标，致使目标管理方案无法顺利实施。王总感到很困惑。

问题：

（1）根据目标管理的基本思想和目标管理实施的过程，分析王总的做法存在哪些问题？

（2）一般来说，目标管理的实施过程包含哪些基本步骤？

2.2.3 学习自测

一、单选题

1．实行目标管理，对于目标的制定工作，下级（ ）。

A．要参与　　B．要回避　　C．不要参加　　D．不要传达

2．（ ）由彼得·德鲁克在 20 世纪 50 年代提出，经由其他一些人发展，逐步成为西方许多国家所普遍采用的一种系统地制定目标并进行管理的有效方法。

A．目标管理　　B．滚动计划法

C．SWOT 分析法　　D．计划评审技术

3．在确定决策目标时，要注意把目标建立在（ ）的基础上。

A．需要　　B．可能　　C．需要和可能　　D．必要的利润

二、多选题

1．高层管理者所面临的决策倾向于（ ）。

A．程序化决策　　B．非程序化决策

C．战略性决策　　D．作业性决策

2．下列属于程序化决策类型的是（ ）。

A．依规则做事　　B．依政策做事

C．企业并购或重组　　D．开拓新的经营领域

三、判断题

1．定量目标比定性目标更易衡量。（ ）

2. 目标必须是可量化的，不能量化的不能称其为目标。 （ ）

四、简答题

目标管理的涵义是什么？它有哪些优缺点？

2.2.4 案例分析

公司自从 2002 年 7 月份开始实行目标管理，当时属于是试行阶段，后来人力资源部由于人员的不断变动，这种试行也就成了不成文的规定执行至今，到现在运行了将近一年的时间。应该说执行的过程并不是很顺利，每个月目标管理卡的填写或制作似乎成了各个部门经理的任务或者说是累赘，总感觉占了他们大部分的时间或者说是浪费了他们的许多时间。每个月都是由办公室人员督促大家写目标管理卡。除此之外就是一些部门，例如，财务部门的工作每个月的常规项目占据所有工作的 90%，目标管理卡的内容重复性特别得大；另外一些行政部门的工作临时性特别得多，每一个月之前很难确定他们的目标管理卡等。

A 公司的目标管理按如下几个步骤执行：

（1）目标的制定。

①总目标的确定。前一财年末公司总经理在职工大会上作总结报告是向全体职工讲明下一财年的大体的工作目标。财年初的部门经理会议上总经理和副总经理、各部门经理讨论协商确定该财年的目标。

② 部门目标的制定。每个部门在前一个月的 25 日之前确定出下一个月的工作目标，并以目标管理卡的形式报告给总经理，总经理办公室留存一份，本部门留存一份。目标分别为各个工作的权重以及完成的质量与效率，由权重、质量和效率共同来决定。最后由总经理审批，经批阅以后方可作为部门的工作最后得分。

③ 目标的分解。各个部门的目标确定以后，由部门经理根据部门内部的具体的岗位职责以及内部分工协作情况进行分配。

（2）目标的实施。目标的实施过程主要采用监督、督促并协调的方式，每个月月中由总经理办公室主任与人力资源部绩效主管共同或是分别到各个部门询问或是了解目标进行的情况，直接与各部门的负责人沟通，在这个过程中了解到哪些项目进行到什么地步，哪些项目没有按规定的时间、质量完成，为什么没有完成，并督促其完成项目。

（3）目标结果的评定与运用。

①目标管理卡首先由各部门的负责人自评，自评过程受人力资源部与办公室的监督，最后报总经理审批，总经理根据每个月各部门的工作情况，对目标管理卡进行相应的调整以及自评的调整。

②目标管理卡，最后以考评得分的形式作为部门负责人的月考评分数，部门的员工的月考评分数的一部分来源于部门目标管理卡。这些考评分数作为月工资的发放的主要依据之一。但是，在最近期间部门领导人大多数反映不愿意每个月填写目标管理卡，认为这没有必要，但是明显地在执行过程中，部门员工能够了解到本月自己应该完成的项目，而且每一个项目应该到什么样的程度是最完美的。还有在最近的一次与部门员工的座谈中了解到有的部门员工对本部门的目标管理卡不是很明确，其中的原因主要就是部门的办公环境不允许把目标管理卡张贴出来（个别的部门），如果领导每个月不对本部门员工解释明白，他们根本就不知道他们的工作目标是什么，只是每个月领导叫干什么就干什么，显得很被动……可是部门领导

如今不愿意做目标管理这一块，而且有一定数目的员工也不明白目标管理分解到他们那里的应该是什么。

（资料来源：http://www.xici.net/main.asp?url=/u1143355/d16577583.htm）

问题：

（1）A 公司的目标管理总体上存在哪些问题？

（2）既然财务、市场、行政等部门在工作内容、方式方面大不相同，那么该如何针对不同部门的职能特点设计目标管理卡？

（3）显然 A 公司的部门管理者不支持目标管理，为什么会出现这样的问题？如何让各部门的管理者意识到目标管理的重要性和必要性？

（4）为什么会出现“员工不知道他们的工作目标是什么，领导叫干什么就干什么”的情况，这个问题如何解决？

（5）目前人力资源部的人数有限，而且各司其职。面对以上存在的问题，人力资源部应该怎样处理？

2.2.5 实训项目

表 2-2 实训名称：班级目标管理

实训目的	为班级管理者设计目标管理
实训条件	多媒体教室
实训要求	要求学生分组讨论，为班级的管理层级设定目标
教师任务	指导学生思考，提供参考
实训评价	组长给每位组员打分，教师给组长打分

【参考答案】

一、单选题

1～3　A　A　C

二、多选题

1．BC　2．AB

三、判断题

1～2　√ ×

学习任务三　制定决策

2.3.1 学习导入

袁之隆先生是南机公司的总裁。这是一家生产和销售农业机械的企业。1992 年产品销售额为 3000 万元，1993 年达到 3400 万元，1994 年预计销售可达 3700 万元。每当坐在办公桌前翻看那些数字、报表时，袁先生都会感到踌躇满志。

这天下午又是业务会议时间，袁先生召集了公司在各地的经销负责人，分析目前和今后的销售形势。在会议上，有些经销负责人指出，农业机械产品虽有市场潜力，但消费者的需求趋向已有所改变，公司应针对新的需求，增加新的产品种类，来适应这些消费者的新需求。

身为机械工程师的袁先生，对新产品研制、开发工作非常内行。因此，他听完了各经销负责人的意见之后，心里便很快算了一下，新产品的开发首先要增加研究与开发投资，然后需要花钱改造公司现有的自动化生产线，这两项工作约耗时 3～6 个月。增加生产品种同时意味着必须储备更多的备用零件，并根据需要对工人进行新技术的培训，投资又进一步增加。

袁先生认为，从事经销工作的人总是喜欢以自己业务方便来考虑，不断提出各种新产品的要求，却全然不顾品种更新必须投入的成本情况，就像以往的会议一样。而事实上公司目前的这几种产品，经营效果还很不错。结果，他决定仍不考虑新品种的建议，目前的策略仍是改进现有的品种，以进一步降低成本和销售价格。他相信，改进产品成本、提高产品质量并开出具有吸引力的价格，将是提高公司产品竞争力最有效的法宝。因为，客户们实际考虑的还是产品的价值。尽管他已做出了决策，但他还是愿意听一听顾问专家的意见。

如果你是顾问专家，你会对袁先生的决策如何评价？

（资料来源：孙淼，陈雨良，李彤．实用现代管理学．北京：北京大学出版社，2008）

2.3.2 相关知识

在任何企业中，所有的管理者都必须进行决策，而这些决策的影响最终将不仅仅局限在企业绩效的某个方面，有时甚至会关系到企业的生存与发展，特别是在竞争日益激烈、竞争焦点日益集中到争夺信息资源的今天，情况更是如此。因此，作为管理者必须掌握决策的基本知识，认识和重视决策，并不断提高决策技能，这是企业发展的客观要求。

决策是管理活动的核心，它贯穿于整个管理活动。可以认为，整个管理过程都围绕着决策的制定和组织而展开的，决策充满了管理的整个过程之中。西蒙甚至强调，管理就是决策。可见决策在管理中的重要性。在这一节中，我们将共同探讨这一内容。

2.3.2.1 决策的定义

“决策”一词的英语表述为 decision，意思就是作出决定或选择。一般理解，决策就是做出决定的意思，即对需要解决的事情做出决定。按汉语习惯，“决策”一词被理解为“决定政策”，主要是指对国家大政方针做出决定。但事实上，决策不仅指高层领导做出决定，也包括人们对日常问题做出决定。如某企业要开发一种新产品，引进一条生产线，某人选购一种商品或选择一种职业，都带有决策的性质。可见，决策活动与人类活动是密切相关的。

决策是决策者个人或群体旨在充分利用资源来解决问题或把握机会，识别、选择和实施行动方案的过程。决策是管理活动的中心环节，是每个管理者工作的重要组成部分。进行一项有效的决策活动必须同时具备以下几个前提：

（1）在组织现状与组织目标之间客观地存在着一定的差距；

（2）决策者一定已经清楚地认识到这种差距的重要性及其影响；

（3）必须能够有效地去激励决策者努力缩小这种差距；

（4）应当拥有采取旨在缩小这种差距的行动所必需的资源。

如果没有第一或第二个前提，决策活动只能是无的放矢，缺乏存在的价值；如果缺乏第三或第四个前提，决策活动只能是纸上谈兵，流于形式，缺乏现实性。

2.3.2.2　决策的特点

决策作为一项重要的管理活动，其特点主要表现在以下几个方面：

（1）决策具有广泛的普遍性。决策是组织日常活动的重要内容，即决策无处不在，无时不有。无论是管理者，还是一般员工；无论是生产、市场，还是财务领域；都不可避免地面临着新问题或出现新机会，因而都必须就如何科学地解决问题或利用机会做出决策。即使是进行旨在避免做出决策的活动本身也是一种决策。另外，进行一项特定决策的过程本身是一个更复杂的决策过程。例如，制定行动方案阶段之前需要调查信息，因而必须对所需调查的信息内容及其获取途径进行决策；任何阶段中的问题或机会又会产生出若干次要问题，这些次要问题又各有其特定的决策过程。

（2）决策具有明显的时效性。决策具有及时性，要受时间的制约。决策是在特定的情况下，把组织的当前情况与使得组织步入未来的行动联系起来，并旨在解决问题或把握机会的管理活动。这就决定了决策必然受时间的制约，一旦超出了时间的限制，情况发生了变化，再好的决策也不可能达到预期目标。

（3）决策应当具有经济合理性，受成本费用的约束。决策意味着决策者将会选择、执行某一行动方案而放弃其他的可行方案。这就产生了“机会成本”（因不能同时执行其他方案而可能遭受的损失）。同时，决策活动所需信息的收集与处理也会发生费用。决策者谋求“最满意收益”的本性和进行决策的价值决定了决策者必然会在收益与费用、成本之间做出权衡，利用适量且充分的信息合理地选择并执行某一行动方案。

（4）决策具有或强或弱的相互关联性。一方面，任何决策都不可能脱离开特定的环境而独立存在，因而必然受环境的影响；另一方面，任何决策者进行决策的过程都不是孤立地进行的，在他们进行决策的同时，组织内部或外部的其他人员也在做着各式各样的决策，这些决策必将在受到特定环境制约的同时，对环境产生一定的影响，甚至会改变环境，这些决策不可避免地以特定的环境为中介而相互发生作用。因此，在决策者探求可能的决策结果时，必须首先清楚其他人的决策可能会同自己的决策发生矛盾或相互影响。例如，竞争对手对自己的降价决策会做出什么反应等。

（5）决策具有显著的动态性。决策目标的制定以过去的经验和组织当前的状况为基础，决策的实施将使组织步入不断发展变化的未来。在此过程中，任何可能对决策条件产生影响的因素的变化都要求在一定程度上修正决策、甚至重新决策以适应变化了的决策条件。另外，决策活动的相互关联性也要求决策者必须根据对其决策结果产生重大影响的其他人的决策，灵活调整自己的决策方案。这一特性在两人对奕的过程中体现的尤为明显。事实上，早在春秋时期齐鲁两国的“长勺之战”中，曹刿就是利用“一鼓作气，再而衰，三而竭”的道理，审时度势，不断地依据敌人的情况，及时修正自己的决策，采用与敌相对的对策，实现以寡胜众的。

【课堂训练】一个公司的经理布置业务员一项开拓某一地区市场的任务，该业务员就面临着众多的决策问题：是通过媒体做宣传还是上门宣传？通过众多媒体中的哪一种媒体做宣传？宣传时间选择在哪一段？

2.3.2.3 决策对于企业的意义

一个懒汉骑着一匹千里马行走在沙漠上，其目标地是西边的一个小镇，但其正在向东行，好心人真诚地帮他指方向，他却不耐烦地说："没关系，我骑的是千里马，很快就到了"。结果，马饿倒，人渴死，也没有达到目标，悔之晚矣！

决策是现代企业成败的关键。决策正确意味着企业成功了一半，决策，尤其是战略决策失误意味着企业将陷入深渊。以致著名经济学家、诺贝尔经济学奖获得者西蒙这样说："决策是管理的心脏，管理就是决策。"现代管理的重心是经营，经营的核心是决策。决策在现代管理中的作用越来越重要，主要表现如下：

（1）寻求最有效的经营方式。如在项目投资中，不能只顾有项目就上，或者可行就上，而是应尽可能多地寻找项目，在众多可行项目中找一个更好的项目。

（2）决策为行动指明了方向。方向问题是最大问题，方向选错，全盘皆废。如果投资方向选错，则投资越大，效率越高，企业亏损也越多。

（3）决策贯穿于管理的始终。一般地，管理问题都面临多个解决途径，需要从诸多途径中寻找一条最优途径，这就需要决策，决策不只是高层管理者的事情，而是所有管理者的日常工作。

（4）科学决策提高了成功的机会。由于对未来环境的不可知性，任何决策者都难以保证决策的完全正确，但是科学决策能提高决策成功的机会，最大限度地避开失败，将风险降到最低水平。

【课堂训练】你作为财务部经理受总经理委托去筹集 100 万元资金，你会采取哪些方法？

你应该考虑多个融资来源和渠道，在众多方案中，力求资金成本低、风险小的方案，而不是为筹集 100 万元却付出 99 万元的代价。

2.3.2.4 决策的程序

决策是一个动态的过程。科学的决策，需要通过一系列的程序来进行。对此，学术界有许多说法。颇具代表性的是赫伯特·A·西蒙的划分方法。他将决策过程分为情报活动、设计活动、抉择活动和审查活动 4 个主要阶段。其中：情报活动阶段主要是探查环境，找出决策的理由，寻找决策的条件；设计活动阶段主要是制定和分析各个可供选择的行动方案；抉择活动主要是从诸多备选方案中选择一个特定的行动方案；审查活动主要是在实施决策后对以前的选择进行审查评价。由此可见，决策的核心是在分析、评价、比较的基础上，对活动方案进行选择。据此，可以将决策过程划分为以下几个步骤。

1. 识别问题

决策过程始于一个存在的问题，或是更具体一些，存在于现实与期望状态之间的差异。所以，决策必须是在发现问题并对问题有准确认识的基础上进行。由于客观事物的复杂性和人的主观认识的局限性，问题发现往往并不容易，尤其是政治领域的问题发现有时很难。因此，决策者要有深入实际观察问题的意识和能力，从而及时发现存在的问题。在管理领域，当组织的实际运行状况与原有目标之间出现了差异，如产品的不合格率突然上升，员工的情绪发生变化，消极怠工等，这就意味着某个地方出现了问题，必须对异常现象进行深入研究和分析，找出症结所在，并以此作出决策的出发点。此外，当环境发生显著变化时，往往会出现很多新情况，也容易产生某种问题需要决策者作出决策，并加以解决。因此，对组织和环境的变化进行分析，不仅有利于及时发现组织存在的关键问题，而且可以直接发现一些需要进行决策的问题。

常用发现问题的方法是将事情的现状和某些标准进行比较，即比较现实与期望状态之间的差距。在差距被发现之后，决策者就可以开始对问题进行系统地分析，确认问题的内涵和界限，界定问题的性质和特征、深度和广度、严重程度和与其他问题的关联程度，抓住问题的要害，以便寻求解决问题的办法。

2. 明确决策目标

决策目标也就是决策者在未来一段时间内希望达到的某种效果。确定正确的目标十分必要，正确的目标意味着成功。美国著名企业家亚默尔由一个农妇成为一个著名的企业家就得益于决策目标的正确选择。亚默尔年轻时，加利福尼亚州淘金热，亚默尔也加入了淘金者的队伍。他历尽千辛万险后发现淘金梦难圆，但却从淘金者渴望饮水的抱怨中受到启发，转而由淘金变为挖掘水渠。许多人嘲笑他的选择，但他坚持自己的决策，果然如他所料，当水送到淘金地时，一块块金币也流入了亚默尔的腰包。此时的资本积累为他日后经营大企业打下了基础。可见，正确的决策目标选择是成功的基础。决策目标还有其他方面的作用，主要体现在 4 点：①保证组织内部各种活动的一致性；②为动员和配置各种组织资源提供依据；③形成稳定的工作秩序；④形成一个工作核心，有利于把任务分配到各个责任点上。

决策目标的设计应注意既有先进性，又有合理性，也就是要注意以下几点：

（1）决策目标应有明确性，切忌模糊性。一般来说，越是近期的目标，越要具体明确，远期目标可以带有一定的模糊性。但总体来看，目标应具有明确性。

（2）目标的确定要有可检验性。也就是决策者对其预定达到的状态，应当由具体的量化标准规定，以便为制定决策方案提供参考依据，同时作为检查决策执行的结果表示。无论决策目标的内容及性质如何，其目标应尽量用数量来表示，以便管理者监督、控制和检查评价。对于确实难以量化的目标，则应在质的分析基础上尽可能加以清晰描述。

（3）决策目标的设计要具有系统性。也就是要处理好决策目标的层次性及其结构关系。从纵向看，决策目标具有层次性，也就是有总目标与子目标之分。为了实现决策的总目标，决策者要按照目标的层次性的不同，选择低层次的子目标首先实施，然后实施较高层次的目标。从横向来看，同一层次的目标之间也可能存在着既相互联系又相互排斥的关系。所以，在设计决策目标时，还要明确目标之间的关系，以避免在决策的实施中将组织的主要资源和精力投放到非主要目标的活动中去。

（4）决策目标应既具有合理性，又具有先进性，即决策目标应该经过努力可以实现的目标，也就是它有现实可行性，目标不能过高，过高则实现不了，不是合理的目标；目标过低，无需经过奋斗就能实现，则不具有先进性。

3. 拟定方案

决策目标明确后，就应拟订能够达到目标的各种备选方案。备选方案是指可供进一步选择的可行方案。备选方案不可能是一个，但也不可能太多。在方案拟定过程中，应体现如下基本要求：

（1）方案设计要具有整体的详尽性。即所拟定的备选方案应包括所有可行方案。当然，在实践中，由于决策条件的复杂性和多样性，要将所有可行方案都设计出来是不可能的，只能就现有条件和能力，设计出较多的备选方案，以备决策方案的选择。没有选择，就难有优化的决策。

（2）方案应具有互斥性。也就是方案可以相互替代、相互排斥，而不能相互包容。即各方案的总体设计、主要措施和预定效果应该有明显的区别，不能将方案甲的措施包括在方案乙中，也不能使方案甲成为方案乙的实现途径。方案相互排斥的目的在于有比较选择的价值和可能，如果各方案的内容具有包容性，就失去了选择的意义。但是，在坚持互斥性的同时，各备选方案之间又应当是可以比较的，如果没有可比性，同样会给选择带来不便。

（3）明确列出各方案的限制因素。在许多情况下，决策是在众多限制性因素的影响下进行的，但人们对制约决策方案有效性的限制性因素往往搞不清楚，事实上许多限制性因素模糊不清，找出限制性因素绝非易事。而制订决策方案的过程，就是不断寻找限制性因素的过程。这样，才能实现把握事物发展的规律，使决策收到较好的效果。

（4）方案要有创造性。在制定方案时，应有创新性，尽可能设想出一些新颖的决策方案，但提出有创见的方案往往是不容易的，这需要决策者具有丰富的经验、广博的知识、敏锐的洞察力和敢于创新的精神，能够对问题进行全方位的思考，并掌握一定的现代决策方法和技术。寻求解决问题的备选方案的过程是一个创新的过程。在这一过程中，决策者必须开拓思维，充分发挥想象力，运用各种创造性思维方法，如头脑风暴法、哥顿法、零起点法等，制定出具有创新性的可行方案。

4. 评估方案

备选方案拟定后，决策者应对每一个方案的实施效果进行评估，包括方案的直接效果和附带效果。决策者必须运用科学方法推测这些方案实施的结果，既要测算其预期效果，衡量其解决问题的程度，又要重视其可能产生的不良后果和潜在问题。因为各种方案的不良后果和潜在问题不同，有的影响是致命的、严重的，有的影响是一般的。因此，要全面考虑，综合评价，否则决策方案的选择就不够慎重。分析评价备选方案要考虑的因素如下：

（1）客观环境的变化。因为决策备选方案是面向未来的，它的效果要经过一段时间后才能显示出来，要想预测方案的效果，就要预测客观环境可能的变化，使组织决策者在选择方案时做到心中有数。

（2）确定决策方案的评价标准。标准是判断方案好坏的尺度，要选择满意的方案，必须要有科学的评价标准。一般是把目标或目标具体化之后的指标作为评价标准。经常用的具体标准有：预期收益最大或损失最小标准；后悔值最小标准；成本费用最低标准等。

（3）评估方案的原则：①可行原则。也就是方案实施的现实条件要具备。决策者不能只考虑备选方案前景如何看好，还必须考虑组织可利用的资源是否能够满足方案的需要。否则，可能会因为资源条件的制约，使方案失去效果。②效益原则。也就是要求评估方案实施能够给组织带来哪些长远利益和短期利益、经济效益和社会效益，要使效益大于成本。③低风险原则。方案实施中可能遇到风险而使活动失败，因而要求使风险降至最低的原则。根据上述原则，找出各种方案的差异，分清各方案的优劣，从而找出较为满意的行动方案。

5. 选择方案

在这一阶段，决策者对经过评估的各种备选方案权衡利弊、得失，做出判断，选出“最好”的方案。然而，值得注意的是，选出的“最好”方案也并非就是尽善尽美，往往难免有某些不足之处。所以，在实际决策中，还需要对优选出的方案进行进一步的修订与完善，博采取长，合而为一，或形成一个新的综合性方案。况且，目前尚无对他们进行综合评价的绝对可靠的方法和指标体系；加之只进行定量指标的比较又不能反映诸多非定量因素的影响，所以在实际决策中，最终的决策还得依靠决策者的经验、素质和才智。也正因为如此，决策者的个性、心理因素、习惯倾向、价值观以及在组织中的地位，甚至家庭关系、社会关系等都会对他的决策发生牵制或影响。

决策者在具体选择方案时要注意三个方面的问题：

（1）要统筹兼顾，不要走极端。要看看每个方案的优缺点，避免在实施中走弯路。

（2）要注意反对意见。决策的组织者要充分注意选择过程中的反对意见，因为反对意见不仅可以帮助决策者从多角度去考虑问题，促进方案的进一步完善，而且可以避免因追求意见一致而产生的失误，提醒决策者防范一些可能出现的问题。

（3）要有决断的魄力。由于人们的价值观不同，人们对方案选择的偏见也不一致，因而在决策方案选择时会有意见分歧。决策者要在充分听取各种意见的基础上，根据自己对组织任务的理解和对形势的判断，权衡各种方案的利弊，作出决断。

6. 执行方案

选择出方案后，决策过程还没有结束。决策者还必须使方案付诸实施。这就是方案的执行。方案执行是指将决策方案交给有关人员付诸实施。一个决策者必须具备这两种能力：既要有能力作出决策，又要有能力使决策方案变为有效的行动。在实施过程中，为了保证决策方案能取得令人满意的效果，应做好以下几个方面的工作：

（1）做好方案实施的宣传教育工作。通过各种宣传方式，使组织全体成员都了解决策方案的内容、目的和意义。

（2）制定符合实际的实施计划。包括认真拟定实施决策方案的具体步骤；制定相应的实施措施与方法，编制实施行动的程序或日程表；结合有关资源编制实施方案的资金预算等。

（3）建立适合的组织机构。要使组织机构的设置和职责分配，适应实施决策方案的需要，同时把实施方案所需要的人力、物力、财力都动员和组织起来，使各个要素能够充分发挥作用，并形成整体功能。

（4）建立信息反馈和控制系统。要通过信息反馈系统及时获取决策实施过程中的信息，把实际执行的效果同预期目标进行比较，一旦发现差异，就要及时进行有效控制，保证决策目标的实现。

7. 评价决策效果

决策的最后一个程序是对决策执行的效果进行评估，以确认方案实施后是否真正解决了问题。如果决策方案实施后仍达不到预期效果，问题依然存在，管理者就对决策本身进行仔细分析，研究哪个环节出了错，是否没有正确认识问题？是否对方案的评价不正确？是否是方案正确但实施不当？诸如此类的问题，将使管理者追溯到以前制定决策的步骤。如果问题严重，甚至可能需要重新开始整个决策过程或进行追踪决策，以解决实际问题。

2.3.2.5 决策方法

1. 定性决策方法

（1）德尔菲法。德尔菲法，又名专家意见法，是依据系统的程序，采用匿名发表意见的方式。即团队成员之间不得互相讨论，不发生横向联系，只能与调查人员发生关系，以反覆的填写问卷，来集结问卷填写人的共识及搜集各方意见，建立起团队沟通流程的一种，应对复杂任务难题的管理技术。

德尔菲法（Delphi Method）是20世纪40年代由O. 赫尔姆和N. 达尔克首创，经过T. J. 戈尔登和兰德公司进一步发展而成的。德尔菲这一名称起源于古希腊有关太阳神阿波罗的神话。传说中阿波罗具有预见未来的能力。因此，这种预测方法被命名为德尔菲法。1946 年，兰德公司首次用这种方法进行预测，后来该方法被迅速广泛采用。

德尔菲法依据系统的程序，采用匿名发表意见的方式，即专家之间不得互相讨论，不发生横向联系，只能与调查人员发生关系，通过多轮次调查专家对问卷所提问题的看法，经过反复征询、归纳、修改，最后汇总成专家基本一致的看法，作为预测的结果。这种方法具有广泛的代表性，较为可靠。

德尔菲法的具体实施步骤如下：

1）组成专家小组。按照课题所需要的知识范围，确定专家。专家人数的多少可根据预测课题的大小或涉及面的宽窄而定，一般不超过 20 人。

2）向所有专家提出所要预测的问题及有关要求，并附上有关这个问题的所有背景材料，同时请专家提出还需要什么材料，然后由专家做书面答复。

3）各个专家根据他们所收到的材料，提出自己的预测意见，并说明自己是怎样利用这些材料算出预测值的。

4）将各位专家第一次判断意见汇总，列成图表，进行对比，再分发给各位专家，让专家比较自己同他人的不同意见，修改自己的意见和判断。也可以把各位专家的意见加以整理，或请身份更高的专家加以评论，然后把这些意见再分送给各位专家，以便他们参考后修改自己的意见。

5）将所有专家的修改意见收集起来，汇总，再次分发给各位专家，以便做第二次修改。逐轮收集意见并为专家反馈信息是德尔菲法的主要环节。收集意见和信息反馈一般要经过三、四轮。在向专家进行反馈的时候，只给出各种意见，但并不说明发表各种意见的专家的具体姓名。这一过程重复进行，直到每一个专家不再改变自己的意见为止。

6）对专家的意见进行综合处理。

利用德尔菲法进行决策时需要注意两点：

1）并不是所有被预测的事件都要经过四步。可能有的事件在第二步就达到统一，而不必在第三步中出现。

2）第四步结束后，专家对各事件的预测也不一定都达到统一。不统一也可以用中位数和上下四分点来作结论。事实上，总会有许多事件的预测结果不统一。

德尔菲法同常见的召集专家开会、通过集体讨论、得出一致预测意见的专家会议法既有联系又有区别。德尔菲法能发挥专家会议法的优点，即：①能充分发挥各位专家的作用，集思广益，准确性高；②能把各位专家意见的分歧点表达出来，取各家之长，避各家之短。同时，德尔菲法又能避免专家会议法的缺点：①权威人士的意见影响他人的意见；②有些专家碍于情面，不愿意发表与其他人不同的意见；③出于自尊心而不愿意修改自己原来不全面的意见。德尔菲法的主要缺点是过程比较复杂，花费时间较长。

（2）头脑风暴法。头脑风暴法是比较常用的集体决策方法，便于发表创造性意见，因此主要用于收集新设想。通常是将对解决某一问题有兴趣的人集合在一起，在完全不受约束的条件下，敞开思路，畅所欲言。头脑风暴法的创始人英国心理学家奥斯本（A. F. Osborn）为该决策方法的实施提出了四项原则：①对别人的建议不作任何评价，将相互讨论限制在最低限度内；②建议越多越好，在这个阶段，参与者不要考虑自己建议的质量，想到什么就应该说出来；③鼓励每个人独立思考，广开思路，想法越新颖、奇异越好；④可以补充和完善已有的建议，使它更具说服力。

头脑风暴法的目的在于创造一种畅所欲言、自由思考的氛围，诱发创造性思维的共振和连锁反应，产生更多的创造性思维。这种方法的时间安排应为1～2小时，参加者以5～6人为宜。

头脑风暴的实施步骤：

1）准备阶段。事先对所议问题进行一定的研究，弄清问题的实质，找到问题的关键，设定解决问题所要达到的目标。同时选定参加会议人员，一般人数不宜太多。然后将会议事宜提前通知与会人员，让大家事先做好准备。

2）热身阶段。这个阶段的目的是创造一种自由、宽松、祥和的氛围，使大家得以放松，进入一种无拘无束的状态。先由有趣的话题或问题开始，让大家的思维处于轻松和活跃的境界，随后轻松导入会议议题。

3）明确问题。主持人扼要地介绍有待解决的问题。介绍时须简介、明确，不可过分周全，否则，过多的信息会限制人的思维，干扰思维创新的想象力。

4）重新表述问题。经过一段讨论后，大家对问题已经有了一定的理解。这时，为了使大家对问题的表述能够具有新角度、新思维。

5）畅谈阶段。畅谈是头脑风暴法的创意阶段。导引大家自由发言，自由想象，自由发挥，使彼此相互启发，相互补充，真正做到知无不言，言无不尽，畅所欲言，然后将会议发言记录进行整理。为了使大家能够畅所欲言，需要制订规则：第一，不要私下交谈，以免分散注意力；第二，不妨碍他人发言，不去评论他人发言，每人只谈自己的想法；第三，发表见解时要简单明了，一次发言只谈一种见解。

6）筛选阶段。会议结束后的一两天内，向与会者了解大家会后的新想法和新思路，以此补充会议记录。然后将大家的想法整理成若干方案进行筛选。经过多次反复比较和优中择优，最后确定1～3个最佳方案。这些最佳方案往往是多种创意的优势组合，是大家的集体智慧综合作用的结果。

头脑风暴法实施过程中有4条基本原则：

1）排除评论性批判，对提出观念的评论要在以后进行。

2）鼓励“自由想象”。提出的观念越荒唐，可能越有价值。

3）要求提出一定数量的观念。提出的观念越多，就越有可能获得更多。

4）有价值的观念。探索研究组合与改进观念。除了与会者本人提出的设想以外，要求与会者指出，按照他们的想法怎样做才能将几个观念综合起来，推出另一个新观念；或者要求与会者借题发挥，改进他人提出的观念。

头脑风暴法的正确运用，可以有效地发挥集体的智慧，这可能比一个人的设想更富有创意。

2. 定量决策法

（1）线性规划法。线性规划是运筹学中研究较早、发展较快、应用广泛、方法较成熟的一个分支，它是辅助人们进行科学管理的一种数学方法。在经济管理、交通运输、工农业生产等经济活动中，提高经济效率是人们不可缺少的要求，而提高经济效率一般通过两种渠道：一是技术方面的改进，例如，改善生产工艺，使用新设备和新型原材料；二是生产组织与计划的改进，即合理安排人力物力资源。线性规划所研究的是：在一定条件下，合理安排人力物力等资源，使经济效果达到最好。一般地，求线性目标函数在线性约束条件下的最大值或最小值的问题统称为线性规划问题。满足线性约束条件的解叫做可行解，由所有可行解组成的集合叫做可行域。决策变量、约束条件、目标函数是线性规划的三要素。

通过线性规划进行决策一般有以下三个步骤：

1）根据影响所要达到目的的因素找到决策变量；

2）由决策变量和所要达到目的之间的函数关系确定目标函数；

3）由决策变量所受的限制条件确定决策变量所要满足的约束条件。

【课堂训练】某工厂要安排生产Ⅰ、Ⅱ两种产品，已知生产单位产品所需的设备台数及A、B两种原材料的消耗，如表2-3所示，表中右边一列是每日设备能力及原材料供应的限量，该工厂生产一单位产品Ⅰ可获利2元，生产一单位产品Ⅱ可获利3元，问应如何安排生产，使其获利最多？

表 2-3

产品	Ⅰ	Ⅱ	资源限制
设备	1小时	2小时	8小时
原料A	4公斤	0	16公斤
原料B	0	4公斤	12公斤

解：①确定决策变量：设 x_1、x_2 为产品Ⅰ、Ⅱ的生产数量；

②明确目标函数：获利最大，即求 $2x_1+3x_2$ 最大值；

③所满足的约束条件：

设备限制：$x_1+2x_2\leqslant 8$

原材料A限制：$4x_1\leqslant 16$

原材料B限制：$4x_2\leqslant 12$

基本要求：$x_1,x_2\geqslant 0$

用max代替最大值，s.t.（subject to 的简写）代替约束条件，则该模型可记为：

$$\max=2x_1+3x_2$$

$$\text{s.t.}\begin{cases}x_1+2x_2\leqslant 8\\4x_1\leqslant 16\\4x_2\leqslant 12\\x_1,x_2\geqslant 0\end{cases}$$

（2）盈亏平衡分析法原理。

盈亏平衡分析法是依据与决策方案相关的产量（销售量）、成本（费用）、盈利的相互关系，分析决策方案对企业盈亏发生的影响来评价和选择决策方案的，它是一种简便有效、使用范围较广的一种计量决策方法。盈亏平衡分析法就是研究企业生产经营活动中盈亏问题的一种经济数学模型。所谓盈亏平衡点，是指企业在一定的条件下生产某种产品，经营结果既不盈也不亏，其产品销售收入等于产品总成本之点。因此，盈亏平衡点又被称为盈亏临界点或保本点。

盈亏平衡点的计算。在产品销售价格、固定费用和变动费用已知的条件下，就可通过建立盈亏平衡的数学模型，确定出盈亏平衡点。一般来说确定盈亏平衡的方法有产量法、销售额法、边际收益法3种。

2.3.3　学习自测

一、单选题

1．号称“钟表王国”的瑞士在1969年研制出第一只石英电子手表，但擅长机械表制造技术的瑞士企业界领袖们认为石英表没有发展前途，并未给予充分重视。日本人则认为，石英表这项新技术大有前途，遂投资进行大批量生产。结果，日本的石英表技术誉满全球，仅在20世纪70年代后5年时间内就挤垮了100多家瑞士手表厂。这个例子说明（　）。

A．决策对企业生存发展的影响至关重大

B．技术管理更能给企业带来竞争力

C．技术要发挥作用离不开资本的投入

D．瑞士的钟表界缺乏技术创新精神

2．你正面临是否购买某种奖券的决策。你知道每张奖券的售价以及该期共发行奖券的总数、奖项和相应的奖金额。在这样的情况下，该决策的类型是什么？加入何种信息以后该决策将变成一个风险性决策（　）。

A．确定性决策，加入各类奖项的数量

B．风险性决策，加入不需要加其他

C．不确定性决策，加入各类奖项的数量

D．不确定性决策，加入可能购买该奖券的人数

二、多选题

1．决策的一般原则有（　）。

A．重要性原则　　B．靠近问题原则

C．目标明确原则　　D．命令统一原则

E．职责明确原则

2．典型的决策过程包括（　）。

A．调查情况　　B．制定可供选择的行动方案

C．评价、选择行动方案　　D．实施和监督

E．沟通

3．能够有效地避免决策结果受个人知识、经验影响的决策方法有（　）。

A．德尔菲法　　B．头脑风暴法　　C．名义群体法　　D．领导决策法

三、判断题

1．因为人们很难获得最优决策，只能接受满意决策，而满意决策完全取决于决策者的主观判断，所以结果往往是“走一步，看一步，摸着石头过河”。（　）

2．在任何情况下，群体决策都优于个人决策。（　）

四、简答题

西蒙认为人们不可能做出“最优决策”，你同意吗？为什么？

2.3.4　案例分析

既要重“名”又要重“实”

争创名牌是我国经济发展的必然趋势，也是社会主义市场经济深入发展的必然选择。一个公司、一个企业集团，只有以“一流的技术、一流的管理、一流的产品和一流的服务”为宗旨，才能塑造出一流的企业形象。在这种形象下生产或经营的名牌产品，才是有源之水、有本之木。

据报载：根据独立国际市场调查机构1999年年中对中国城镇零售监测统计，高露洁牙膏的市场销售额已跃居中国第一。这是高露洁继1997、1998年连续2年获得国内贸易部商业信息中心日用品千店市场综合占有率统计为“中国质量第一”之后，在此取得的又一个“第一”。高露洁进入中国市场短短的几年中，正是实施了名牌战略，在成功之道上才取得了今天的显著成效。

西方经济学中，把消费者购买行动比作消费者的投票行为，货币就是选票。要让消费者手中的“货币选票”心甘情愿地、长期地投放在某一个商品或某一个品牌上来，那绝不仅靠广告的功能所能做到的。那么，高露洁牙膏市场销售额跃居中国第一靠的是什么？

1．以一流的质量和服务，占领中国市场

随着中国改革开放的不断深入，越来越多的世界名牌产品进入了中国市场，高露洁是其中的佼佼者。近年，这一世界口腔保健品牌在中国可谓家喻户晓，其成功的关键是高露洁一流的质量和服务。

高露洁棕榄公司于1991年首先与广州洁银日用化工厂共同成立了中美合资广州高露洁有限公司，并于次年在广州经济技术开发区共建占地7万平方米、建筑面积达3万平方面的新厂房。在中国，高露洁公司累计投资了1亿美元，通过从美国、德国、瑞士等国引进先进技术和设备，并采用了先进的OMP模式进行严格的全面质量控制。据了解，OMP为美国最先用于药物生产的质量管理标准，并有认证机构，作为政府对药物质量控制的规范。高露洁棕榄公司是率先将其引进牙膏生产领域的生产企业之一。毫无疑问，经过了OMP认证的产品意味着其品质达到了较高的水准。

作为一家跨国的消费品生产企业，高露洁棕榄公司十分重视与消费者的沟通。于是，在1998年4月设立了消费者服务部，以专业、关怀的方式为消费者服务，聆听消费者的投诉、答复消费者的咨询、了解消费者的需求，追求最终“令消费者真正满意”的世界名牌战略。据了解，高露洁消费者服务部是采用集中处理消费者来函的办法分类整理，逐一回复；安装消费者电脑反馈系统（CRS），进行完善的文案管理；开通消费者免费咨询电话，从而改变了以往只能通过信函和亲临公司拜访才能沟通的方式，为消费者节约了时间，提供了便利；通过高露洁公司的产品包装，使消费者知道服务部的电话号码及联系地址。这一切都是消费者和高露洁公司之间建立一种互惠互利的关系，赢得高露洁公司在中国的信誉，以及高露洁产品在中国消费者中的信誉。正如高露洁棕榄公司的掌门人鲁木·马可先生对中国新闻媒体表示：“我们对广州高露洁公司的财务状况非常满意。我们随时准备进一步加大对中国的投资。”“留在中国市场里谋求发展是绝对的，我想不出理由高露洁会放弃中国市场。”他再次表示：“我们非常高兴将中国总部和生产工厂设在广州，将高露洁的微笑带给了所有中国人。”

2．口腔保健专家的形象定位

1992年9月，当第一支由广州高露洁公司生产的高露洁牙膏投放市场时，似乎是作为特殊高薪阶层的高消费象征。鲜艳亮丽的红白图案和手感轻软的塑料挤压管，都给人以耳目一新的感觉。高露洁专业医生和对比试验构成的电视科普广告，以其强大的专业说服力深深打动了广大观众。同时，为满足不同消费对象、层次的需要，在短短的三四年时间里，高露洁这一世界品牌的牙膏、牙刷，以及护肤护发用品、衣物护理用品，专门营销高露洁品牌的零售商、批发商和分销商已遍布中国的400多个城市，实现了高露洁在中国的营销战略目标。更重要的是它有强大的技术力量作为支撑。仅设在美国新泽西州的高露洁研究和发展部门的总部就拥有100多位具有博士学位的专家，他们有些是牙医，有些是微生物、化学、化工、病理学及其他专业的专家。在中国，高露洁也设有技术部，培养、启用国内人才，进行产品及原材料的研究与发展。由此，不断推出适合中国消费者需求的产品，目的是让人人享有口腔卫生保健，拥有“甜美的微笑”。

高露洁公司推广过程中，非常重视与中国医学机构进行联系、合作，携手开拓口腔保健产品市场。中国口腔医学会是中国口腔医学科学技术工作者的学术性团体。1996年开始，高露洁公司就积极地和该学会合作，成为该学会1996年成立时的第一个朋友，承诺要为中国口腔医学事业的发展做出贡献，并共同举办了多项活动，从而在实践中改变了许多中国老百姓的牙防观念。每逢每年的全国“爱牙日”活动，高露洁作为世界头号的口腔保健用品公司当仁不让，投入相当大的人力、财力。另外还大力在中国的牙科行业推出各式各样的牙防健齿活动和赞助计划。

高露洁的决策者及其员工深知，树立有高度社会责任感的企业公民形象，赢得消费者乃至社会大众的信任与尊重，对企业的成功至关重要。每年，高露洁棕榄公司投入数千万元，除了致力于少年儿童的口腔保健的知识和教育外，还参加了各种慈善活动，包括捐助贫困母亲、“希望工程”、捐款救灾、资助“国际微笑行动”，为患有唇裂、颚裂等畸形残疾儿童和少年，进行免费外科整形修补术和康复活动，让“甜美的微笑”重现在他们天真可爱的脸上。

高露洁是世界知名产品，它一跨入中国的市场就以口腔专家的形象定位。经短短几年的拼搏，如今在中国城镇的零售户市场销售额、市场占有率均获得第一。高露洁真可谓赢得了中国消费者的认可。

3．人才是最重要的资源

高露洁公司十分重视人才，每年从各类优秀大学生中招聘具有强烈的进取心、创造性、具备领导才能、出色的分析能力、良好的语言交际能力，并具有优秀合作精神的人。公司根据生产经营的实际需要和员工的表现、潜质及接受能力，安排员工接受各种培训、教育。通过独特的培训、教育，把他们培养成为一流的管理人才。

高露洁关怀员工的承诺就是通过种种计划和奖励在工作中有业绩的个人和集体。1995年推行“你可创新”奖励计划就是其中一项，它真诚为每个员工营造施展才华的机会，最有效地挖掘员工的创造力，凝聚每位员工的创新建议。为此，每位员工都可能因个人或团队的创新成功及努力而获得提名及奖励。至1998年年底，短短三四年里，提名人数达到3000人次、提名项目达1300多项。1996年的“磷钙国产化”、1998年的“牙刷镭射包装”项目，在众多项目中脱颖而出获得年度的全球奖。每个项目的成功是团队合作精神的集中体现、智慧的结晶。

4．志在长线、立足基础

高露洁作为全球最大的专业生产口腔保健用品公司，自1990年初进入中国市场后，除积极组建合资公司，生产世界品牌产品外，还一直注重培养与消费者的感情，产品的推广计划带有浓重的公益色彩，具有相当巨大的企业亲和力。在中国积极支持国家到2000年人人享有初级口腔卫生保健的总体目标，成为第一家在中国推行口腔教育计划的公司，包括：在技术研究和社区教育计划等领域中与国家教育委员会合作，推行社区预防和口腔自我保健宣传教育等计划；尤其1995年在中国发起的“甜美的微笑，光明的未来”口腔护理教育计划，这是一项取得相当成功的计划。它是由牙科专有人员参与，利用富有趣味的“兔子牙医”作为口腔保健知识传播形象，编写了故事书、教师宣传画、年历等多种形式的培训教材和多种影像资料，对象选择 7～9 岁的儿童，帮助孩子们建立自我口腔意识，主动预防口腔疾病，使他们终生拥有“甜美的微笑”。这项口腔保健教育计划，在短短的三四年中，已使 22 个省 250 个城市的 2500 万名 1～3 年级小学生受惠，普遍受到广大家长、师生及口腔界的欢迎和赞赏。为此，1998 年 9 月中国口腔医学会向高露洁棕榄公司主席兼总裁马克先生颁布了名誉理事证书，以褒奖他及其高露洁棕榄公司为中国口腔事业做出的重要贡献。

高露洁在华投资策略是：志在长线、立足基础。把今天的对儿童口腔保健教育与明天的中国市场拓展有机地结合，外资企业的这一做法，是否多少给我们的企业一些有益的启迪呢？

既要重“名”，又要重“实”，这就是高露洁成功赢得中国市场的决窍。

问题：

（1）高露洁的决策者们根据中国的市场环境特点做出了哪些决策？这些决策取得了怎样的效果？

（2）高露洁是如何一步步取得中国市场的？

（3）高露洁既要重“名”，又要重“实”的策略对我国企业海外投资决策有什么启示？

（资料来源：黄雁芳，宋克勤．管理学教程案例集．上海：上海财经大学出版社，2008）

2.3.5 实训项目

表 2-4 实训名称：头脑风暴法

实训目的	运用头脑风暴法来确定将开办的餐馆类型
实训条件	多媒体教室
实训要求	假设你和你的伙伴想在学校附近开设一家餐厅。问题是，现在学校附近已经有了很多类型的餐馆。假设资金足够，那么开哪一种餐馆成功的可能性最大。要求学生分组讨论，运用头脑风暴法
教师任务	1．确定学生在进行决策时的标准，无论它是有意识还是无意识地在指导决策 2．列举出所有备选方案，讨论这些方案是否可行 3．了解每一种备选方案，学生作出决策是基于完全信息还是不完全信息 4．让学生回顾决策过程，询问他们最终方案的选择有没有受认知偏见的影响
实训评价	组长给每位组员打分，教师给组长打分

【参考答案】

一、单选题

1～2 A C

二、多选题

1．ABCE 2．ABCD 3．ABC

三、判断题

1～2 × ×

学习单元三　计划

职业素养

1. 提升分析环境、界定问题的能力；
2. 培养编制计划书的能力；
3. 养成开放式、系统、动态的思维习惯；
4. 打造管理者的行为方式。

能力目标

1. 理解计划的概念和作用；
2. 明确计划的类型；
3. 表述编制计划的一般程序；
4. 掌握如何编制各种计划。

学习任务一　制定商品销售计划

3.1.1　学习导入

国外某老先生从事的职业是一家飞机制造厂的飞机试飞员。在他 60 多岁光荣退休之后，报纸、广告、电台等媒体纷纷前往采访。这是一个传奇式的人物，据说跟他一起从事这个行当的伙伴们有的因事故而殉职了，有的由于发生事故而身患残疾，而这位老先生尽管经历了很多次事故和意外，但都化险为夷。媒体记者问他有什么诀窍比别人做得更好："为什么别人在各种各样的灾难面前躲不过去，而你却能化险为夷呢？"这位老先生解释道："我有一个习惯，就是我在每次执行任务之前都会做脑操。我会设想可能出现的各种情况，假如出现某种不测的时候，我应当如何应对，假如发生某种意外的时候，我如何处理才是最佳的选择。每次执行任务之前，我都会闭上眼睛进行这样的冥想。所以在很多次执行任务过程中，尽管碰到了意外，但对我来讲，却是意料之中的事。"

这个例子多少能说明管理计划所起的作用。在组织面临不确定性和风险的时候，经过周密的计划可以把这种不确定性和风险降到最低程度。计划是管理的首要职能，是管理职能中一个最基本的职能。计划是任何一个组织成功的核心，它存在于组织各个层次的管理活动中。管理者的首要职责就是做计划，就是组织企业员工进一步理解企业的目标，以及有效地实现企业目标的方法。

（资料来源：http://guanli.bxsoo.com/info/8951_1.htm）

3.1.2 相关知识

3.1.2.1 计划的含义

在汉语中，“计划”一词词性既可能是名词，也可能是动词。从名词意义上说，计划是指用文字和指标等形式所表述的，组织以及组织内不同部门和不同成员，在未来一定时期内，关于行动方向、内容和方式安排的管理文件。从动词意义上说，计划是指为了实现决策所确定的目标，预先进行的行动安排。这项行动安排工作包括：在时间和空间两个维度上进一步分解任务和目标、选择任务和目标实现方式、进度规定、行动结果的检查与控制等。我们有时用“计划工作”表示动词意义上的计划内涵。

正如哈罗德·孔茨所言，“计划工作是一座桥梁，它把我们所处的这岸和我们要去的对岸连接起来，以克服这一天堑”。计划工作给组织提供了通向未来目标的明确道路，给组织领导和控制等一系列管理工作提供了基础，同时计划工作也要着重于管理创新。有了计划工作这座桥，本来不会发生的事，现在就可能发生了；模糊不清的未来变得清晰实在。

计划工作有广义和狭义之分。广义的计划工作是指制定计划、执行计划和检查计划的执行情况三个阶段的工作过程。狭义的计划工作则是指制定计划。

无论在名词意义上还是在动词意义上，计划内容都包括“5 W 1 H”，计划必须清楚地确定和描述这些内容：

What——做什么？ 目标、任务与工作要求

Why——为什么做？ 重要性、意义

Who——谁去做？ 人选、责任

When——何时做？ 时间、进度安排

Where——何地做？ 范围、组织层次（范围）

How——如何做？ 基本方法、途径、战略

我们将计划定义为：计划是为了从事某些工作预先进行规划好的详细方案。而计划工作是对有关将来活动做出决策所进行的周密思考和准备工作。它包括：拟定组织的目标，为实现这些目标制定总体战略，并提出一系列派生计划，以综合和协调各项活动。计划工作是行动的前提，它促使管理人员通盘思考问题，尽管不可能预见到未来的一切，但还是能做出情理之中的推论，并对潜在的问题做出研究。

3.1.2.2 计划的特征

1. 计划的目的性

任何组织或个人制定计划都是为了有效地达到某种目标。在计划工作过程的最初阶段，制定具体的明确的目标是其首要任务，其后的所有工作都是围绕目标进行的。

2. 计划的首要性

计划在管理职能中处于首要地位，这主要是由于管理过程当中的其他职能都是为了支持、保证目标的实现。因此这些职能只有在计划确定了目标之后才能进行。因为只有在明确目标之后才能确定合适的组织结构，下级的任务和权力，伴随权力的责任，以及怎样控制组织和个人的行为不偏离计划等。计划首要性的另一个原因是，在有些情况下，计划是唯一需要完成的管理工作。计划的最终结果可能导致一种结论，即没有必要采取进一步的行动。计划首先要做的工作是进行可行性分析，如果分析的结果表明该计划是不合适的，那么，所有工作

也就告一段落，无须再实行其他的管理职能。

3. 计划的普遍性

任何层次的管理者或多或少都有某些制定计划的权力和责任。一般来说，高层管理人员负责制定战略性的计划，而那些具体的计划由下级完成。授予下级某些制定计划的权力，有助于调动下级的积极性，挖掘下级的潜在能力。这无疑对贯彻执行计划，高效地完成组织目标大有好处。

4. 计划的经济性

计划的经济效益可用计划的效率来衡量。计划效率是指制定计划与执行计划时所有的产出与所有的投入之比。如果一个计划能够达到目标，但它需要的代价太大，这个计划的效率就很低，它就不是一份好的计划。在制定计划时，要好好考虑计划的效率，不但要考虑经济方面的利益和耗损，还要考虑非经济方面的利益和耗损。

5. 计划工作的创造性

计划工作需要管理者针对组织所面临的新环境来发现和解决新问题。面对出现的新变化和新机会，管理人员要敢于打破旧观念的束缚，及时提出适应本企业特点的一些新思路、新观点和新方法，使计划更加符合客观实际。所以说计划工作是一项创造性的管理工作。

3.1.2.3 计划的作用

早在泰勒推行科学管理运动时期，许多管理者就已认识到计划在管理实践中具有重要的作用。特别是近十几年来，生产技术日新月异，生产规模不断扩大，分工与协作的程度空前提高，每一个社会组织的活动不但受到内部环境的影响，还要受到外来多方面因素的制约，企业要不断地适应这种复杂的变化环境，只有科学地制定计划才可能协调与平衡多方面的活动，求得本组织的生存和发展。

1. 计划是管理者指挥的依据

管理者在制定计划之后，还要根据计划进行指挥。他们要分派任务，要根据任务确定下级的权力和责任，要促使组织中的全体人员的活动方向趋于一致而形成一种复合的、巨大的组织化行为，以保证达到计划所设定的目标。如国家要根据五年计划安排基本建设各项目的投资，企业要根据年度生产经营计划安排各月的生产任务、新产品开发和技术改造。管理者正是基于计划来进行有效的指挥。

2. 计划是降低风险、掌握主动的手段

将来的情况是变化的，特别是当今世界是处于一种剧烈变化的时代当中，社会在变革，技术在革新，人们的价值观念也在不断变化。计划是预期这种变化并且设法消除变化对组织造成不良影响的一种有效的手段。未来可能会出现资源价格的变化，新的产品和新的竞争对手，国家的政策、方针可能变化，顾客的意愿和消费观念也会变化，如果没有预先估计到这些变化，就可能导致失败。计划是针对未来的，这就使计划制定者不得不对将来的变化进行预测，根据过去的和现在的信息来推测将来可能出现哪种变化，这些变化将对达成组织目标产生何种影响，在变化确实发生的时候应该采取什么对策，并制定出一系列备选方案。一旦出现变化，就可以及时采取措施。虽然，有些变化是无法预知的，而且随着计划期的延长，这种不确定性也就相应增大，这种情况的出现是由于人们掌握的与将来有关的信息是有限的，由于未来的某种变化可能完全由于某种偶然因素引起的，但这并没有否认计划的作用。通过计划工作，进行科学的预测可以把将来的风险减少到最低限度。

3. 计划是减少浪费、提高效益的方法

计划工作的一项重要任务就是要使未来的组织活动均衡发展。通过对计划进行认真的研究，消除不必要的活动所带来的浪费，能够避免在今后的活动中由于缺乏依据而进行轻率判断所造成的损失。计划工作要对各种方案进行技术分析，选择最适当的、最有效的方案来达到组织目标。此外，由于有了计划，有利于组织中各成员统一思想，激发干劲，组织中成员的努力将合成一种组织效应，这将大大提高工作效率从而带来经济效益。计划工作还有助于用最短的时间完成工作，减少迟滞和等待时间，减少盲目性所造成的浪费，促使各项工作能够均衡稳定地发展。计划工作对现有资源的使用可以经过充分地分析研究，各部门都明确整个组织的现状，减少闭门造车的工作方式，使组织的可用资源充分发挥作用，并降低了成本。

4. 计划是管理者进行控制的标准

计划工作包括建立目标和一些指标，这是一份好的计划所应包括的内容。这些目标和指标将被用来进行控制。也许这些目标和指标还不能被直接地在控制职能中使用，但它确实提供了一种标准，控制的所有标准几乎都源于计划。计划职能与控制职能具有不可分离的联系。计划的实施需要控制活动给予保证。在控制活动中发现的偏差，又可能使管理者修订计划，建立新的目标。

3.1.2.4 计划的类型

由于组织活动的复杂性和多元性，计划的种类也变得十分复杂和多样，人们根据不同的需要编制出各种各样的计划。计划按不同的标准可分为很多种类型，常见的主要有：

1. 按计划的期限分类

按计划的期限划分，可把计划分为长期计划、中期计划和短期计划。一般说来，人们习惯于把 1 年或 1 年以下的计划称为短期计划；1 年以上到 5 年的计划称为中期计划；而 5 年以上的计划称为长期计划。这种划分不是绝对的。比如，一项航天发展项目的短期实施计划可能需要 5 年；而一家小的制鞋厂，由于市场变化较快，它的短期计划仅能适用两个月。所以尽管我们按上述时间界限划分出长期计划、中期计划和短期计划，在讨论各期计划时还是应从它们本身的性质来说明。

2. 按计划的层次分类

按计划的层次划分，可把计划分为战略计划、战术计划和作业计划。

（1）战略计划。战略计划是由高层管理者制定的，涉及企业长远发展目标的计划。它的特点是长期性，一次计划可以决定在相当长的时期内大量资源的运动方向；它的涉及面很广，相关因素较多，这些因素的关系既复杂又不明确，因此战略计划要有较大的弹性；战略计划还应考虑许多无法定量化的因素，必须借助于非确定性分析和推理判断才能对它们有所认识。战略计划的这些特点决定了它对战术计划和作业计划的指导作用。

（2）战术计划。战术计划是由中层管理者制定的，涉及企业生产经营、资源分配和利用的计划。它将战略计划中具有广泛性的目标和政策，转变为确定的目标和政策，并且规定了达到各种目标的确切时间。战术计划中的目标和政策比战略计划具体、详细，并具有相互协调的作用。此外，战略计划是以问题为中心的，而战术计划是以时间为中心的。一般情况下，战术计划是按年度分别拟定的。

（3）作业计划。作业计划是由基层管理者制定的。战术计划虽然已经相当详细，但在时间、预算和工作程序方面还不能满足实际实施的需要，还必须制定作业计划。作业计划根据管理计划确定计划期间的预算、利润、销售量、产量以及其他更为具体的目标，确定工作流程，划分合理的工作单位，分派任务和资源，以及确定权力和责任。

3. 按计划对象分类

按计划对象划分，可把计划分为综合计划、局部计划和项目计划 3 种。顾名思义，综合计划所包括的内容是多方面的，局部计划只包括单个部门的业务，而项目计划则是为某种特定任务而制定的。

（1）综合计划。综合计划一般指具有多个目标和多方面内容的计划。就其涉及对象来说，它关联到整个组织或组织中的许多方面。习惯上人们把预算年度的计划称为综合计划。企业中是指年度的生产经营计划。它主要应该包括：销售计划、生产计划、劳动工资计划、物资供应计划、成本计划、财务计划、技术组织措施计划等。

（2）局部计划。局部计划限于指定范围的计划。它包括各种职能部门制定的职能计划，如技术改造计划、设备维修计划等；还包括执行计划的部门划分的部门计划。局部计划是在综合计划的基础上制定的，它的内容专一性强，是综合计划的一个子计划，是为达到整个组织的分目标而确立的。

（3）项目计划。项目计划是针对组织的特定课题作出决策的计划。例如，某种产品开发计划、企业的扩建计划、与其他企业联合计划、职工俱乐部建设计划等都是项目计划。项目计划在某些方面类似于综合计划，它的特殊性在于其目的是为了企业结构的变革。即针对企业的结构问题选择解决问题的目标和方法。它的计划期很可能为 1 年，这时它就要包括在年度计划之内。也许它的计划需要几年才能完成。比如企业扩建计划，这时年度计划仅包括它的一部分。项目计划是与组织结构的变革相关的。结构的组成要素有许多，比如企业中的市场、设备、产品、财务和组织等，几乎包括企业的一切领域。项目计划就是使这些因素具体地朝着将来的方向发展下去。我们必须注意把项目计划同在原有结构上的实现有效经营的管理计划相区别。

4. 按计划的表现形式分类

（1）宗旨。任何组织活动都有一定的目的和任务，宗旨就是一个组织最基本的目标，它是一个组织继续生存的理由，也是社会赋予它们的基本职能。宗旨明确了一个组织是干什么的，应该干什么。例如一个企业的宗旨是追求股东权益最大化或是向社会提供有价值的商品和服务等。

（2）目标。目标是在充分理解组织宗旨的条件下建立起来的，是组织活动在一定条件下要达到的预期结果。确定目标本身也是计划工作，目标不仅是计划工作的终点，而且也是组织工作、人员配备、指导与领导以及控制等活动所要达到的结果。组织中各个管理层次都应该建立自己的目标，组织低层次目标必须与高层次目标相一致，组织要完成一个高层次目标，必须完成较低层次的目标，循序渐进。

（3）战略。战略一词来自于军事用语，是指通过对交战双方进行分析判断而作出对战争全局的筹划和指导。对于组织来说，战略是为了实现组织长远目标所选择的发展方向。战略的目的是通过一系列的主要目标和政策，来决定组织未来的发展方向，总目标和总战略要通过分目标和分战略来逐步加以实现。

（4）政策。政策是指组织在决策时或处理问题时指导以及沟通思想活动的方针和一般规定。政策是管理的指导思想，它为管理人员的行动指明了方向，并明确了在一定范围内怎样进行管理。政策的种类有很多，一个组织的各个部门都要制定各部门相应的政策，制定政策要充分分析组织的目标，要保持一贯性、完整性和稳定性。

（5）程序。程序也是一种计划，它规定了某些经常发生的问题的解决方法和步骤。如果说政策是人们思考问题的指南，那么程序则是行动的指南，它具体规定了某一件事情应该做什么、如何去做，其实质是对未来要进行的行动规定时间顺序，对组织内大多数政策来说，都应该规定相应的程序来指导政策的执行。

（6）规则。规则是一种最简单的计划，它规定了某种情况下能采取或不能采取的某种具体行动。程序由许多步骤组成，如果不考虑时间顺序，其中的某一步就是规则。在通常情况下，一系列规则的总和就构成了程序。

（7）规划。规划是为了实现既定方针所必须的目标、政策、程序、规则、任务分配、执行步骤、使用资源以及其他要素的复合体。规划是粗线条的、纲领性的计划。规划有大有小，有长远的和近期的，其目的在于划分总目标实现的进度。

（8）预算。预算也被称为数字化的计划，是用数字表示预期结果的一份报表。预算可以用财务术语或其他计量单位来表示，这种数字形式有助于更准确地执行计划。通过预算可以考核管理工作的成效和对预算目标的偏离情况，从而实现控制的目的。

3.1.2.5 制定计划的程序与方法

1. 制定计划的程序

计划编制本身也是一个过程。为了保证编制的计划合理，确保组织目标的实现，计划编制过程中必须采用科学的方法。虽然可以用不同标准把计划分成不同类型，计划的形式也多种多样，但管理者在编制任何完整的计划时，实质上都遵循相同的逻辑和步骤。

（1）环境分析。组织环境因素对组织战略计划的制定起着关键性的影响作用。

1）企业的外部信息。

①政治信息，如一个国家的社会制度，执政党的性质，政府的方针、政策、法令等。

②社会信息，如一个国家或地区的居民教育程度和文化水平、宗教信仰、风俗习惯、审美观点、价值观念等。

③经济信息，主要包括宏观和微观两个方面的内容。宏观经济环境主要指一个国家的人口数量及其增长趋势，国民收入、国民生产总值及其变化情况以及通过这些指标能够反映的国民经济发展水平和发展速度。微观经济环境主要指企业所在地区或所服务地区的消费者的收入水平、消费偏好、储蓄情况、就业程度等因素。这些因素直接决定着企业目前及未来的市场大小。

④技术信息，如与企业所处领域的活动直接相关的技术手段的发展变化外，国家对科技开发的投资和支持重点；该领域技术发展动态和研究开发费用总额；技术转移和技术商品化速度；专利及其保护情况。

⑤竞争信息，如竞争对手基本情况研究。竞争对手的数量有多少？分布在什么地方？它们有哪些活动？各自的规模、资金、技术力量如何？其中哪些对自己的威胁特别大？基本情况研究的目的是要找到主要竞争对手。为了在众多的同种产品的生产厂家中找出主要竞争对手，必须对它的竞争实力及其变化情况进行分析和判断。

⑥资源供应信息，如企业经营所处的地理位置、气候条件和资源状况等自然因素，分析本企业所需资源供应有无保证。

2）企业的内部信息。

①产品信息，如每种产品的销售数量、利润大小和发展趋势，每种产品的成本及其降低潜力，产品的用途有无新的发现，产品的品种、数量和质量水平是否适当，企业资源在各种产品间的分配是否恰当，技术储备和新产品研制情况如何等。

②资源信息，如本企业固定资产构成的特点，主要设备、厂房的利用率，流动资金的占用状况，原材料、在制品、外购件、成品的储备情况，资金周转情况，资金供应有无困难等。

③人员信息，如领导班子的情况，工程技术人员和中层管理干部的状况，工人的技术水平、劳动热情、创造性，人员培训的情况等。

④管理信息，如企业组织是否合理，责任制是否健全，各项基础工作是否扎实，管理工作效率如何，各项技术经济指标的水平等。

（2）确定目标。计划目标是企业预定的、在计划期内生产经营活动的结果，它应在分析企业外部和内部情况的基础上确定。各种情况与计划目标的具体内容的关系是错综复杂的，往往某个情况对计划目标中的一个或几个具体内容有利，而对另一个或几个具体内容不利；也可能某个情况对某个具体内容适合，而却受到另一个情况的限制。因此，对各种情况都要进行全面的分析和衡量，权衡利弊得失，避免顾此失彼，然后再确定计划目标。通常，计划目标有以下4类：

1）贡献的目标。贡献目标即对社会贡献的大小。贡献的目标可用产品品种、质量、数量、上缴税金和利润等表示。

2）市场的目标。企业生产经营活动有无活力，就要看它占有市场的深度和广度，即市场面和市场占有份额的大小。企业的市场目标应是通过扩大市场范围和提高市场占有率，增加销售额。

3）发展的目标。企业为了对社会做出更大的贡献，为企业和职工谋求更多的利益，必须不断发展自己。通过企业改造和更新设备，扩大再生产，也可以通过联合的办法来壮大自己。

4）利益的目标。利益目标是企业生产经营活动的内在动力，不仅关系到企业职工的利益，而且也关系到企业自身的发展。因此，企业应争取扩大经济效益，增加盈利，提高盈利水平。

（3）拟定各种可行性计划方案。拟定可行性行动计划要求拟定尽可能多的计划。可供选择的行动计划数量越多，被选计划的相对满意程度就越高，行动就越有效。因此，在可行的行动计划拟定阶段，要发扬民主，广泛发动群众，充分利用组织内外的专家，通过他们献计献策，产生尽可能多的行动计划。企业应拟定各种实现计划目标的方案，以便寻求实现目标的最佳计划方案。拟定各种可行的计划方案，一方面要依赖过去的经验，已经成功的或失败的经验对于拟定可行的计划方案都有借鉴作用；另一方面，也是更重要的方面，就是依赖于创新。因为，企业内、外部情况的迅速发展变化，使昨天的方案不一定适应今天的要求，所以，计划方案还必须创新。

（4）对各种可行性方案进行评估。根据企业的内、外部条件和对计划目标的研究。分析各个方案的优缺点，注意每个方案的制约因素和隐患，以全局考虑。通过教学方法、经验、实验和研究分析进行比较。评价行动计划，要注意考虑以下几点：

1）认真考察每一个计划的制约因素和隐患。

2）要用总体的效益观点来衡量计划。

3）既要考虑到每一计划的许多有形的可以用数量表示出来的因素，又要考虑到许多无形的不能用数量表示出来的因素。

4）要动态地考察计划的效果，不仅要考虑计划执行所带来的利益，还要考虑计划执行所带来的损失，特别注意那些潜在的、间接的损失。评价方法分为定性和定量两类。

5）按一定的原则选择出一个或几个较优计划。

（5）选择最优计划方案。这是编制计划的一个重要环节，因为它关系到计划目标的实现，关系到企业的经济效益甚至经营的成败。

从众多的可行性方案中选择最优方案，要充分比较各个方案的优缺点。选择方案的标准，主要是看哪一个方案最接近许可的条件和计划目标的要求，风险最小。在比较各方案的时候，如果必须考虑的条件不多且较肯定，那么，这种方案的比较就容易一些，可以利用数学方法帮助确定最优方案。如果需要考虑的因素较多，而其中又包括一系列不确定的因素，方案的比较就困难一些；这时，就主要依靠管理人员的经验、实验和研究分析进行比较。

（6）制定派生计划。派生计划是为了支持主计划实现而由各个职能部门和下属单位制定的计划。比如，一家公司年初制定了"当年销售额比去年增长15%"的销售计划，这一计划发出了许多信号，如生产计划、促销计划等。再如当一家公司决定开拓一项新的业务时，这个决策是要制定很多派生计划的信号，比如雇佣和培训各种人员的计划、筹集资金计划、广告计划等。

（7）制定预算，用预算使计划数字化。在做出决策和确定计划后，赋予计划含义的最后一步就是把计划转变成预算，使计划数字化。编制预算，一方面是为了计划的指标体系更加明确，另一方面是企业更易于对计划执行进行控制。定性的计划，往往在可比性、可控性和进行奖惩方面比较困难，而定量的计划，则具有较硬的约束。

2. 制定计划的方法

制定计划常用的方法有很多种，主要介绍甘特图法和滚动计划法。

（1）甘特图法。甘特图是在20世纪由亨利·甘特开发的，它是一种线条图，横轴表示时间，纵轴表示要安排的活动及其进度。甘特图可直观地表明任务计划定在什么时候进行和完成，并可对实际进展与计划要求作对比检查。这种方法虽然简单，但却是一种重要的作业计划与管理工具。它能使管理者很容易搞清一项任务或项目还剩下哪些工作要做，并评估出某项工作是提前了还是拖后了或者按计划进行着。

（2）滚动计划法。经营计划是人们主观制定的，不可能与客观条件完全相符合，一些不确定的因素又难以准确预测。因此，经营计划在执行的过程中由于环境和条件的变化等原因，需要对计划进行调整和修改，滚动计划是一种较好的制定与修改计划的方法。

1）滚动计划的概念。滚动计划又称滚动式计划法。滚动计划法是根据运筹学的重要分支规划论的原理，编制灵活、有弹性的计划，使企业在适应市场需求的同时，保持生产的稳定和均衡的计划管理，是企业进行全面管理、编制和修改计划的一种科学方法。

滚动计划是用于编制长、短期计划的一种方法。具体方法是每次制定和修改计划时，均将计划期按时间顺序向前推一个计划期，也即向前滚动一次，而不是等全部计划执行完后再重新编制下一期计划。它是变静态为动态的一种编制计划的方法。

2）滚动计划程序及应用范围。应用滚动计划编制企业五年计划，其程序如图3-1所示。

从图3-1中可以看出，五年计划的滚动程序，首先是企业编制出2006～2010年的五年计划，到2006年末，企业根据当年计划的完成情况及客观条件变化等因素对原定的上期五年计划进行必要的调整，在此基础上再编制出2007～2011年新的五年计划。同理，到2007年末再根据2007

年计划的执行情况、计划修正因素等再编制出 2008～2012 年的五年计划。在编制时，近期计划部分较详细，远期计划部分较粗略，如此不断地向前滚动，不断地编制出各期计划。

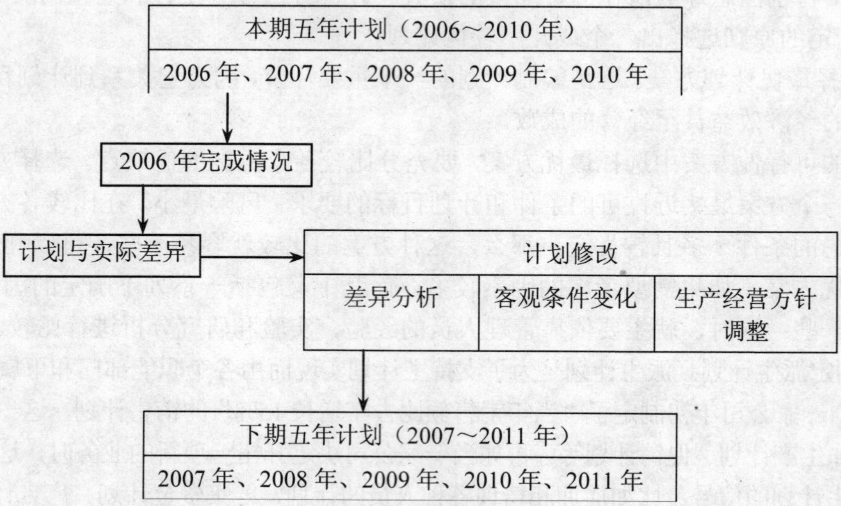

图 3-1　应用滚动计划法编制五年计划的程序

五年计划由于时间较长，计划期内预测的准确性难度较大，若采用年度计划又太短，因此有的企业采用三年滚动计划（中期计划），其程序如图 3-2 所示。

图 3-2　三年滚动计划的程序

从图中可以看出，编制 2006 年计划时对 2007 年、2008 年进行预测，将 2006 年的计划与后两年的计划衔接起来。根据 2006 年的实际执行情况及修正因素等调整 2007 年计划，并对 2008 年、2009 年进行预测。形成“干当年、看明年、想后年”的格局，使企业始终有一个比较切合实际的中期计划用以指导生产。

3）滚动计划的特点。在计划的编制过程中，往往由于主、客观因素不断发生变化而产生一系列问题：一是原计划执行一定时期后，往往脱离实际；二是一次编制出一定时期的计划，若不能瞻前顾后、上下配合，又难以使前、后期计划密切衔接。这样必然使计划不能发挥指导生产经营活动的作用，给企业生产经营带来困难。

采用滚动计划法便容易克服上述缺点。滚动计划法具有以下特点：

①预见性。编制滚动计划，可以连续地预测出下期计划的情况及存在的问题，便于企业及早采取措施，发展有利因素，克服不利因素。

②灵活性。市场、环境因素的变化情况对企业生产经营影响很大，为了适应此情况，企业的各种计划也必须有较大的灵活性，及时根据主、客观条件，调整、修改计划；否则计划

将脱离实际，起不到指导生产的作用。

③均衡性。编制滚动计划既考虑了本期任务，又要研究预测下期情况，因而易于做到各期计划均衡生产，避免发生大起大落的现象。

④连续性。按滚动计划法编制计划。本期计划是在分析上期实际情况的基础上制定的，既是上期计划的延续，又是编制下期计划的基础，因而可使前、后期计划密切衔接。同时也便于长期计划与年度计划，年度计划与季度、月份计划紧密衔接，可以充分发挥长期计划对短期计划的指导作用。

【课堂训练】制定年度销售计划。

李杰是一家方便面企业的销售经理，自他担任该职务3年以来，每年的年度销售计划书便成为了他的“必修课”，他的年度销售计划书不仅文笔生动，描述具体，而且还往往理论联系实际，策略与实战并举，数字与表格齐下，很好地指导了他的营销团队，使其按照年度计划有条不紊地开展市场推广工作，取得了较好的效果，那么，李经理的销售计划书怎么写的呢？它又包括哪几个方面的内容？

1．市场分析

年度销售工作计划制定的依据，是对过去一年市场形势及市场现状的分析，而李经理采用的工具便是目前企业经常使用的SWOT分析法，即企业的优劣势分析以及竞争威胁和存在的机会，通过SWOT分析，李经理可以从中了解市场竞争的格局及态势，并结合企业的缺陷和机会，整合和优化资源配置，使其利用最大化。比如，通过市场分析，李经理很清晰地知道了方便面的市场现状和未来趋势：产品（档次）向上走，渠道向下移（通路精耕和深度分销），寡头竞争初露端倪，营销组合策略将成为下一轮竞争的热点等。

2．营销思路

营销思路是根据市场分析而做出的指导全年销售计划的“精神”纲领，是营销工作的方向和“灵魂”，也是销售部需要经常灌输和贯彻的营销操作理念。针对这一点，李经理制定了具体的营销思路，其中涵盖了如下几方面的内容：①树立全员营销观念，真正体现“营销生活化，生活营销化”；②实施深度分销，树立决战在终端的思想，有计划、有重点地指导经销商直接运作末端市场；③综合利用产品、价格、通路、促销、传播、服务等营销组合策略，形成强大的营销合力；④在市场操作层面，体现“两高一差”，即要坚持“运作差异化，高价位、高促销”的原则，扬长避短，体现独有的操作特色等。营销思路的确定，李经理充分结合了企业的实际，不仅翔实、有可操作性，而且还与时俱进，体现了创新的营销精神，因此，在以往的年度销售计划中，都曾发挥了很好的指引效果。

3．销售目标

销售目标是一切营销工作的出发点和落脚点，因此，科学、合理的销售目标制定也是年度销售计划的最重要和最核心的部分。那么，李经理是如何制定销售目标的呢？①根据上一年度的销售数额，按照一定增长比例，比如20%或30%，确定当前年度的销售数量；②销售目标不仅体现在具体的每一个月度，而且还责任到人，量化到人，并细分到具体市场；③权衡销售目标与利润目标的关系，做一个经营型的营销人才，具体表现就是合理产品结构，将产品销售目标具体细分到各层次产品。比如，李经理根据企业方便面产品ABC分类，将产品结构比例定位在A（高价、形象利润产品）:B（平价、微利上量产品）:C（低价、战略性炮灰产品）=2:3:1，从而更好地控制产品销量和利润的关系。销售目标的确认，使李经理有了冲刺的对象，也使其销售目标的跟踪有了基础，从而有利于销售目标的顺利达成。

4．营销策略

营销策略是营销战略的战术分解，是顺利实现企业销售目标的有力保障。李经理根据方便面行业的运作形势，结合自己多年的市场运作经验，制定了如下的营销策略：

（1）产品策略，坚持差异化，走特色发展之路，产品进入市场，要充分体现集群特点，发挥产品核心竞争力，形成一个强大的产品组合战斗群，避免单兵作战。

（2）价格策略，高质、高价，产品价格向行业标兵看齐，同时，强调产品运输半径，以600公里为限，实行“一套价格体系，两种返利模式”，即价格相同，但返利标准根据距离远近不同而有所不同的定价策略。

（3）通路策略，创新性地提出分品项、分渠道运作思想，除精耕细作，做好传统通路外，集中物力、财力、人力、运力等企业资源，大力度地开拓学校、社区、网吧、团购等一些特殊通路，实施全方位、立体式的突破。

（4）促销策略，在“高价位、高促销”的基础上，开创性地提出“连环促销”的营销理念，它具有如下几个特征：

1）促销体现“联动”，牵一发而动全身，其目的是大力度地牵制经销商，充分利用其资金、网络等一切可以利用的资源，有效挤压竞争对手。

2）连环的促销方式至少两个以上，比如销售累积奖和箱内设奖同时出现，以充分吸引分销商和终端消费者的眼球。

3）促销品的选择原则求新、求奇、求异，即要与竞品不同，通过富有吸引力的促销品，实现市场“动销”，以及促销激活通路、通路激活促销之目的。

（5）服务策略，细节决定成败，在“人无我有，人有我优，人优我新，人新我转”的思路下，在服务细节上狠下工夫。提出“5S”温情服务承诺，并建立起“贴身式”、“保姆式”的服务观念，在售前、售中、售后服务上，务求热情、真诚、一站式等。通过营销策略的制定，李经理胸有成竹，也为其目标的顺利实现做了一个良好的开端。

5．费用预算

李经理所做销售计划的最后一项，就是销售费用的预算。即在销售目标达成后，企业投入费用的产出比。比如，李经理所在的方便面企业，销售目标5个亿，其中，工资费用500万；差旅费用300万；管理费用100万；培训、招待以及其他杂费等费用100万，合计1000万元。费用占比2%。通过费用预算，李经理可以合理地进行费用控制和调配，使企业的资源“好钢用在刀刃上”，以求企业的资金利用率达到最大化，从而不偏离市场发展轨道。

李经理在做年度销售计划时，还充分利用了表格这套工具，比如，销售目标的分解、人员规划、培训纲目、费用预算等，都通过表格的形式予以体现，不仅一目了然，而且还具有对比性、参照性，使以上内容更加直观和易于理解。

思考：一份完整的计划书需包括哪些内容？如何制作出完整的计划书？

3.1.3 学习自测

一、单选题

1．计划工作应当是一项（ ）的工作。

A．普遍　　　　B．高层管理人员

C．专业计划人员　　D．基层职工

2．下列（　）活动不属于计划活动的范畴。

A．目标　　B．策略　　C．预算　　D．实施

3．计划是对未来应采取的行动所做出的（　）。

A．预测　　B．设想　　C．目标　　D．规划和安排

4．不具备严格约束力的计划是（　）。

A．指导性计划　　B．指令性计划　　C．中期计划　　D．长期计划

5．（　）具有方向性。

A．短期计划　　B．中期计划　　C．长期计划　　D．人事计划

二、多选题

1．计划是（　）。

A．面向未来的　　B．过去的总结　　C．现状的描述　　D．面向行动的

2．评价行动计划，要注意（　）。

A．认真考察每一个计划的制约因素和隐患

B．要用总体的效益观点来衡量计划

C．既要考虑有形的可用数量表示的因素，又要考虑到许多无形的不能用数量表示的因素

D．不仅要考虑计划执行带来的利益，还要考虑计划执行带来的损失

3．计划的作用主要有（　）。

A．计划是管理者指挥下属的依据

B．计划是掌握主动、降低风险的手段

C．计划是减少浪费，提高效益的方法

D．计划可以提高企业声誉

E．计划是管理者进行控制的准则

4．按计划的职能标准，可将计划分为（　）。

A．作业计划　　B．业务计划　　C．人事计划　　D．财务计划

E．指令性计划

三、判断题

1．计划是一种约束，会降低组织的灵活性。（　）

2．计划没有变化快，所以制定计划没有意义。（　）

3．现代企业管理学认为，企业管理的重点在经营，而经营的核心是计划。（　）

4．计划过程中必须对多种可供选择的方案进行评价和比较。（　）

5．战略计划就是时间跨度很长的计划。（　）

6．计划越模糊，给基层的自由度就越大，上级的管理幅度也就越大。（　）

7．“滚动计划法”具有近粗远细的特点。（　）

8．计划工作的核心是决策。（　）

9．长期计划往往是战略性计划，它规定组织在较长时期的目标以及为实现目标所应采取的措施和步骤。（　）

10．计划工作是进行组织、人员配备、指导与领导、控制等工作的基础。（　）

四、简答题

1．描述计划的制定过程。

2．简述滚动计划的特点。

3．简述计划的特征。

3.1.4 案例分析

东方电器开关厂推行滚动计划

1．东方电器开关厂为何要推行滚动计划

东方电器开关厂是生产各种电器、开关、控制板产品的工厂。随着市场经济的深入发展，国家计划下达的任务大幅度削减，工厂为了自身的生存和发展，必须主动去市场寻找任务。由于工厂本身是订货生产方式，要根据用户的订货合同要求来安排生产计划。一年之中，要签订几千份合同，每份合同要求都不一样，且有时还有突发的变动和新的要求。致使工厂的生产经营计划和各方面管理工作处在十分被动的状态。因此，停工待料、突击赶工、质量不稳、组织工作程序混乱的现象经常发生，严重影响了工厂的经济效益，造成工厂累计亏损总额高达 350 万元。

为了使工厂计划更适应市场变化要求，东方电器开关厂决定推行滚动计划。因为滚动计划作为一种工具或方法，是一种灵活的、有弹性的计划。它按照“近细远粗”原则编制，又采用“边执行、边调整、边滚动”的方式运作，从而使得企业既适应市场需求变化，又能保持自身生产的稳定和均衡。东方电器开关厂认为滚动计划特别适应工厂产品生产管理。

2．东方电器开关厂的年度滚动计划

东方电器开关厂采用一次编制三年计划的方法，编制年度生产经营滚动计划。按照近细远粗的原则，第一年为执行计划，第二年为准备计划，第三年为预测计划。如图 3-3 所示。

1995 年				1996 年				1997 年				1998 年			
1994 年第四季度编制一季	二季	三季	四季	一季	二季	三季	四季	一季	二季	三季	四季	一季	二季	三季	四季
执行计划				准备计划				预测计划							
1995 年第四季度编制				执行计划				准备计划				预测计划			

图 3-3　年度滚动计划

东方电器开关厂年度经营滚动计划的编制，有以下操作程序和经验可以借鉴：

（1）对市场和用户进行大量调查，对收集的调查资料和客户订货合同进行认真研究，在此基础上提出编制计划的依据。

（2）对上年度计划执行情况进行认真总结，找出成功之处和差异之处，对实际与计划的差异进行深入分析，以便对上轮的准备计划提出调整和修订。

（3）根据以上两项分析研究，按照工厂经营目标的要求，考虑工厂现有资源和生产潜力，提出生产经营计划指标体系，并进行综合平衡，如品种、质量、产量、产值、成本、利润、税收、销售额、劳动生产率、产品合格率等。

（4）编制两套以上的不同生产经营计划方案，在经过分析论证的基础上，进行综合评价和比较，选出最佳生产经营计划方案。

（5）厂内各有关管理科室要根据最佳生产经营计划方案，分别编制各自的专门计划，如销售计划、生产计划、技术准备计划、劳动工资计划、财务计划、成本计划、新产品开发计划、质量计划等。

（6）各项专业计划进行综合平衡后的生产经营计划，经厂部批准，可作为正式生产经营滚动计划下达各部门执行。

编制年度生产经营滚动计划的关键在“动”，而不是“静”。因为时间在“滚动”，市场需求在“变动”，实际结果与计划初值也在“改动”，所以在编制计划时，无论是本期执行计划，还是准备计划、预测计划，都必须考虑“滚动”，需要调整、修改，需要一次又一次重新平衡，才能使计划更符合实际情况。

3．东方电器开关厂的月度生产作业滚动计划

东方电器开关厂采用每月一次编制三个月的方法，编制月度生产作业计划。即：第一个月为实施计划，第二个月为准备计划，第三个月为预测计划。如图 3-4 所示。

1月	2月	3月	4月	5月
上 中 下 旬 旬 旬	上 中 下 旬 旬 旬	上 中 下 旬 旬 旬	上 中 下 旬 旬 旬	上 中 下 旬 旬 旬
1994 年 12 月 编制 实施计划	准备计划	预测计划		
1995 年 1 月 编制	实施计划	准备计划	预测计划	
	1995 年 2 月 编制	实施计划	准备计划	预测计划

图 3-4　年度滚动计划

在编制本轮实施的月计划作业计划时，是根据上轮编制的月准备作业计划，考虑到外协件、配套件的供应变化以及厂内工艺准备，劳动力情况的变化以及上轮实施月作业计划的实际差异，对上轮准备计划进行调整、修改、补充，使其具体化，并把它作为本轮实施的月作业计划。当发现上轮预测作业计划不准确、不完整时，就调整、修订为本轮第二个月的准备计划。然后继续编制本轮第三个月的预测计划。如此类推，逐月滚动，从而保证编制的生产作业计划更符合实际，更加可行。

各车间在接到正式的月度生产滚动计划后，就可以做好层层分解工作，把生产任务具体落实到班组、机台和个人。厂内各有关部门也按月度作业滚动计划要求，做好技术文件、图纸准备、工艺和工装的安排，以及原材料、元器件和协作配套件的供应。

对于第二个月的准备计划，由于已经经过调整和初步平衡，基本上是已落实的计划，所以厂内各部门在做好第一个月各项保证、准备工作和供应工作的同时，也必须及时安排好第

二个月的各项工作，车间根据期量标准可编制第二个月的分工段、分班组作业计划并准备组织生产。

对于第三个月的预测计划，由于是第一次出现，除特定产品需要做好工艺技术准备外，其他产品所需的原材料、毛坯件、配套件、协作件，一般暂不投入或安排计划组织生产，避免由于预测不准、盲目生产，造成新的积压和浪费。

4. 东方电器开关厂推行滚动计划的成效

东方电器开关厂推行滚动计划以来，改变了过去那种计划不适应市场变化，计划总是落后于实际以及计划工作忙乱的被动局面。东方电器开关厂的计划变得更加准确，计划管理工作水平比过去提高了很多，计划也更加符合实际，例如，月度生产作业计划，分别以三次不同状态出现在滚动计划中。第一次以预测计划出现，第二次以准备计划出现，第三次以执行计划出现。经过多次反复出现，且一次比一次具体、详尽、准确，这就保证了计划实现的可能性更高，保证实施计划的准备工作有更充分的时间。

东方电器开关厂通过推行滚动计划，计划经常需要调整、修订、补充、完善，使之更适合市场变动和企业内的条件变化，所以综合平衡是经常内容。随着滚动计划的推行，使得计划在年度之间和月度之间衔接更加平衡，管理部门和生产车间，以及部门之间和车间的关系，都逐步协调起来，过去那种不负责任、互相推诿、只顾本单位的利益现象大大减少。

东方电器开关厂在推行滚动计划后，无论在经营上还是在生产上，始终保证有一个长期计划在作指导。因此，全厂上下目标明确，同心协力，干劲倍增，一步一个脚印，为实现企业的长期计划目标共同奋斗。短短几年，就摘掉了亏损的帽子。现在，该厂产品用户满意度较高，产品市场占有率已达38%，各项经济效益指标也很可观，其中产品优等率达到30%，工业总产值增长率达25%，销售额增长率达14%，利润增长率达11%，全员劳动生产增长率32%。

问题：

（1）推行滚动计划有何作用？东方电器开关厂为何要推行？

（2）东方电器开关厂是怎样推行年度滚动生产经营计划的？

（3）东方电器开关厂是如何推行月度生产作业滚动计划的？

（4）你认为中国国有企业在推进先进的滚动计划方面还需做哪些工作？

（资料来源：http://wenku.baidu.com/view/8fcefe175f0e7cd1842536da.html）

3.1.5 实训项目

表3-1 实训名称：模拟编制商业计划书

实训目的	分析环境、编制计划
实训条件	多媒体教室
实训要求	每个模拟公司起草一份商业计划书
教师任务	指导学生按以下步骤进行： 1．“公司”要为消费者提供的商品和服务是什么？谁是你的顾客和市场所在 2．“公司”从事商务活动的优势、劣势、机遇和挑战都是什么 3．“公司”的可行性分析 4．“公司”的远景、目标、策略、资源、时间表等
实训评价	每组写出商业计划书，并对本公司的组建提出各种设想进行充分交流

【参考答案】

一、单选题

1～5 A D D A C

二、多选题

1．AD 2．ABCD 3．ABCE 4．BCD

三、判断题

1～5 × × × √ × 6～10 × × √ √ √

学习任务二 制定活动方案

3.2.1 学习导入

某地一个商场开业庆典，推出了一项活动：凡是手持百元人民币号码尾数为“88”的可当200元消费。结果顾客手持“中奖”人民币蜂拥而至，柜台被挤坏，还有人员受伤，主办商家只好提前宣布活动中止。这次活动招致顾客不满，还受到中国人民银行的警告，工商部门也上门来干预。

为什么会造成如此局面呢？古人云：“凡事预则立，不预则废。”“人无远虑，必有近忧。”说明事先的考虑和设计，对于行动以及行动的结果具有指导作用。没有计划，对自己要达到什么目标、通过几个阶段达到自己的目标、现在自己处于什么阶段等问题，脑子里往往是模糊的、不清楚的。为了克服这些障碍，制定活动方案，才能真正把活动的组织安排置于理性的思考之上。

（资料来源：http://bbs.zgdod.com/thread-42300-1-1.html）

3.2.2 相关知识

活动方案指的是为某一次活动所指定的书面计划。制定活动方案对于活动的有效开展起着非常重要的作用。

3.2.2.1 活动计划书的一般格式

案例阅读：爱心无偿献血活动策划书

一、活动主题：参加无偿献血，体悟人间真爱

二、活动单位：

主办单位：青岛大学师范学院志愿者协会

承办单位：青岛市中心血站

三、活动时间：

宣传时间：2009年11月2日至3日

知识讲座时间：2009年11月4日

献血时间：2009年11月5日

四、活动地点：师范学院

五、活动参与对象：青岛大学所有自愿报名师生

六、活动目的：

1．开展无偿献血活动，发扬大学生志愿精神。

2．通过无偿献血，展现新世纪大学生高尚的精神面貌。

3．无偿献血拯救生命，促进社会文明发展。

4．宣传无偿献血的知识倡导同学关爱社会，增强同学们的道德修养。

七、活动筹备委员会：

1．活动协调组：

职责：负责活动策划书的编写，联系省血液中心，活动统筹安排、协调、监督、落实、会议的召集等。

成员：所有志愿者协会成员。

2．活动宣传报道组：

职责：负责活动前期的宣传报道。

成员：宣传部成员。

3．活动场地布置组：

职责：负责当天场地的布置及供献血者短暂休息的场所。

成员：办公室成员。

4．活动后勤保障组：

职责：负责活动现场的秩序和献血人员接待后勤服务。

成员：实践部成员。

八、活动流程：

第一阶段：前期准备工作

1．活动筹备委员会会议，指定分配任务及注意事项。

2．活动协调组提前与青岛市血液中心联系，申请献血车到青岛大学师范学院内进行献血活动。

3．活动协调组提前到青岛市血液中心拿献血宣传材料（主要是献血知识和献血后的注意事项的海报和传单）。

第二阶段：献血前期宣传

1．宣传部制作一些宣传板，放在餐厅门口或教学楼大厅（宣传板内容为献血前后注意事项和献血程序及献血时间、地点）。

2．2009 年 11 月 1 日活动宣传报道组人员开始筹备制作活动宣传板报、张贴宣传海报。

3．分批次分发宣传资料，并将献血注意事项、具体时间和地点公布出来。

第三阶段：献血预报名（11 月 2～4 日）

11 月 4 日中午在餐厅门口设报名点，统计报名人数，将人数报给省血液中心。

第四阶段：现场无偿献血

1．11 月 5 日协会成员必须在活动开始前 1 个小时到场。并在活动地点设一个咨询点，一个登记点，一个休息点，挂横幅，准备桌椅等。

2．献血活动正式开始后，对献血同学进行登记（登记内容：注册号、姓名、学院、班级）并对他们进行分组。

3．活动后勤保障组向献完血后的同学赠送礼品，并负责现场秩序。

4．有活动后勤保障组负责解决活动过程中出现的意外事件。

5．活动结束后由协会会长送走血站负责人，其他人负责打扫和收拾活动现场。

第五阶段：后期总结

1．统计献血同学资料。

2．协会做好此次活动总结工作，从中发现不足，让以后的工作更好的开展。

3．认真听取血液中心对组织这次活动的评价，希望再次合作。

4．将此次活动情况反馈到院团委。

九、活动所须物品：

献血宣传材料、条幅、一些宣传板、椅子、桌子。

十、活动风险预测：

1．天气下雨使活动无法顺利开展，与献血办商量推迟。

2．自愿献血的同学出现晕血现象，由活动保障组及时送到校医院。

3．围观和到场的人员过多，导致活动现场秩序混乱。由活动协调组负责。

4．来献血人数过少，由本协会人员自愿参加。

十一、活动注意事项：

1．志愿者协会人员必须体现团体精神，不可迟到、早退、缺席，严格按照事先安排做事。

2．献血期间本协会人员要以身作则，维持好活动现场秩序。

3．在献血期间要看好物品，活动结束后收拾场地。

4．后勤保障组人员必须按照安排来工作。

青岛大学师范学院志愿者协会

2009 年 10 月 30 日

问题：描述活动方案的活动计划书包括了哪些内容？

1．计划书名称

尽可能具体地写出策划名称，如“×年×月××大学××活动计划书”，置于页面中央，当然也可以写出正标题后将此作为副标题写在下面。

2．活动背景

这部分内容应根据策划书的特点在以下项目中选取内容重点阐述。具体项目有：基本情况简介、主要执行对象、近期状况、组织部门、活动开展原因、社会影响、以及相关目的动机。其次应说明问题的环境特征，主要考虑环境的内在优势、弱点、机会及威胁等因素，对其作好全面的分析（SWOT 分析），将内容重点放在环境分析的各项因素上，对过去现在的情况进行详细的描述，并通过对情况的预测制定计划。如环境不明，则应该通过调查研究等方式进行分析加以补充。

3．活动目的、意义和目标

活动的目的、意义应用简洁明了的语言将目的要点表述清楚；在陈述目的要点时，该活动的核心构成或策划的独到之处及由此产生的意义（经济效益、社会利益、媒体效应等）都应该明确写出。活动目标要具体化，并需要满足重要性、可行性、时效性。

4．资源需要

列出所需人力资源，物力资源，包括使用的地方，如教室或使用活动中心都详细列出。

可以列为已有资源和需要资源两部分。

5．活动开展

作为策划的正文部分，表现方式要简洁明了，使人容易理解，但表述方面要力求详尽，写出每一点能设想到的东西，没有遗漏。在此部分中，不仅仅局限于用文字表述，也可适当加入统计图表等；对策划的各工作项目，应按照时间的先后顺序排列，绘制实施时间表有助于方案核查。人员的组织配置、活动对象、相应权责及时间地点也应在这部分加以说明，执行的应变程序也应该在这部分加以考虑。这里可以提供一些参考方面：会场布置、接待室、嘉宾座次、赞助方式、合同协议、媒体支持、校园宣传、广告制作、主持、领导讲话、司仪、会场服务、电子背景、灯光、音响、摄像、信息联络、技术支持、秩序维持、衣着、指挥中心、现场气氛调节、接送车辆、活动后清理人员、合影、餐饮招待、后续联络等。

6．经费预算

活动的各项费用在根据实际情况进行具体、周密的计算后，用清晰明了的形式列出。

7．活动中应注意的问题及细节

内外环境的变化，不可避免地会给方案的执行带来一些不确定性因素，因此，当环境变化时是否有应变措施，损失的概率是多少，造成的损失多大，应急措施等也应在策划中加以说明。

8．活动负责人及主要参与者

注明组织者、参与者姓名、嘉宾、单位（如果是小组策划应注明小组名称、负责人）。

3.2.2.2　如何撰写活动计划书

活动计划书的撰写是为了保证活动的正常运行，并达到预期的效果。最常用的方法是现场模拟法，即模拟现场整个活动的流程，根据每一个环节制定出需要支持的事项，因此计划书的真正撰写顺序是先撰写现场活动流程，再根据流程来撰写活动的方案。并且计划书需要写得尽量的详细，往往活动能否顺利进行，很大程度上就在于细节，可以说“细节决定活动的成败”。

整个活动计划应该是以表格和相对应的说明为主，表格的形式可以让内容看起来清晰明了。

以下是现场活动的流程表，把现场每一个时间段（时间）中将要发生的事情（事项），以及事情发生的形式（具体要求）和由谁监控事情的发展（负责人）详细列入下表：

时间	事项	具体要求	负责人	备注

以上表格是现场活动流程表中最简洁的形式，可以根据需要对这个表格增加类别，如活动的场所可能分为几个区域，对于不同区域工作的内容、时间等可能不一样。或者在同一个时间段会有多个同时进行的事情，不同事情发生的时间有交叉等，这都需要根据实际情况，以上述表格为基础进行修改。

在现场活动流程表做好后，根据流程表中每个事项和要求，分类归结出以下几个表格。

工作进度表，它表明需要在什么时间根据什么要求由谁完成什么事情。注：工作进度表可以用不同的颜色区分每个工作的重要和紧急程度，以提醒工作的执行者注意。

类别	计划完成时间	项目	内容	责任人	实际完成时间

物料准备表，把需要准备的物料全部罗列上去，避免临时有物料缺失。

物料	数量	到位时间	负责人	备注

财务预算表，用于衡量活动的支出和效益，并检验支出是否在公司的预算范围之内。注：如果费用有多种表现形式，则要分类列出来，如固定一次性投入和分期投入；以物质的形式投入和以现金的形式投入等。

项目	费用	备注

把以上几个大的表格做出来后，整个活动的框架也就出来了，接下来就是根据具体情况再补充和完善，活动计划书就能大功告成。

【课堂训练】编写一个班级秋游活动方案。

实例阅读：

锦江大酒店端午节营销活动策划方案

一、时间：5月26日～6月10日

二、地点：锦江大酒店

三、活动目标及活动宗旨：

1．让顾客了解锦江大酒店，打消顾客对消费档次的各种顾虑。

2．丰富传统节日的庆祝氛围，刺激亲情消费。

3．开发现有场地资源，调动清淡时段的营业潜力。

4．凝聚宾馆销售合力，调动全员积极性，捆绑式营业。

四、公众对象：端午节期间的散客、家庭、亲朋好友。

五、定位：“融融端午情　团圆家万兴”在祁阳酒店消费水平日益提高成为一个高档次的状况下，首先在广告攻势上独树一帜，活动标新立异，令人耳目一新，营造节日上热烈温馨的气氛。

六、促销活动组合：

1．客房部采取“送餐饮消费券”的经营策略，每现金开房一间送20元餐饮消费券。

2．餐饮部以“融融端午情　团圆家万兴”的名义开展如下促销活动。

1）美食城的菜价10元，燕京纯啤买一送一。

2）贵宾厅菜金八折。消费300元以上送消费券20元，并送KTV下午场（不含海鲜、鲍翅燕、煲汤、烟酒）。

3）以端午节文化为内容推出多款适合家庭聚会的精美实惠端午团圆宴，预定团圆宴送KTV下午场，并推出几款特价端午菜品。

4）在这一系列的活动过程中，一定要把握“地道”、“原汁原味”的原则。家庭用餐、亲朋好友聚会是这一阶段的主要客源构成。那么酒店的产品就应以满足这类客人的需求为主，菜品方面要求口味清淡，老少皆宜，菜量偏多，价格适中，并适时地推出各档次宴会用餐，此间穿插特色菜、招牌菜、新派菜等，使消费者能全面地了解酒店的厨师水平，促进酒店形象品牌的树立和推广。这是此次营销的主要目的，也是此次活动中的主题项目。

3．KTV

1）开晚场消费送餐饮消费券20元。

2）消费超过300元者再送下午场中包一间，送茶水一壶。

3）餐饮消费达到400元以上者送KTV下午场包厢一间（中包，提供茶水一壶）。

4．桑拿中心

全套300元送餐饮消费券20元。

七、营销活动效果分析：

1．这次策划体现锦江大酒店“先谋势再谋利”的营销总体思想（也就是先做人气），让顾客敢进酒店来消费，让酒店的服务设施能够获得广大顾客的认知，对端午节期间的家庭，亲朋好友的优惠能体现酒店对顾客的诚意。

2．酒店所有营运部门的销售目标向餐饮部倾斜，以部门联动拉升餐饮人气。

3．此活动会让顾客留下许多美好、甜密的回忆，加深顾客对锦江大酒店的认识。

4．通过此次营销计划，应实现目标：客房1.2万元/天，餐饮1万元/天，KTV0.3万元/天，休闲中心1.2万元/天。总计3.7万元/天。

八、经费预算及广告策划：

1．祁阳县城主干道50条横幅广告，费用3500元，由奉总负责。

2．祁阳县所有的手机尾数带6、8、9用户地毯式短信覆盖，预计发5000条，共500元，由钟经理负责。

3．租用一台专用宣传车绕城宣传10天，费用2000元，由奉总负责。

4．祁阳县所有的出租车车张贴广告，费用1000元，由蒋部长负责。

5．组织员工上街拉练，散发宣传资料，费用300元，由蒋经理、杨经理负责。

6．消费券制作400张，费用50元，由李姣姣负责。

附：广告词

1．新锦江 新娱乐 新消费 端午节全场赠送 惊喜多多

2．新锦江　新口味 美食城每款菜价10元，啤酒买一送一

3．锦江KTV全新装修改版，倾情推出唱歌送餐饮

4．锦江桑拿中心让您感受夏日冰与火的较量

5．“开心唱歌、畅心用餐”锦江大酒店高贵而不昂贵

6．“天籁之音，魅力互动”来锦江 KTV 有意外惊喜

7．“融融端午情 团圆家万兴”锦江预定酒宴送 KTV 下午场

九、其他在 6 月 25 日前应完善和配套的工作：

1．所有部门的工作服发放到位，由唐四军负责。

2．KTV 及餐饮改造完工，由赵总负责。

3．KTV 小姐服制作完毕，由唐四军负责。

4．消费券发放的管理由财务部制定完善，由陶会计负责。

5．所有部门的宣传鼓动及准备工作完成完成，由各部经理负责。

3.2.3 学习自测

一、单选题

1．策划书的（ ），是策划案中最重要的部分，是全书的核心所在。在这里，必须对策划的全部过程做细致而有条理的叙述。

A．主体内容　　B．宗旨　　C．实施进度表　　D．内容提要

2．企业经营者必须具备一定的条件，需要有过人的眼光和超群的才智，有广博的知识，善于观察周围的环境变化，发现和寻找机遇；抓住对方的实质，采取避实击虚，后发制人的经营技巧；要有敢冒风险的胆魄，有机遇出现时一定要紧紧抓住，以达到趋利避害，最终达到赚钱的目的。这是三十六计中（ ）的计谋用于现代经商中的总结。

A．“瞒天过海”　　B．“围魏救赵”

C．“声东击西”　　D．“暗渡陈仓”

3．“运筹帷幄之中，决胜千里之外”，这里的“运筹帷幄”反映了管理的（ ）。

A．计划职能　　B．组织职能　　C．领导职能　　D．控制职能

4．狭义的计划指的是（ ）。

A．执行计划　　B．制定计划　　C．计划准备　　D．检查计划

5．涉及计划工作的基本特征的下列各种说法中，错误的是（ ）。

A．计划工作的普遍存在　　B．计划工作居首要地位

C．计划是一种无意识形态　　D．计划工作要讲究效率

二、多选题

1．计划工作是一个（ ）很强的管制活动，但同时又是一项复杂而困难的工作。

A．指导性　　B．稳定性　　C．科学性　　D．预见性

E．控制性

2．所谓计划工作的前提，就是指计划工作的（ ）。

A．假定条件　　B．预期环境　　C．外部环境　　D．内部条件

3．计划工作的基本原理包括（ ）。

A．限定因素原理　　B．许诺原理　　C．灵活性原理　　D．可控性原理

E．改变航道原理

4．拟订和选择可行的行动计划的内容包括（ ）。

A．拟订可行的行动计划　　　　　　　B．评估计划
C．选定计划　　　　　　　　　　　　D．实施计划

三、判断题

1．企划部是企业策划业务的归口部门，是企业的决策参谋机构，其主要任务是通过企划和企划的实施保持企业的可持续性发展。（　）

2．当今社会，处处都有策划，没有策划就不能领先，策划是万能的。（　）

3．预测既是计划工作的前提条件，又是计划工作的结果。（　）

4．计划可以消除变化。（　）

5．计划降低灵活性。（　）

6．我们通常用“人财物，供产销”六个字来描述一个企业所需的要素和企业的主要活动。业务计划的内容涉及“物、供”，财务计划的内容涉及“财、产、销”，人事计划的内容涉及“人”。（　）

四、简答题

1．试述活动方案的基本结构。

2．试述如何用现场模拟法撰写活动计划。

3.2.4　案例分析

2004 年 4 月，福州麦当劳公司与福州环保局合作发起了保护环境活动，规定自 4 月 22 日～5 月 31 日，顾客可在该市任何一家麦当劳餐厅用 10 节废旧电池兑换一杯可乐；用 20 节废旧电池则可另加一个圆筒冰淇淋。该公司主管还在电视报道中表示，保护环境事关子孙后代，是全社会的大事，麦当劳愿为马前卒。

问题：

（1）上述活动创意方面有什么值得学习的地方？

（2）谈谈这次活动的主题有什么特点？

（3）请你预测一下这次活动会产生什么效果？

（资料来源：黄雁芳，宋克勤．管理学教程案例集．上海：上海财经大学出版社，2008）

3.2.5　实训项目

表 3-2　实训名称：制定某种食品的促销活动方案

实训目的	市场调查、组织策划一次营销活动
实训条件	机房
实训要求	为所在地的一种特色食品作市场调查，写出促销活动方案
教师任务	引导学生作市场调查，结合实际进行有创意的营销策划
实训评价	每组写出一份营销策划书

【参考答案】

一、单选题

1～5　A　B　A　B　C

二、多选题

1．ACD　2．ABCD　3．ABCE　4．ABC

三、判断题

1～6　√　×　√　×　×　×

学习任务三　制定公司发展规划

3.3.1　学习导入

通用电气公司是美国最大的电器公司。该公司拥有职工近 40 万人，制造、销售和维修的产品约 13 万种，其中包括飞机引擎、核子反应堆、医疗器械、塑料和家用电气等，业务范围遍及 144 个国家和地区。1978 年，公司的销售额约达 200 亿美元，利润超过了 10 亿美元，其中 40%来自国际市场。

由于通用电气公司的规模越来越大，产品的种类越来越多样化，公司在经营管理上，面临着以下几个关键问题：一是冒一定的风险使利润迅速增长，还是使利润持续不断地低速增长？二是需要一个分权式的组织机构以保持组织上的灵活性，还是建立一个集权式的组织机构以加强对整个公司的控制？三是如何对付环境、技术和国际等方面的新挑战？经过研究，公司选择了利润高速增长的经营战略，这意味着即使在经济下降时期；也要使利润持续不断地增长。为了做到这一点，该公司在业务上保持了多种经营方式，以抵消经济危机对某些业务的影响。为此又需要一个分权的组织机构，以促使下属各单位不断地改进经营管理并使利润增长。但是，怎样管理这样一个机构，并对付来自环境、政治、经济、技术和国际上的各种挑战呢？通用电气公司的答案是需要制定战略性计划。企业发展战略规划是一个企业实现可持续发展的必要保障，是指引企业发展方向的纲领性文件。

（资料来源：http://www.21manager.com/html/2008/9-10/172802220.html）

3.3.2　相关知识

公司发展规划是企业根据外部环境和内部资源条件而制定的涉及企业管理各方面（包括生产管理、营销管理、财务管理、人力资源管理等）的带有全局性的重大计划。这种规划一般要定出 5～10 年甚至更长的发展方向，它是一个基于未来考虑企业发展的严肃计划，但也不是一次完成后就固定不变，它是随着企业内部和外部环境的变化而不断修正的一种管理过程。对企业而言，不制定发展规划，会出现盲目扩张、竞争乏力、执行不力、成长后劲不足等诸多问题，企业发展规划，为企业未来的长期生存与发展作出了方向性、整体性、全局性定位、发展目标和相应的实施方案。一个大的优秀的公司必定有长远的计划，如日本的三菱集团，这是个家族式的企业居然制定了一百年的计划，人家能造航空母舰，是一定有他的道理！据说，在三菱的后代中有一次找不到合适的人选，居然找了一个不姓三菱的人来当董事长。

3.3.2.1　公司发展规划系统的内容

企业发展规划必须适应多变的、不可控的未来环境，计划中的事项必须要有充足的弹性，以使组织能够信心百倍地对付变幻莫测的环境。这种内在规定性决定了企业发展规划系统必须有以下几方面的内容：

1. 对企业总体战略的说明

这包括三方面的内容：①什么是企业总体经营战略，包括总体战略目标和实现总体战略的方针政策；②为什么做这些选择；③实现此战略将会给企业带来什么样的重大发展机遇。企业总体战略应是概括性的和非限制性的。

2. 企业分阶段目标

一般需要对分目标进行尽可能具体与定量的阐述，它是保证总目标实现的依据。企业的分目标常常与具体的行动计划和项目捆在一起，它们都是达成企业总目标的具体工具。

3. 企业的行动计划和项目

行动计划是组织为实施其战略而进行的一系列重组资源活动的汇总。在战略计划阶段，这些行动计划常常是包括研究、开发及削减等方面的活动。各种行动计划往往通过具体的项目来实施。

4. 企业的资源配置

资源配置是制定计划的基本决策因素之一。实施企业战略计划需要设备、资金、人力资源及其他重要资源，因此，对各种行动计划的资源配置的优先程度应在战略计划系统中得到明确规定。所有必要的资源，在尽可能的情况下应折算为货币价值，并以预算和财务计划的方式来表达。

5. 企业的组织保证及战略子系统的相互协调

为了实现企业的战略目标，必须有相应的组织结构来适应企业战略发展的需求。由于企业战略需适应动态发展的环境，组织结构必须具备相当的动态弹性。另外，企业战略计划系统往往包括若干子系统，必须明确各子系统间接口处的管理和控制。

6. 应变计划

有效的战略计划系统要求一个企业必须具备较强的适应环境的能力。要获取这种能力，就要有相应的应变计划作为保障，要看到各种可能条件在一定时间内都可能突如其来地发生变化。将应变计划作为整个企业战略计划系统的一部分，企业可以应付各种瞬息万变的环境，可在错综复杂的竞争中独领风骚。

3.3.2.2 如何制定公司发展规划

公司发展规划的制定分为三个阶段：第一个阶段就是确定目标，即企业在未来的发展过程中，要应对各种变化所要达到的目标；第二阶段就是要制定这个规划，当目标确定了以后，考虑使用什么手段、什么措施、什么方法来达到这个目标，这就是战略规划；最后，将战略规划形成正式的文本，以备评估、审批，这期间，还需要自上而下、自下而上等多个迭代的过程。

1. 确定公司战略目标的步骤

怎么确定企业的战略目标？确定战略目标的第一步是对企业的现状进行分析，分析企业的优势、劣势、竞争对手是谁，以及竞争对手的长处和短处，机会在什么地方，市场可能出现的状况变化等。

然后基于分析的结果给出一个判断，在未来的某段时间内（三年、五年或根据你制定战略规划的周期长短）如果企业不进行变革，那么企业的投资者、客户、员工或合作伙伴们会不会满意？如果满意的话，就保持企业现有战略，不做变革；如果不满意，那么就要考虑在目前分析结果的情况下，企业需要做哪些变革；变革所可能导致的结果与不变革的结果进行比较，寻找变化和差别，这些变化和差别，是不是能使企业达成想要的结果。

最后再来决定是不是要变革，怎么变革，并确定变革要达成的目标。当企业决定变革，而且考虑好怎样变革后，就把这些变革的决定写成正式的文件。

2. 制定企业战略规划的步骤

（1）战略环境的分析和预测。

分析一下企业的经营特征，简单的来说就是要回答一个问题，即我是谁？很多人觉得这个问题很简单，而事实情况往往是，当你长期工作在一个环境里，对企业周围都习以为常的时候，你不一定能很准确地回答这个问题。

除了对自身的情况进行分析之外，还要分析宏观环境，对社会、经济、政治、文化、技术等各个领域现在或将来可能发生的变化情况也要有所了解。在此基础上，寻找市场机会并识别出把握市场机会将遇到什么障碍，会有什么缺陷，这是对战略环境进行分析和预测的目的所在。

（2）量化目标。

这里所指的目标和我们前面提到的“确定战略目标”中的“目标”有所不同，哪个“目标”是我们要做变革，怎么样做变革，以及我们想达到什么样的结果，但是那些描述都是概念性的，并不是一个量化的目标。

我们所制定的战略目标，基点应该是可衡量、可操作、可数字化评估的目标，量化目标正是这个基点的基础。比如说，对于企业来讲，它的市场分额要达到多少，销售额要达到多少，利润又要达到多少，要达到这些目标的时间是怎么控制的，何时实现这些目标，这些都是对目标的量化。

（3）确定战略管理过程中的重点。

企业整体战略，它的重点是确定企业使命、划分业务职能、确定关键业务的目标。

对于业务战略，它的重点是如何贯彻企业使命、保障和实现企业的战略目标，以及实现目标需要的具体措施。

职能战略重点是如何贯彻目标并细化，对于目标的细化，包括发展目标、质量目标、技术进步目标、市场目标、职工素质目标、管理改进目标、效益目标等，以及具体措施。

最后是战术，它的重点是划分阶段并制定计划，对每个阶段可能遇到的风险进行分析，对每个阶段可能的变数进行分析，以及应对风险和变数的措施。

（4）制定行动计划和划分阶段。

（5）制定实施战略的措施。

制定资金和其他资源的分配方案，战略计划制定后要在资金上有所侧重；要选择执行过程的衡量、审查及控制方法。最后就是把方案形成文件提交给公司决策层，进行评估和审核批准。

3. 评估企业战略规划的步骤

在完成了确定战略目标，制定战略计划两个步骤之后，战略规划工作进入第三个阶段：评估企业战略规划。如何评估企业战略规划？具体来说有以下步骤：

（1）对制定战略规划的前提条件进行评估。

1）对企业经营的历史，是否提供了足够的背景资料，或者是否还需要补充更多的信息。

2）社会经济环境的变化是否被充分地估计。

3）战略规划团队是否有能力进行战略规划设计。

4）审查战略规划的那些人，有没有能力对战略规划团队的能力给出一个客观充分的评估。

（2）对战略规划中商业机会的评估。

1）是否寻找到了最适合企业的商业机会。

2）所有的机会和不利的风险是否都被识别出来，风险的发生系数是否客观，风险的可操作性比例为多少。

3）实现这些商业机会的前提条件是什么。

（3）对战略方案本身的评估。

1）是否考虑了所有可能的战略方案。

2）各种层次的战略组合是从可能方案中选的最优方案组合中产生的吗？

3）这些战略组合是否基于企业在战略实施的各个分阶段的资源结构中可操作性产生的。

（4）相关财务情况的评估。

1）战略目标进行过程中，是否能够提供合理的资金保证。

2）财务体系是否存在安全漏洞。

3）当特殊风险事件出现的时候，如何来保障战略目标的资金保障。

4）对于战略规划中短期的规划，是否有明确的财务数据支持。

（5）对战略的可操作性进行评估。

1）执行标准和控制方法是否已经具备，是不是符合战略目标的要求。

2）战略计划与现行员工的态度与观念，是否存在冲突，如何来调适。

3）战略规划的实施必然导致一定程度的变革，那么这些变革产生的压力，如何来释放与传导。

4）需要什么样的执行者来推行战略计划，企业内部是否具有这样的人，如果没有如何来解决。

5）当特殊风险事件发生的时候，这个战略计划是否具有防御能力，能够持续地执行下去。

3.3.3　学习自测

一、单选题

1．企业经营环境变化速度的加快，使得企业中长期计划制订的难度不断加大，并且不断需要调整。鉴此，有人提出以下几种建议，以应付不确定且经常出现重大突发事件的经营环境。请问：你最赞同的建议是（　）。

A．计划一旦制定就应保持其严肃性，可采取以不变应万变的做法

B．一旦环境发生了变化，就应该主动放弃原计划而制定新计划

C．通过动态调整计划来适应环境变化，以保持中长期计划的灵活性

D．在保持原计划不变的同时，根据突变情况另外制定应急计划

2．某公司以前主要生产塑料制品，经营状况不理想。后来注意到，在影视作品及电视广告中出现的家庭居多使用各色塑料百叶窗，这种现象渐成时尚。于是公司推出了各种款式、尺寸、颜色的百叶窗，取得了不错的经营业绩。该公司的这一调整是（　）。

A．对技术环境的利用与引导　　　B．对经济环境的利用与引导

C．对社会文化环境的适应　　　D．对经济环境的适应

3．管理的计划职能与下面的（　）职能关系最为紧密。

A．领导　　B．组织　　C．控制　　D．协调

4．下列（　）活动不属于计划活动的范畴。

A．目标　　B．策略　　C．预算　　D．实施

5．某化工企业为了在竞争中处于有利地位，开发了某种投资很大的新产品，投产后非常畅销，企业领导也倍感欢欣。但不久便得知，由于该产品对环境有害，国家正在立法，准备逐步取缔该产品。企业顿时陷入一片阴影之中。从计划过程来看，该企业最有可能在（　）的环节上做得不够周到。

A．估量机会、确立目标

B．明确计划的前提条件

C．提出备选方案，经过比较分析，确定最佳或满意方案

D．拟定派生计划，并通过预算使计划数字化

二、多选题

1．战略性计划的显著特点是（　）。

A．个别性　　B．长期性

C．整体性　　D．局部性

2．所谓计划工作的前提，就是计划工作的（　）。

A．假定条件　　B．基本条件

C．预期环境　　D．外部环境

E．内部条件

3．战略计划与作业计划的不同在于（　）。

A．时间跨度不同　　B．涉及的范围不同

C．计划重点不同　　D．计划目的不同

4．下列说法正确的是（　）。

A．计划工作的主要任务是将决策所确定的目标进行分解，以便落实到各个部门，各个活动环节

B．企业的目标指明主要计划方向

C．主要计划根据企业目标，规定各个主要部门的目标

D．主要部门的目标又依次控制下属部门的目标

三、判断题

1．SWOT 分析的目的是找到内部资源和外部环境相匹配的战略。（　）

2．由于长期计划的基础是长期预测，而长期预测的准确性很低，因此长期计划的准确性是很值得怀疑的。（　）

3．计划的过程是决策的组织落实过程；决策是计划的前提，计划是决策的逻辑延续。（　）

4．SWOT 分析法的基本目的是根据企业经营所面临的强势、劣势、机会和威胁 4 个要素来选择公司战略。（　）

5．不准确的计划是在浪费管理当局的时间。（ ）

6．计划的编制过程，既是决策的组织落实过程，又是决策的更为详细的检查和修订的过程。（ ）

四、简答题

1．简述如何制定公司发展规划。

2．试述企业发展规划的内容。

3.3.4 案例分析

百灵制衣有限公司的经营发展计划

百灵制衣有限公司是李东地区一家著名的服装公司，其生产的百灵衬衫是全国知名品牌，一直被消费者认为是高档次衬衣的代表，去年在全国的利润总额超过千万元。在经历了 20 世纪 90 年代中期的高速发展之后，公司的整体销售在最近两年却呈现疲态，市场面临巨变，并且出现了很多竞争对手，其中不少公司采用非常具有攻击性的销售策略。这使百灵制衣有限公司面临巨大的压力。

李强是百灵制衣有限公司刚上任的总经理，很想有所作为。同时公司上下也都在密切关注着刚上任的李总，希望李总能够拿出一个有效的公司经营计划，使公司能够应对竞争压力而上一个新的台阶。这让李总压力很大，他迫切希望自己能够制定可行而有效的经营计划。

经过调查，李总发现衬衣市场销售总额在去年略微下降了一到二个百分点。但是，仍然有些新进入的品牌取得了巨大成功。湘益就是其中的佼佼者，它推出的全麻系列的衬衣因为用料新颖，透气性好，价格适中而风靡全国，并且成为首屈一指的麻质服装品牌。由于竞争激烈，许多高档衬衣生产厂家退出了竞争，只有包括百灵在内的几家高档品牌维持了 2%～3%的增长。

李总发现使百灵在内的几家高档品牌压力增大的原因是由于高档制衣公司所采用的精细技术迅速普及，就连普通衬衫厂家也能做出同样质量的产品。李总还发现，衬衣的消费群越来越对全棉衬衣感兴趣，因为它们穿着舒适透气；但是全棉衬衫也有弱点，就是不如涤棉衬衫挺括。由于竞争激烈，几乎所有的厂家，无论高档品牌还是中档品牌，都纷纷转向全棉面料衬衣的生产和销售以期能够扩大利润。但精明的消费者还是发现，全棉的概念下面，产品并不相同，因为全棉衬衣的透气性是与织数密切相关的，织数越高，透气性越好，穿着也越舒适，但这样棉纱要求就越细，成本就越高。现在市场上经济型的衬衣大概 100 元左右，全棉的大概 150～300 元左右，而百灵和其他高档品牌的普通衬衣要卖到 200～300 元，高级全棉衬衫则要卖到 400 元以上。更令人头疼的事，百灵现在面临着湘益的咄咄逼人的进攻。湘益做的广告都是针对百灵的核心产品的，比如“告别憋气的涤棉衬衣，选择舒畅的湘益衬衫”，“花一半的价钱，享受与全棉衬衫一样的舒适感觉”等。虽然面临着湘益的咄咄逼人的进攻，全麻的衬衣似乎带来了新的市场机会，但是李总欣慰地发现现在看来消费者要完全接受这种质地的产品需要一个漫长的过程，因为麻质衬衣的手感相比棉质衬衣还是有些怪异，消费者购买最多的往往还是自己熟悉的棉质衬衫。

面对挑战，李总坚持认为，作为全国最高档次的品牌，百灵公司无论如何应该采用最好的原料，完成最精良的做工，虽然这会造成成本的居高不下，但这是一个卓越品牌必须的。

现在李总正认真思考引进一种新产品系列，这种产品虽然是以麻为主料，但由于采用了新工艺，手感同棉质非常相似，而透气性则达到了同样高的标准。但是在优势之外，这种产品也有它的不足，主要是价格问题。这种产品的价格要高出市场整体水平很多，零售价可能达到600～700元，考虑到整个市场的接受水平，他不得不怀疑这种产品的目标顾客群到底有多大。如果潜在顾客并不是很多，销售这种新产品也就没有多大意义。不过，以百灵现有的产品来进行市场竞争，李总又觉得有些巧妇难为无米之炊之感，他到底该如何制定他的公司经营计划呢？

讨论题：

（1）请分析百灵制衣有限公司经营环境发生了什么变化？李总制定他的公司经营计划有什么主要作用？

（2）百灵制衣有限公司与其他服装企业相比，有哪些长处与不足？

（3）联系计划工作的程序的相关内容，请问李总应该怎样制定公司经营计划？

（资料来源：http://jpkc.ywu.cn/glx/News/News.asp?Id=1676）

3.3.5 实训项目

表 3-3 实训名称：计划职能（宏远实业发展有限公司）

实训目的	分析问题，编制计划
实训条件	多媒体教室
实训要求	案例分析讨论： 1．你如何评价宏远公司？如何评价顾总？ 2．宏远公司是否应制订短、中、长期计划？为什么？ 3．如果你是顾总，你该如何编制公司发展计划？
教师任务	指导学生思考：通过案例介绍，思考编制计划的意义及如何编制各类计划。
实训评价	每人现场讲述各自观点，看看如何考虑更好

背景知识介绍：

进入12月份以后，宏远实业发展有限公司（以下简称宏远公司）的总经理顾军一直在想着两件事：一是年终已到，应抽个时间开个会议，好好总结一下一年来的工作，今年外部环境发生了很大的变化，尽管公司想方设法拓展市场，但困难重重，好在公司经营比较灵活，苦苦挣扎，这一年总算摇摇晃晃走过来了，现在是该好好总结一下，看看问题到底在哪儿；二是该好好谋划一下明年怎么办，更远的该想想以后5年怎么干，乃至于以后10年怎么干？上个月顾总从事务堆里抽出身来，到淮海大学去听了两次关于现代企业管理的讲座，教授的精彩演讲对他触动很大。公司成立至今，转眼已有10多个年头了。10多年来，公司取得过很大的成就，靠运气、靠机遇，当然也靠大家的努力。细细想来，公司的管理全靠经验，特别是靠顾总自己的经验，遇事都由顾总拍板，从来没有公司通盘的目标与计划，因而常常是干到哪儿是哪儿。可现在公司已发展到有几千万资产，员工近300人，再这样下去可不行。顾总每想到这些，晚上都睡不着觉，到底该怎样制订公司的目标与计划呢？这正是最近顾总一直在苦苦思考的问题。

宏远公司是一家民营企业，是改革开放的春风为宏远公司的建立和发展创造了条件。因此，顾总常对职工讲，公司之所以有今天，一靠他们三兄弟拼命苦干，但更主要的是靠改革开放带来的机遇。15 年前，顾氏三兄弟只身来到了省里的工业重镇 A 市，当时他们口袋里只有父母给的全家的积蓄 800 元人民币，但顾氏三兄弟决心用这 800 元钱创一番事业，摆脱祖祖辈辈日出而作、日落而归的脸朝黄土、背朝天的农民生活。到了 A 市，顾氏三兄弟借了一处棚户房落脚，每天分头出去找营生，在一年时间里他们收过破烂，贩过水果，打过短工，但他们感到这都不是他们要干的。老大顾军经过观察和向人请教，发现 A 市的建筑业发展很快，城市要建设，老百姓要造房子，所以建筑公司任务不少，但当时由于种种原因，建筑材料却常常短缺，因而建筑公司也失去了很多工程。顾军得知，建筑材料中水泥、黄沙都很缺。他想到，在老家镇边上，他表舅开了家小水泥厂，生产出的水泥在当地还销不完，因而不得不减少生产。他与老二、老三一商量决定做水泥生意。他们在 A 市找需要水泥的建筑队，讲好价，然后到老家租船借车把水泥运出来，去掉成本每袋水泥能净得几块钱。利虽然不厚，但积少成多，一年下来他们挣了几万元。当时的中国"万元户"可是个令人羡慕的名称。当然这一年中，顾氏三兄弟也吃尽了苦，顾军一年里住了两次医院，一次是劳累过度晕在路边被人送进医院，一次是肝炎住院，医生的诊断是营养严重不良引起抵抗力差而得肝炎。虽然如此，看到一年下来的收获，顾氏三兄弟感到第一步走对了，决心继续走下去。他们又干了两年贩运水泥的活，那时他们已有一定的经济实力了，同时又认识了很多人，有了一张不错的关系网。顾军在贩运水泥中，看到改革开放后，A 市角角落落都在大兴土木，建筑队的活忙得干不过来，他想家乡也有木工、泥瓦匠，何不把他们组织起来，建个工程队到城里来闯天下呢？三兄弟一商量说干就干，没几个月一个工程队开进了城，当然水泥照样贩，这也算是两条腿走路了。

一晃 15 年过去了，当初贩运水泥起家的顾氏三兄弟，今天已是拥有几千万资产的宏远公司的老板。公司现有一家贸易分公司、建筑装饰公司和一家房地产公司，有员工近 300 人。老大顾军当公司总经理，老二、老三做副总经理，并分兼下属公司的经理。顾军老婆的叔叔任财务主管，他们表舅的大儿子任公司销售主管。总之，公司的主要职位都是家族里面的人担任，顾军具有绝对权威。

公司总经理顾军是顾氏兄弟中的老大，当初到 A 市时只有 24 岁，他在老家读完了小学，接着断断续续地花了 6 年时间才读完了初中，原因是家里穷，又遇上了水灾，两度休学，但他读书的决心很大，只要条件许可，他就去上学，而且边读书边干农活。15 年前，是他带着两个弟弟离开农村进城闯天下的。他为人真诚、好交朋友、又能吃苦耐劳，因此深得两位弟弟的敬重，只要他讲如何做，他们都会去拼命干。正是在他的带领下，宏远公司从无到有、从小到大。现在在 A 市顾氏三兄弟的宏远公司已是大名鼎鼎，特别是去年，顾军代表宏远公司一下子拿出 50 万元捐给省里的贫困县建希望小学后，民营企业家顾军的名声更是非同凡响。但顾军心里明白，公司这几年日子也不太好过，特别是今年。建筑公司任务还可以，但由于成本上升创利已不能与前几年同日而语了，只能是维持，略有盈余。况且建筑市场竞争日益加剧，公司的前景难以预料。贸易公司能勉强维持已是上上大吉了，今年做了两笔大生意，挣了点钱，其余的生意均没成功，况且仓库里还积压了不少货无法出手，贸易公司日子不好过。房地产公司更是一年不如一年，当初刚开办房地产公司时，由于时机抓准了，两个楼盘着实赚了一大笔，这为公司的发展立了大功。可是好景不长，房地产市场疲软，生意越来越难做。好在顾总当机立断，微利或持平把积压的房屋作为动迁房基本脱手了，要不后果真不堪设想，就是这样，现在还留着的几十套房子把公司压得喘不过气来。

面对这些困难，顾总一直在想如何摆脱现在这种状况，如何发展，发展的机会也不是没有。上个月在淮海大学听讲座时，顾军认识了A市的一家国有大公司的老总，交谈中顾总得知，这家公司正在寻找在非洲销售他们公司当家产品小型柴油机的代理商，据说这种产品在非洲很有市场。这家公司的老总很想与宏远公司合作，利用民营企业的优势，去抢占非洲市场。顾军深感这是个机会，但该如何把握呢？10月1日顾总与市建委的一位处长在一起吃饭，这位老乡告诉他，市里规划从明年开始江海路拓宽工程，江海路在A市就像上海的南京路，两边均是商店。借着这一机会，好多大商店都想扩建商厦，但苦于资金不够。这位老乡问顾军，有没有兴趣进军江海路。如想的话，他可牵线搭桥。宏远公司的贸易公司早想进驻江海路了，但苦于没机会，现在机会来了，机会很诱人，但投入也不会少，该怎么办？随着改革开放的深入，住房分配制度将有一个根本的变化，随着福利分房的结束，顾军想到房地产市场一定会逐步转暖。宏远公司的房地产公司已有一段时间没正常运作了，现在是不是该动了？

总之，摆在宏远公司老板顾军面前的困难很多，但机会也不少，新的一年到底该干什么？怎么干？以后的5年、10年又该如何干？这些问题一直盘旋在顾总的脑海中。

【参考答案】

一、单选题

1～5　C　C　C　D　B

二、多选题

1．BC　2．AC　3．ABCD　4．ABCD

三、判断题

1～6　√　×　√　√　×　√

学习单元四　领导

职业素养

1. 学会运用沟通技巧，提升沟通能力；
2. 培养成为一名合格领导者的综合素质；
3. 提高作为一个优秀领导者的预见能力。

能力目标

1. 了解沟通的一般技巧；
2. 进行初步领导活动；
3. 培养的预见能力；
4. 掌握领导的一般方法。

学习任务一　运用沟通技巧

4.1.1　学习导入

在现代社会中，沟通是一种必需的、无处不在的活动。人们相互沟通是为了满足与他人合作与联系的需要。任何组织都是一个由人们相互沟通而形成的网。领导者正处于这个网的中心。因此，沟通总是伴随着领导工作的始终。

领导活动的实践表明，领导者约70%的时间用在与他人沟通，剩下30%左右的时间用在分析问题和处理相关事务。很显然，领导者必须掌握与他人沟通的技能，而且他的很大一部分工作时间也必须用于与他人沟通。对他们来说，沟通是一种工作常态。

美国领导学专家海克曼（Hackman）在其著作《领导学：沟通的视角》中写到："领导是一种特殊的沟通协调形式，是为了满足共同的群体目标而改变其他人态度和行为的人类沟通。"沟通贯穿于领导过程的始终。

（资料来源：邵强．与官员谈沟通与协调的艺术．北京：国家行政学院出版社，2010）

4.1.2　相关知识

所谓沟通，就是人们通过听、说、读、写等手段，以谈话、讨论、协商、演讲、信件等方式，准确、恰当地相互传递信息，表达感情和思想观点，进行意见交流的过程。

沟通的过程，首先是由于沟通的双方都有自己的信息、情感和思想观点，需要向对方表达。

沟通的内容是包罗万象的。在沟通中，人们传递消息，表达自己的感情、思想观点或提出自己的意见。因此沟通信息一般可分为事实、情感、价值观、意见等几种类型。

沟通能力是人际交往的工具和桥梁，也是一个人综合素质的外化表现。对领导者来说，有效的沟通是自己在工作和事业上取得成功的重要因素。

在领导工作中，很重要的一个方面就是维持和改善组织中人与人之间的相互关系，以便大家相互合作。通过沟通，领导者能够发现他人的需要并表达自己的需要。任何相互关系都需要开放的沟通渠道，因为只有这样人们才能自由地表达思想和感情。

优秀的沟通者都知道把注意力放在沟通的对象上。他们深知，若不先了解沟通对象，就不可能有效地达成沟通。当领导者在与人沟通时，无论是对一个人或 10000 人，都要先问问自己这个问题：我沟通的对象是什么样的人？他们可能有哪些疑问？我想达成什么目的？我有多少时间？人们之所以对优秀的沟通者很感兴趣，是因为杰出的沟通者首先对沟通对象产生兴趣。

沟通并不是人的一种本能，而是人的一种能力。也就是说，沟通不是与生俱来的本领，而是在实践中培养和训练出来的。所以，作为一名领导者，若想要有所作为，就一定要学会沟通。良好的沟通不仅能应对问题和挫折，还能和上级、同事、下属等建立良好的人际关系。因此，提升沟通艺术，并对人际关系进行良好的运作，是领导者事业成功的重要保证。

【课堂训练】某山区一个小村的支部书记带领群众修路时，放炮炸石砸断了一家农户的梨树。这颗梨树是这家农户的财源，主人揪住书记要他赔。支书说秋后一定赔，但主人不肯。主人的兄弟一拥而上，把支书好一顿打。村里的党员和群众都火了，要求狠狠整治打人者。第二天开村民会时，闹事的人觉得理屈，准备挨整。

不料支书竟开口做检讨：“老少爷们，我还年轻，得大家帮扶。哪个活我安排错了，哪句话我说得不对，大家担待，我做检讨。”对被打的事一字不提。

后来闹事的人找到支书，当面认了错：“你是为全村，我是为自家，我错了！今后你咋说我咋干，听你的！”

问题：村长的做法体现了什么样的沟通策略？

4.1.2.1　沟通的模式

沟通指意义的传递与理解，即一个或组织的意识与观念传递给他人并让他人理解。在心理学中，沟通是动物界的一种普遍现象。

沟通必须具备三个要素：信息发布者（信息源）、信息接收者和所传递的信息内容。由发送者将信息内容传递给接收者，这就构成了思想、观念、想法或事实、现象等交流的过程。信息沟通的过程可分为 5 个步骤：

（1）信息发送者获得了某些观点、想法或事实、现象，并有传出去的意向。

（2）发送者通过某种方式将所要发送的信息表达出来，即编码。或以言词来表达，或以非语言方式来表达。

（3）根据信息表达的方式，寻找合适的传送媒介传递到接收者一方。

（4）当接收者通过传送媒介接受到信息后，对信息进行“解码”，接收者通过自己的主观理解将信息“还原”成发送者的观点、想法等。

（5）接收者在理解发送者的信息后，进行思考、判断，并将这一信息反馈给发送者，从而开始新一轮的沟通。

沟通的方式有多种多样，从不同的角度划分，就有不同的方式。一般的划分角度有沟通媒介、沟通的组织性质和沟通有无反馈等。

（1）从沟通媒介来说，有口头沟通、书面沟通、非言语沟通及电子媒介沟通等方式。

1）口头沟通。口头沟通是信息传递的主要方式之一，发言、讨论和小道消息等都是口头沟通的常见方式。其优点是传递和反馈直接、简便、快速，但是，如果信息经过多人传递时，信息失真的潜在可能性就加大，因为每个人都以自己的方式理解和解释信息。另外，口头沟通的信息难以保留和核实。

2）书面沟通。书面沟通方式包括备忘录、内部刊物、公告栏、传真等利用文字和符号传达信息的方式。这种方式具体而直观，信息持久并且可以核实，不易出现信息失真的情况。此外，与口头沟通相比，书面沟通传达的信息因为准备较充分而更具逻辑性和条理性。当然，书面沟通方式所花费的时间较长，同时，反馈也不如口头沟通方式快速和直接。

3）非言语沟通。主要是指借助人的身体语言（又称“体语”）或装饰、着装等符号来传递信息，如一个人点头表示同意的信息，一个女青年穿着鲜艳而时髦，向人们传递她喜欢接受新事物的信息。

4）电子媒介沟通方式。当今时代是信息时代，电信技术空前发展，各种电子设备成为信息传递的重要媒介。如电子会议、互联网交谈、电子邮件等。这种沟通方便、迅速，不受时空限制，但安全性受到影响，同时需要沟通者双方都懂得计算机的基本知识，以及需要相关电子设备等。

（2）沟通的组织性质来说，有正式沟通和非正式沟通。

1）正式沟通。这种沟通方式根据企业组织的规定来设置，因沟通方向的不同，又有自下而上、自上而下和水平沟通几种方式。

自上而下的沟通又称下行沟通，主要是指从较高层次向较低层次的沟通，一般用于上级向下级传达目标、制度或工作程序，或者是向下级指派工作任务、提供下级工作绩效中的反馈、指出工作需要注意的问题等。

自下而上的沟通又称上行沟通，即从较低层次向较高层次的沟通。主要是员工向领导反映问题、汇报工作进度，并告知当前存在的问题等。

水平沟通是同一级别的部门或成员之间进行的沟通。这种沟通方式能节省时间、促进合作，因而能减少部门或成员间的误解或冲突。

2）非正式沟通。这种沟通方式不须经管理层批准，不受等级结构限制，也就是我们通常说的“小道消息”。因其传递方式是非正式的，较难查询信息来源，每个人都有可能成为小道消息的发送者和接受者，且其中夹杂着大量的谣言以及对真实信息的夸张与扩大等，因而会对企业组织产生较大的负面影响。

（3）从沟通的反馈情况来说，有单向沟通和双向沟通。

1）单向沟通。在沟通中，信息发送者与接受者地位不变，一方只发送信息，另一方只接受信息而不给予信息反馈，即为单向沟通。如作报告、演讲、发指示等。

2）双向沟通。在沟通中，信息的发送者与接受者地位不断变化，发送信息、接受信息、反馈信息等多次反复，即为双向沟通，如交谈、协商、谈判等。

4.1.2.2 沟通是领导者实现组织目标的重要保证

组织目标，代表着组织成员的共同的、长远的根本利益。为了实现组织目标，领导者就要不失时机地向组织成员做好沟通工作，并在落实和执行时及时协调关系，合理配置资源。如果把组织目标的实现过程比喻为接力赛跑的话，那么，领导者既是领队，又是运动员，同时还兼裁判员。这三种职能的支撑，就是以沟通形成凝聚力，让所有队员都朝一个共同的目标努力。领导者要具备这种凝聚力，就必须积极地与下属进行沟通。

任何组织既是一个整体，又都包含着许多子系统；各子系统之间既彼此矛盾、冲突、抗拒、排斥，又相互统一、促进、关联、吸引，在一个复杂的过程中发生交互作用。而这种作用，有时反映为正向，具有强大的生命力，促进事物的健康发展和社会的全面进步；有时却变成负向，具有消耗或递减的功能，阻碍事物的健康发展和社会的全面进步。这就需要领导者通过不断地沟通，使各种力量和行为统一于实现组织共同目标的努力方向上来。

（1）沟通是组织发展的重要资源之一。组织走向成功的关键不在于拥有多少资源，而在于资源的整合和运用。拥有资源是组织发展的前提基础，但是仅仅拥有资源不一定就能占领市场的制高点，使组织保持持续发展，而整合资源和运用资源却能促进组织保持更强的竞争力，并不断发展。沟通方式的畅通和沟通手段的综合利用，能为组织管理创造更为和谐的环境，并转化为推进组织管理的资源。

（2）沟通是构建组织文化的重要方式。在组织文化的构建中，有许多组织倡导“以人为本”，这说明无论是组织决策还是管理制度都是需要人来实施的。但是组织在实施管理文化的过程中，如果缺乏有效的沟通，仅有强制的刚性管理是难以行之有效的。缺乏有效的沟通，组织员工缺乏对组织的认同，就难以形成对组织的凝聚力、向心力，甚至于产生某些内耗和矛盾冲突。这时，再好的目标和制度都会失去意义。因此，在组织文化的构建中，必须重视沟通的先导作用与稳定作用。

（3）沟通是组织改进管理的需要。没有沟通，就没有信息的互动，就没有密切的配合。这样，制度管理只能是停滞的，组织就没有任何意义。但是，如果有了沟通、有了协调、有了信息的互动和交流，下属就可以自由地表达对组织管理层人员或组织管理制度的意见和建议，情形则会变成另外的一种局面：一则增进了对组织本身的信任和自信；二则增强了下属对组织的主人翁意识。因此，下属就会变被动的管理对象为主动的管理协同者，有的还会对组织提出许多有益的建议，经过综合处理能变为组织发展的资源，创造更多的发展机会。

（4）沟通是优化组织结构、推进系统效能的动力。组织结构包括人才结构、资金结构、产品结构、物流结构、目标结构、行为结构等，结构不合理，致使各部门不能有效地运作，就会导致整个组织的市场竞争力下降。沟通与协调在组织运行中实际充当了重要的润滑剂，直接调节着组织结构的运作效能。

制度永远是强制性的，而沟通是人们本性的体现和需求，任何组织都不可能改变和忽视人们本性的体现和需求，适应这种本性的需求，提供适当的多样化的沟通方式，并视之为组织发展的资源，这是组织最理性的选择。

4.1.2.3 消除领导者沟通中的种种障碍

领导者沟通能力的强弱，直接影响到领导职能的实现和领导权威的被认可程度。领导者决策的推行、意图的贯彻、目标的实现都离不开有效的沟通，而要进行有效的沟通，就必须消除沟通中的障碍。

1. 沟通障碍的主要表现

（1）主观障碍。主观障碍包括领导者的个性、所处环境、地位、知识经验以及知觉选择等。比如，领导者与沟通对象所处的环境不同，缺少沟通对象的生活情感、心理体验，就难以理解对象的心理和行为；领导者社会地位的优越感，也会造成沟通时的换位障碍，不容易或很难理解对方。

（2）心理障碍。例如，一个过于自信、过于主观的领导者，自然会减少对他人信息的接收，而且会用自己的观点、看法曲解他人。再例如，领导者先入为主、凝固不变的成见，会造成看人、看事的心理障碍，结果只能导致沟通的错位。

（3）表达障碍。如果领导者没有沟通对象的生活经历和情感体验，或不了解对方，在沟通时就会出现表达上的障碍。

2. 有效地消除领导者沟通障碍的方法

（1）建立全方位的信息沟通网络。对于领导者来说，沟通信息既是实施领导活动的基本条件，又是增进领导与被领导者之间相互了解的重要途径。实践证明，掌握和提高沟通的技巧，对于保持良好的上下级关系，消除沟通过程中的诸多障碍，都有十分重要的意义。在信息沟通过程中，常常存在着信息“盲点”，有些很重要的信息不能及时地反映到领导者手里，这严重影响领导者对环境做出正确的判断。建立全方位信息沟通网络，则可有效地消除沟通过程中的障碍。全方位信息沟通网络以被领导者为领导者的信息沟通对象，被领导者空间内的每一个角落都是领导者的信息点。领导者能从四面八方及时了解和掌握领导空间内发生的各种矛盾、分歧和动态，以便对自身有哪些不足需要改进、有哪些人际交往障碍需要沟通，及时地做出反应和科学决策。

（2）消除信息沟通障碍。一是消除语言上的障碍。领导者需要注意语言对不同下属可能引起的不良反应，从而对不同的下级采用不同的语言解释。二是消除地位上的障碍。领导者需要从自身做起，真正坚持公正、平等、民主原则，做到谦虚谨慎、戒骄戒躁、放下架子、平易近人。三是消除心理上的障碍。产生了心理上的沟通障碍，不论是上级还是下级都负有责任，但作为领导者，首先应该审视自己，加强修养，以自己的模范行为感染、带动下属。

4.1.2.4 有效沟通的技巧

1. 清晰、简洁地发送信息

在信息发送过程中，信息包括三个方面内容：信息、思想和情感。在沟通中，发送的不仅仅是信息，还有思想和情感。因此，在发送信息的时候，要注意以下几个问题：

（1）选择有效的信息发送方式（How）。

有效的信息发送方式在沟通中十分重要，这就要求我们要针对沟通对象和目的的不同选择不同的发送方式。信息发送方式很多，比如会议、电话、亲笔信件、电子邮件、面谈等。如果是一般的说明情况的信息沟通，通过信件、电话、邮件就可以解决；如果是为了交流感情和增加信任，则应该在合适的时间、地点面谈为好。

（2）何时发送信息（When）。

例如，何时约见客户，何时发出致谢函，何时向老板汇报，何时与下属谈心，要讲究“天时、地利、人和”，这一点非常重要。

（3）确定信息内容（What）。

信息的内容是沟通的实质，不存在没有任何内容的沟通。因此，在沟通开始前，应该对信息的内容做些适当准备，哪些该说，说到什么程度，哪些不该说。信息的内容应该清晰简洁，用词准确，避免模糊不清或容易引起误解的表述。专业术语在基本确认对方能够理解的情况下方可使用。同时还应该注意的是信息的载体，比如语音、语调、肢体语言的不同运用，就会给对方形成不同的感受，进而影响沟通质量。

（4）谁该接受信息（Who）。

——谁是你信息的接受对象；

——先获得接受者的注意；

——了解接受者的观念；

——了解接受者的需要；

——了解接受者的情绪。

（5）何处发送信息（Where）。

在正式场合还是非正式场合，比如销售部经理要求财务部改善服务流程和服务态度的建议，就不宜在会议场合提出，而应在平时与财务部经理进行“私下”沟通，否则会被人误解为“发难”或“告状”。而与客户前期预热洽谈阶段，则不一定要在办公室这样的正式场合，在休闲的茶社、咖啡厅等地方则比较合适。

2. 积极倾听

懂得如何倾听的人最有可能做对事情、取悦上司、赢得友谊，并且把握别人错过的机会。倾听对传奇人物约翰·洛克菲勒非常管用，有一次他说：“我们的政策一直都是：耐心地倾听和开诚布公地讨论，直到最后一点证据都摊在桌上才尝试达成结论。”洛克菲勒以谨慎著称，而且似乎经常很慢才做决定，他拒绝仓促下决定，他的座右铭是：“让别人说吧。”。

倾听不仅是耳朵听到相应的声音的过程，而且是一种情感活动，需要通过面部表情、肢体语言和话语的回应，向对方传递一种信息——我很想听你说话，我尊重和关心你。

以下 12 个倾听技巧可以帮助你实现高效沟通。

（1）主动倾听。在倾听时要保持心理高度的警觉性，随时注意对方倾谈的重点，要能站在对方的立场，仔细地倾听。每个人都有他的立场及价值观，因此，你必须站在对方的立场，仔细地倾听他所说的每一句话，不要用自己的价值观去指责或评断对方的想法，要与对方保持共同理解的态度。

（2）鼓励对方先开口。鼓励对方先开口可以降低谈话中的竞争意味，让对方先提出他的看法，你就有机会在表达自己的意见之前，掌握双方意见一致之处，这样更容易说服对方。

（3）切勿多话。同时说和听并不容易。亿万富翁富卡说：“上帝给了我们两只耳朵却只给我们一张嘴是有原因的，我们应该听得比说得多。”为了避免说得太多而丧失开发业务的机会，有人提出利用“火柴燃烧法”，即假想你的手上拿着一支燃烧的火柴，当你认为火焰即将烧到手指时停止说话，寻求其他人的回应。

（4）切勿耀武扬威或咬文嚼字。你倾听的对象可能会因为你的态度而胆怯或害羞，他们可能因为不想听起来口齿不流利而变得自我保护。即使你是某一个话题的专家有时仍应学习保持沉默，同时表示你希望知道得更多。

（5）表示兴趣，保持视线接触。聆听时，必须看着对方的眼睛。人们判断你是否在聆听和吸收说话的内容，是根据你是否看着对方来作出的。

（6）专心，全神贯注，表示赞同。告别心不在焉的举动与表现，你可以练习如何排除使你分心的事物以培养专心的能力。点头或者微笑就可以表示赞同正在说的内容，表明你与说话人意见相合。人们总是把乱写乱画、胡乱摆弄纸张、东张西望或看手表等解释为心不在焉，这些应该引起我们的重视和注意。

（7）让人把话说完，切勿武下论断。听听别人怎么说。你应该在确定知道别人完整的意见后再做出反应，别人停下来并不表示他们已经说完想说的话。让人把话说完整并且不插话，这表明你很看重沟通的内容。

（8）鼓励别人多说。对出现精辟的见解、有意义的陈述，或有价值的信息，要以诚心的赞美来夸奖说话的人。例如："这个故事真棒！"或"这个想法真好!"、"您的意见很有见地"等，因此，如果有人做了你欣赏的事请你应该伺机奖励他。仅仅是良好的回应就可以激发很多有用而且有意义的谈话。

（9）让别人知道你在听。偶尔说"是"、"我了解"或"是这样吗？"告诉说话的人你在听，你还是有兴趣。

（10）使用并观察肢体语言，注意非语言性的暗示。对方嘴巴上说的话实际可能与非语言方面的表达互相矛盾，要学习去解读情境。如果听者态度开放、很感兴趣，那就表示他愿意接纳对方，很想了解对方的想法，说者就会受到鼓舞。这些肢体语言包括：自然的微笑，不要交叉双臂，手不要放在脸上，身体稍微前倾，常常看对方的眼睛，点头等。

（11）接受并提出回应。重点式的复诵对方所讲过的内容，以确认自己所理解的意思和对方一致，如"您刚才所讲的意思是不是指……"、"我不知道我听得对不对，您的意思是……"。

（12）暗中回顾，整理出重点，并提出自己的结论。当我们和人谈话的时候，我们通常都会有几秒钟的时间，可以在心里回顾一下对方的话，整理出其中的重点所在。我们必须删去无关紧要的细节，把注意力集中在对方想说的重点和对方主要的想法上，并且在心中熟记这些重点和想法，并在适当的情形下给对方以清晰的反馈。

3. 积极反馈

一个完整的沟通过程是这样的：首先是信息的发生者通过"表达"发出信息，其次是信息的接收者通过"倾听"接收信息。对于一个完整的、有效的沟通来说，仅仅这两个环节是不够的，还必须有反馈，即信息的接收者在接收信息的过程中或过程后，及时地回应对方，以便澄清"表达"和"倾听"过程中可能的误解和失真。

（1）反馈的类别。

反馈有两种：一种是正面的反馈，另一种叫做建设性的反馈。正面的反馈就是对对方做的好的事情予以表扬，希望好的行为再次出现。建设性的反馈就是在对方做的不足的地方，给他提出改进的意见。请注意，建设性反馈是一种建议，而不是批评，这是非常重要的。

（2）如何给予反馈。

1）针对对方的需求。反馈要站在对方的立场和角度上，针对对方最为需要的方面，给予反馈。例如，在半年绩效考核中，下属渴望知道上司对他工作和能力的评价，并期待上司能为自己指明下一步努力的方向。如果作为上司的经理人，在绩效考核之后不反馈，或者轻描淡写地说一下，则会挫伤下属的积极性。

2）具体、明确。以下是给予具体、明确反馈的两个例子：错误的反馈——"小李，你的工作真是很重要啊！"这种表述方式很空洞，小李也不知道为什么自己的工作就重要了，从而不能真正给对方留下深刻的印象。

正确的反馈——"公司公文和往来信函，是一个公司素质高低的表现，代表着一个公司的水平、精神和文化。小李，你的工作很重要。"这种对下属的反馈就不是空洞的、干巴巴的说教，而能起到事半功倍的效果。

3）有建设性。经理人容易武断地给下属的意见或想法下结论，比如有的往往带着批评或藐视的语气说“你的想法根本就行不通！”、“小伙子，你还是太年轻了！”等，弄得下级很没趣，结果挫伤了下属主动沟通的积极性。如果我们换一种态度，以建设性的、鼓励的口气给下属反馈，效果就会不同，比如“小王，你的意见很好，尽管有些想法目前还不能实现，但是，你很动脑筋，很关心咱们部门业务的开展，像这样的建议以后还要多说啊！”。

4）对事不对人。积极的反馈就事论事，忌讳涉及别人的面子和人格尊严，带有侮辱别人的话语千万不要说，比如“你是猪脑子啊，没吃过猪肉还没有看过猪走？”之类的言语，只能加深双方的敌对和对抗情绪，与最初的沟通愿望适得其反。

（3）如何接受反馈。

接受反馈是反馈过程中一个十分重要的环节，在接受反馈时应该做到以下几点：

1）耐心倾听，不打断。接受反馈时，一定要抱着谦虚的态度，以真诚的姿态倾听他人反馈意见。无论这些意见在你看来是否正确和是否中听，在对方反馈时都要暂时友好地接纳，不能打断别人的反馈或拒绝接受反馈。打断反馈包括语言直接打断，比如：“不要说了，我知道了！”；也包括肢体语言打断，比如不耐烦的表情、姿势等。如果你粗鲁地打断别人对你的反馈，其实就表示着沟通的中断和失败，你了解不到对方更多甚至更重要的信息。

2）避免自卫。自卫心理是每一个人本能的反应。对方在向你反馈时，如果仅仅站在自己的立场，挑肥拣瘦地选择是否接受，一旦听到对自己不利、不好或不想听的东西，就急忙脸红脖子粗地去辩解和辩论，明智的另一方会马上终止反馈。

3）表明态度。别人对你反馈之后，自己要有一个明确的态度，比如理解、同意、赞成、支持、不同意、保留意见、怎么行动等。不明确表示自己对反馈的态度与意见，对方会误解你没有听懂或内心对抗，这样就会增加沟通成本，影响沟通质量。

【小资料】部门间的沟通创新。

美国通用公司的年营业额达 600 亿美元，它的经营哲学是：无边界反应、快速反应、简化和自信。在这之中的灵魂是无边界反应，即要把阻隔了公司和外界的“围墙”一点一点地打开，最终彻底推翻。无边界行为还穿透了公司内部财务、工程、制造、销售之间的层层大墙，把这些部门的员工都集中到一起，人人都参与，人人都了解，人人都采取行动。

英特尔公司将会议分为任务型与秩序型两大类，前者的目的是要集思广益，借脑力激荡解决问题，而后者则是单方向的传达。他们定期召开“GYAT（Get Your Act Together）”会议，参加者包括行销、工程、制造和财务部门，各部门分别报告各自的进度、现状以及部门之间配合的事项。实践表明，在这种沟通中，纪律与创意可以并存，一个人的异想天开触动了另一个的灵感，结果很快查出了问题的症结所在。

就是在生产一线，也可以采用上述的沟通措施。荣事达有一个俗称“诸葛亮会”的质量控制运作制度，这就是自 1987 年起并形成的每月一次的“产品质量分析会”制度。最初的时候，这个会议仅限于质管部门征税管理部门和车间负责人的范围，就生产过程中的质量问题进行并议决对策。后来这个会议扩大到了质管、生产、供应、财务、研究所、车间和班组等多部门多层次，对质量问题的分析也从单一的生产环节延伸到了供应环节、技术工艺标准、成本核算等多方位的综合分析，运用系统控制方法解决质量问题。

可见，良好的沟通也是运用系统控制管理的基本前提。

4.1.3 学习自测

一、单选题

1．下面（ ）是按照沟通媒介来划分的。

A．非语言沟通 B．非正式沟通 C．上行沟通

2．备忘录、公告栏、传真等属于（ ）。

A．下行沟通 B．双向沟通 C．书面沟通

3．正确的倾听方式是（ ）。

A．对方话还没说完，就急于下结论

B．对方说话时自己不断接听电话

C．表示兴趣，保持视线接触

4．对对方做的好的事情予以表扬，并希望继续发扬成绩，这属于信息的（ ）。

A．建设性反馈 B．正面反馈 C．负面反馈

5．车间主任找小刘谈话，表扬他工作努力，并希望他继续努力，这属于（ ）。

A．上行沟通 B．下行沟通 C．平行沟通

二、判断题

1．只有当冲突和纠纷发生时才有沟通的必要。（ ）

2．一个人点头表示同意，这属于非语言沟通。（ ）

3．一个领导过于自信而导致曲解他人，这是领导沟通中的表达障碍。（ ）

4．利用文字和符号传达信息的方式是网络沟通方式。（ ）

5．沟通是人的本能。（ ）

6．建设性反馈就是对对方的观点表示批评。（ ）

7．倾听时要让对方把话说完，切忌武断下结论。（ ）

8．口头沟通可以确保信息不失真。（ ）

三、简答题

1．简述沟通的意义。

2．领导者沟通中有哪些障碍？如何消除？

3．如何清晰、简洁地发送信息？

4.1.4 案例分析

张丹峰的苦恼

张丹峰刚刚从名校管理学硕士毕业，出任某大型企业的制造部门经理。张丹峰一上任，就对制造部门进改造。张丹峰发现生产现场的数据很难及时反馈上来，于是决定从生产报表上开始改造。借鉴跨国公司的生产报表，张丹峰设计了一份非常完美的生产报表，从报表中可以看出生产中的任何一个细节。

每天早上，所有的生产数据都会及时地放在张丹峰的桌子上，张丹峰很高兴，认为他拿到了生产的第一手数据。没有过几天，出现了一次大的品质事故，但报表上根本没有反映出来，张丹峰这才知道，报表的数据都是随意填写上去的。

为了这件事情，张丹峰多次开会强调，认真填写报表的重要性，但每次开会，在开始几天可以起到一定的效果。但过不了几天又返回了原来的状态，张丹峰怎么也想不通。

问题：

（1）张丹峰的强调为什么会没有效果？

（2）从沟通的角度谈谈如何改进。

（资料来源：黄雁芳，宋克勤．管理学教程案例集．上海：上海财经大学出版社，2008）

4.1.5 实训项目

表 4-1 实训名称：沟通演练

实训目的	通过现场演练，把握沟通技巧
实训条件	办公桌椅，部分办公设备
实训要求	1．学员分组，两两一对，一组演练时，其他组观察学习 2．参与：提高个人变换角色的能力 3．沟通：与他人分离观点与见解 4．分析：获得更多的沟通知识并解决问题
教师任务	1．给出沟通前提 2．点评沟通效果
实训评价	对小组活动打分

【参考答案】

一、单选题

1～5 A C C B B

二、判断题

1～5 × √ × × × 6～8 × √ ×

学习任务二 发挥领导作用

4.2.1 学习导入

三个 20 世纪 60 年代名牌大学的大学生，毕业后各奔前程，少有来往，某天在党校学习时不期而遇，想不到由于工作的需要，他们都被推上了领导岗位，分别在三个局担任局长工作。B 约 A、C 两位老同学星期日到家一叙。老同学聚会，自然而然地谈起了各自走马上任后的情况。

A 说，他上任后做的第一件事是，分头召集机关处室负责人的座谈会，通过这种座谈形式，让大家了解自己，也使自己熟悉各处室负责人，从而对局内的整个情况有个大概了解。B 与 A 的情况不同，他选择的第一件事是，与局领导班子的其他成员逐个谈心，向他们了解局里的情况，同时也谈了自己新上任的一些想法，借以沟通思想，使彼此有所了解，为今后顺利开展工作打下了基础。

C 走马上任后的第一件事是，通过多种渠道，采取各种形式，广泛地开展调查研究，在较短的时间内，基本上掌握了该局的历史、现状，以及当前面临的问题，同时与上下左右沟通了思想，建立了感情，密切了相互之间的联系。A与B两人对C的做法很感兴趣，C接着说，他上任后的第二件事是，要求全局各处室，群策群力，拿出“两制一规范”的方案。所谓“两制”，就是岗位责任制、奖惩制；所谓“一规范”，就是职位分类规范。C亲自挂帅抓这项工作，他与各处室领导密切配合，分工合作，出主意，想办法，制定了岗位责任制，奖惩制，职位分类规范。使大家明确，局机关是为基层服务的，通过“两制一规范”的制定，使局机关全体成员各司其职，各负其责，减少了扯皮现象，克服了官僚主义，提高了工作效率，做到优胜劣汰，奖罚分明。这样，逐步建立起一支素质好，技术过硬，清正廉洁，效率高，有实绩的干部队伍。C上任后的第三件事是，提议创办一张（快讯）小报，他与大家一起讨论办报方针和信息输入、信息输出渠道等事宜，通过讨论使小报编辑人员明确，这是一张信息快报，要求编辑人员把从国外书报杂志中看到的有关新技术、新知识、新书目及时传递，其中，涉及经济、科技、规划、管理等新动向的信息，要及时反映给局领导。

（资料来源：http://wenku.baidu.com/view/d4f40e3143323968011c9206.html）

4.2.2 相关知识

什么是领导？对于这样一个众所周知的名词，管理学有着许多不同的解释，例如：

领导是对组织内群体或个人施加影响的活动过程。

领导是一门促使属下充满信心、满怀热情来完成他们任务的艺术。

领导是影响人们为达成群众目标而努力的一种行为。

领导是一种说服他人热心于一定目标的能力。

领导是一种影响过程，即领导者和被领导者个人作用与特点环境的相互作用的态度过程。

把上面各种表述归纳起来，对领导的实质个进行如下的表述：领导是指引到和影响个体、群众或组织，在一定条件下实现所期望目标的活动过程。领导是一门科学，是探索领导者、被领导者、环境三要素如何相互作用的科学；领导又是一门艺术，是寻求如何达到领导者、被领导者、环境三要素和谐统一的艺术。

领导者和领导不同，领导者是组织中的一种角色或职务，是在领导过程中承担指引任务或发挥影响作用的个体。领导者在被领导者、环境等三要素中居核心地位，他的行为对被领导者具有支配和强化作用，他的素质和领导水平是企事业单位成、进退的关键。在企业中，领导者是企业的法人代表，是职工利益的代表者和维护者，是信息的使用者和传播者。

另一方面，领导与管理也有差异（如表4-2所示）。根据我们对领导的定义，领导者（如非正式领导）可以不是管理者，管理者也可以没有任何管理职能（如一个没有下属企业的小型财务经理），但在任何一个组织中，领导者或管理者都无法绕过领导这个话题，也就都在不同程度上行使着领导的职能。

4.2.2.1 领导的功能与作用

领导者在群众中起关键的作用，一个有效的领导者必须同时将工作领袖和情绪领袖两种角色集与一身。其主要功能表现在如下两个方面。

1. 组织功能

领导者领导群体成员采取一定的手段实现组织目标，就是组织功能。具体内容包括：

表 4-2 领导和管理的差异

管理	领导
◇重视稳定、秩序和效益 ◇关心工作如何完成，试图让人们做得更好 ◇管理者要求正确的做事 ◇管理的结果具有可预见性 ◇注重设置目标、安排计划、分配资源、监控结果、解决问题	◇重视灵活、创新和适应 ◇关心工作的意义和价值，试图就需要完成的重要事项达成一致意见 ◇领导者要求做正确的事 ◇领导的结果是组织变革 ◇注重提出未来远景和变革策略、对远景进行沟通解释、激励激发下属为实现远景而努力

（1）领导者遵循科学的决策程序。根据组织的需要和内外条件确立组织目标。

（2）建立科学的管理系统，以提高管理的科学性和有效性。

（3）合理的组织和利用人力、物力、财力，以保证组织目标的实现。

2. 激励功能

一个领导如果仅缺乏技术性知识与能力，还不足以危及他能否继续担任一个领导者，因为只要他能够充分发挥激励功能，调动全体职工的聪明才智来实现领导的组织功能，就可实现企业的组织目标。但激励功能必须由领导者自身来完成，不能借助别人的能力来完成。激励功能包括以下几个方面。

（1）提高被领导者接受和执行目标的自觉程度。个体行为是由需要和动机决定的，如果职工认为组织目标与自己无关，而把个人需要的满足作为目标，那么其工作表现肯定不好。领导者要把职工的积极性和创造性完全激发出来，必须设置能满足其需要、激发其动机的组织目标。一般情况下，个体目标与组织目标是不完全一致的，领导者的责任就是将组织目标的实现与满足个人需要统一起来，创造一种组织环境使职工加强对组织目标的感性认识，从而提高职工接受和执行目标的自觉程度。

（2）激发被领导者实现组织目标的热情。将组织目标的实现与满足个人需要统一起来，可以激发职工的积极性，但要使积极性持续不断地发挥，就要看领导者的个人感染力的大小。领导者与被领导者的相互影响是企业内部人际关系的一种表现形式。一般情况下，他们互相影响，但领导者起主要作用。因此领导者必须了解被领导者的需要结构层次，在领导行为作用过程中，不断有计划地确定不同时期的激励目标，借以激发职工持续不断的热情。

（3）提高被领导者的行为效率。被领导者的行为效率是指为实现企业目标所做贡献大小或能力的发挥程度。它也是鉴定领导行为优劣的主要依据，上面提到激发被领导者实现组织目标的热情及提高被领导者接受和执行目标的自觉性是有效行为的先决条件和重要前提。要提高被领导者的行为效率还有许多其他的影响因素，如企业内部的人际关系、规章制度、管理方式以及被领导者所从事的工作、在企业中所占的地位等，这些因素无一不受到领导行为的影响。领导者要提高被领导者的行为效率，必须通过自己的领导行为，从各个方面为被领导者创造有利于提高行为效率的物质环境和心理气氛。

【小资料】非线性系统公司。

非线性系统公司是美国一家制造数字仪表的公司。马斯洛曾以“访问研究员”的身份考察了这个公司的开明管理，并对其管理中领导方法的创举进行了描述和思考。

1960 年代，非线性系统公司的总裁安德鲁受马斯洛等人著作的影响，决定放弃五年来企业们对人性的那些偏见，全面尝试一种新设想。他放弃了流水线作业法，把工人们分成 3～9 人的小组，小组成员有很大的独立性，他们学会了从校对到测试的整个工作流程。公司选择小组作业法（工作团队），是因为小组能满足合群、联系和归属等人类的需要。计时器和喝咖啡的规定时间取消了，只要方便，工人们可以随时休息，但同时他们要对自己的工作结果负责。给予更大的自由和责任的哲学在整个公司得到推行。安德鲁把他的公司的命运寄托在这样一种信念上：一般人有着巨大的发展潜力，一旦给予他们重要责任，他们就会有更好的表现。

这个实验的第一个结果就是士气空前高涨，生产却一片混乱。3 个月后才恢复到采用流水作业时的水平。但不到 3 年，公司的销售额就增加了 1 倍，人均生产力约上升了 30%，补缺工人的数量则下降到全国水平的 1/4，顾客批评减少了 70%。一个没有想到的收益就是公司的灵活性。过去，要生产新的型号需要 8～10 个星期，而现在只需要 2～3 个星期就够了。

4.2.2.2 领导影响力

一个领导者要实现领导的功能及作用关键在于领导影响力。影响力是一个人在与他人交往中，影响与改变他人心理和行为的能力。影响力人人都有，但一般人与领导者影响力的作用是有差别的，领导者的影响力有着举足轻重的作用。

从影响性质来看，可将其分为强制性影响力、自然性影响力。

1. 强制性影响力

强制性影响力也叫权利影响力。这种影响力是社会赋予个人的地位、职位、权利等构成的。只有领导者才具有这种影响力，它的特点是影响力具有强迫性、不可抗拒性，并以外部压力的形式表现出来，被影响者表现为服从、被动，这种影响力的激励作用是有限的。构成权力影响力的要素有：

（1）传统因素。通常情况下，人们认为领导者不同于普通人，他们有权，有才干。这种观念逐步形成某种形式的社会规范，约束被领导者产生服从意识。这种影响力是领导职务本身给予的，一旦正式担任了领导，就会自然地获得这种领导者的力量，从而领导者的言行便具有了影响力。

传统因素使人产生服从感，包括领导者对上级的服从感及领导者要求下属对自己的服从感。

（2）职位因素。领导者在企业中担任的职务与地位不同，其产生的影响力也不同。领导者的职位越高，权力越大，产生的影响力就越大，别人对他的敬畏感也就越甚。职位因素造成的影响力与领导者本身的素质没有关系，它是社会组织赋予领导者的力量。

（3）资历因素。领导者的资格与经历也是造就影响力的重要因素。在领导者实现其领导行为之前，资历的影响力就存在着。资历是历史的产物，它反映一个人过去的生活阅历与经验，一位资历较深的领导者会使被领导者产生敬重感。

以上影响力都不是领导者实际行为造就的，而是外界赋予的，它们的核心是权力。

2. 自然性影响力

自然性影响力也称非权力影响力。这种影响力没有正式规范，没有上级授予形式，是自然产生的影响力，它强调的是顺从与依赖。

（1）品格因素。指反映在领导者一切言行之中的道德、品行、人格、作风等。优秀的品格会给被领导者带来巨大的影响力，它是一个人本质的表现。好的品格可以使别人产生敬重感。品格因素是非权力影响力中最重要的因素。无论职位多高，能力、知识多优秀，领导者倘若品格出现问题，那他就不具有任何影响力。

（2）能力因素。领导者的才干、能力能给企业带来成功的希望，能使人们产生敬佩感。领导者有与职位相称的能力，对正确决策、提高工作效率、顺利完成目标有着重要的作用。这里的能力不单反映领导者能否胜任自己的工作，而且反映工作的结果是否成功，它是通过实践来表现的。

（3）知识因素。知识是一种最宝贵的财富，知识本身就是一种力量。具有广博知识的领导者容易取得人们的信任，使领导者产生影响力，使人们产生信赖感。知识水平的高低主要表现在对自身和客观世界的认识。现代企业中要求领导者树立在行政工作及生产指挥中的真正权威，为此领导者必须提高其业务知识能力。勤于学习，善于学习。领导者的知识面要广，除了专业知识外，其他各种各样的知识也是要学习和掌握的。

（4）感情因素。感情是人们对客观事物（或人）的反应。领导者在实现领导行为的过程中，会同下属产生一定的感情关系，或亲密，或疏远等。领导者与下属建立了好的感情关系，下属就会产生亲切感，相互之间的影响力也就大了。感情因素在非权力影响力中起的作用是很大的，领导者要使决策变为职工的自觉行动，如果没有感情影响力，仍然不能最大限度地发挥领导者的作用。因此，领导者要十分注意与被领导者的感情关系。

上述非权力影响力都是领导者自身的素质与行为造就的，它与权力无直接关系，这种影响力对别人产生的心理影响是自然的，较强制性影响力更有力量。

那么如何提高领导的影响力呢？对一个领导者来说，提高自己的影响力应从如下几个方面着手：

1. 合理、合法地运用组织赋予的权力

权利是领导的象征，拥有了权力，就拥有了一定的影响力。但一个领导者如果不是为组织的利益使用权力，而是以权谋私，滥用权力，其非权力影响力必然建立不起来，并且其权力影响力也会大打折扣。要想建立权力影响力，必须合理、合法地运用组织赋予的权力。为此要做到：

（1）大公无私，自觉地为人民服务，为人民谋利益。

（2）奖罚分明，一视同仁，人人平等，不能拉帮结派，打击异己。

2. 注重修养，以身作则

在领导者的非权力影响力形成的过程中，品格是第一位的因素。一个领导者只有具备了优秀的品格才能为下属所敬仰，为下级所尊敬。这就要求领导者必须严格要求自己，时时处处带头示范，以身作则。一些领导干部在实践中体会到：要当好一个领导者，就应做到“要群众做到的自己先做到，要群众不做的自己绝不做”。这可以说是领导者树立非权力影响力的座右铭。

3. 努力学习，丰富知识，提高能力

在现代社会中，领导者必须具备丰富的知识和高超的能力，否则就完不成管理任务。从领导非权力影响力的形成来看，领导者必须具备丰富的知识和卓越的能力，这样才能为下级所佩服和信赖，才会相信其指挥的正确性，自觉地服从其领导。所以，领导者必须努力学习，不断地汲取新知识，增长才干，提高能力。

4. 密切联系群众，与群众打成一片

一个人的权力再大，能力再强，如果高高在上，脱离群众，也会成为孤家寡人，得不到群众的支持和拥戴，这样就难以带领群众一起奋斗，难以形成强大的非权力影响力，提高影响力。因此，领导者必须重视联系群众，主动地与群众、与下级交流感情，与他们打成一片。只有这样，人们才会诚心诚意地拥护并支持你，上下齐心地实现组织的目标。

【小资料】领导特质理论。

管理心理学家对领导的有效性问题进行了长期的研究，发现有一组能用来识别领导者是否具有成功的特质，即领导者个人所具有的品德、能力、知识、修养和领导艺术等。

美国学者西拉季等人提出了六类特质论，认为领导的特质可分为六类：体质特征、社会背景、智力、性格、与工作相关的特征和社会特征。如表 4-3 所示。

表 4-3　研究领导者特质的实例

体质特征	社会背景	智力	性格	与工作相关的特征	社会特征
年龄	教育	判断力	独立性	成就的需要	领导能力
体重	灵活性	果断性	自信	创造性	合作精神
身高	社会地位	说话流利	支配、依赖	坚持	与人共事的技巧
相貌	同事关系	进取性	进取性	责任的需要	正直诚实
			急性、慢性	对人的关心	权力的需要
				对成果的关心	

美国普林斯顿大学教授鲍莫尔则认为，企业领导者应具有下列十大条件（十大条件论）。

（1）合作精神。愿意与他人共事，能赢得别人的合作，对人不用压服，而用说服和感服。

（2）决策才能。能根据客观实际情况而不凭主观想象作出决策，具有高瞻远瞩的能力。

（3）组织能力。善于发现下级才智，善于组织人力、物力、财力。

（4）恰当授权。能把握方向，抓住大事，而把小事分散给下级去处理。

（5）善于应变。能随机应变，不墨守成规。

（6）敢于负责。对国家、职工、消费者以及整个社会都有高度的责任心。

（7）勇于创新。对新事物、新环境、新技术、新观念，都有敏锐的感受力。

（8）敢冒风险。有雄心，对企业发展不利的风险敢于承担，能开创新局面。

（9）尊重他人意见。能听取别人的意见，并能汲取合理的意见，不狂妄自大，能器重下级。

（10）品德超人。品德为社会和企业内的人所敬仰。

4.2.2.3　领导的艺术

领导艺术就是寻求领导者、被领导者和环境三要素之间的和谐统一，它是领导者的学识、智慧、胆略、经验的综合反映，是领导素质的外在体现。

小案例：老虎的孤独。

作为森林王国的统治者，老虎几乎饱尝了管理工作中所能遇到的全部艰辛和痛苦。它终于承认，原来老虎也有软弱的一面。它多么渴望，可以像其他动物一样，享受与朋友相处的快乐，能在犯错误时得到哥们儿的提醒和忠告。

它问猴子：你是我的朋友吗？猴子满脸堆笑着回答：当然，我永远是您最忠实的朋友。

既然如此，老虎说，为什么我每次犯错误时，都得不到你的忠告呢？

猴子想了想，小心翼翼地说：作为您的属下，我可能对您有一种盲目崇拜，所以看不到您的错误，也许您应该去问一问狐狸。

老虎又去问狐狸。狐狸眼珠转了一转，讨好地说：猴子说得对，您那么伟大，有谁能够看出您的错误呢？

和可怜的老虎一样，许多主管也时常会体味到高处不胜寒的孤独。由于组织结构上的等级制度，主管和部属之间隔着一道深深的鸿沟。所有的部属对你的态度，都像对待老虎一样敬而远之，因为：指出你的错误容易，可万一你恼羞成怒，他们不是自取其祸吗？更何况，由于立场不同，有些部属不仅不会阻止你犯错，反而会等着看你的笑话！尤有甚者，个别员工可能等的就是你倒台的这一天，他正好可以取而代之。

想要部属指出主管的缺点或错误，必须满足三个条件：第一，他能确信自己得到好处；第二，他得足够勇敢；第三，作为主管的你，具有明辨是非的眼力和包容的胸怀。

1. 与人交往的艺术

领导者要善于与各种层次的人交往，其中包括与下级的交往、与同级的交往以及与上级的交往。

（1）如何与下级交往。与下级交往的关键是如何发挥下级的作用，最大限度地调动他们的积极性。要做到这一点，必须注意以下三个方面：

一是要正确地选人和用人。俗话说：“尺有所短，寸有所长。”人人都有长处和短处。作为一个领导者，就是要用人之长，也就是要学会选人。要保证人选合适，就要把所要完成的工作任务与所选用人才的长处结合起来。

二是如何用人。如果安排、使用不当，就是对人才的浪费。古今中外的领导者对用人的重要性都有深刻的体会。汉高祖刘邦在总结他所以能取得天下的原因时说：“夫运筹帷幄之中，决胜千里之外，吾不如子房；镇国家，抚百姓，给饷馈，不绝粮道，吾不如萧何；连百万之众，战必胜，攻必取，吾不如韩信。三者皆人杰，吾能用之，此吾所以取天下者也。”这说明领导者不一定要什么都比人强，但他必须具备过人的用人本领。

三是要尊重下级的职权。领导者对下级要恰当授权，授权之后要责权分明。属于下级权限内的事，领导者最好不要插手干涉，甚至代行其工作，而要让下级自主地去处理他分内的事。事必躬亲的领导者，是那种既没有工作效率，又费力不讨好的领导者。因此，聪明的领导者要充分地信任下级，遵守“用人不疑，疑人不用”的原则，这样才能充分调动下级的积极性。

（2）如何与同级交往。工作上，同级和自己是相辅相成的，工作是整体的表现。因此，在与同级交往时要本着“权力不争，责任不让，通力合作”的原则。一般属于别人职权范围内的事，决不干预；属于自己的责任，也决不推卸。与同级交往的最重要之处就是相互配合，而不是背后拆台。

（3）如何与上级交往。领导者也有上级。在和上级交往中，最重要的就是要尊重上级的职权，支持上级的工作。要善尽职责，凡是属于自己职权范围内的事，不要随便推给上级。另外，即使和上级的关系比较密切，自己也应掌握一定的分寸，不能擅自做主，不能越权代办。当然，更不能当着同级甚至下级的面批评领导。

2. 处事的艺术

“处事的艺术”是领导者最重要的领导艺术。领导者要提高自己的处事艺术，必须要做到以下三条。

（1）领导者要干领导的工作。领导是统帅全局工作的，处于主导和指挥的地位。如果领导事必躬亲，不仅会影响下级的积极性，同时又会挤掉自己本职工作的时间，势必造成领导者不干领导工作而把自己降为一般员工的状况。因此，领导者如能从大量的非领导工作中解脱出来，就取得了领导的主动权。

（2）要专心于正业。领导就是摆脱了非领导工作的领导，也还有大量的“急事”和“必办的大事”要去做。在这种情况下，领导者必须集中全力去干那些带有根本性的事情（正业），而不能做压力的奴隶。

（3）要有明确的先后顺序。要实现专心于正业，只有在其他工作得到妥善安排的情况下才能做到。擅长领导艺术的领导者每天的办事顺序表总是分为三类。

1）正事——必办

2）急事——马上办

3）普通事——按正常顺序办

办一件，了结一件，直到全部办完为止。天长日久，养成习惯，也就会使工作有条不紊，正常运转。

3. 掌握时间的艺术

时间是人的生命，效率是事业的生命。领导运用好自己的时间，是提高效率的关键。会用时间的人，对各种事情把握得很严，总是讲究掌握时间的艺术，在处理任何事情都要问三个能不能。

第一，能不能取消它？

第二，能不能与别的工作合并？

第三，能不能用更简便的方法取代？

也就是说，能不办的坚决不办，能合并的坚决合并，能用更简便方法的就用更简便的方法，这也意味着效率的提高和时间、精力的节省。

4. 谈话的艺术

谈话在领导者的工作中占据着重要的地位，它是领导者的一种主要的工作形式，是一门科学性与艺术性很强的工作。领导者在与下级谈话时要注意以下几点：

（1）善于激发下级讲话的愿望；

（2）善于启发下级言真情讲实话；

（3）善于就问题的实质进行谈话；

（4）善于将谈话内容引向深入；

（5）善于掌握批评的分寸；

（6）善于表达对谈话的热情与兴趣；

（7）善于克制自己，避免冲动；

（8）善于对付谈话中的停顿；

（9）善于把谈话中的公事与私事分开；

（10）善于透过现象看本质。

5. 奖励的艺术

奖励作为有益行为和工作成绩的肯定鼓励，是一种正强化的激励手段。奖励手段运用得越好，劳动者积极性发挥就越充分，就会带来更高的经济效益。

奖励是一种艺术，一般要特别注意处理好以下几个方面的问题：

（1）差别性问题。现代心理学的研究成果表明，劳动者需要的满足包括客观上（外在）的满足和观念上（内在）的满足。客观上的满足要成为观念上的满足才能达到真正的满足，而观念上的满足是在群体差别相对值的比较中产生的。职工受到奖励，不仅关心奖励的绝对值（如奖金的数额和荣誉的规格），而且更关心奖励的相对值（与群体其他成员所受的奖励相比），并以此来估摸自己在企业中的实际地位和真正形象。如果职工发现自己所受的奖励高于贡献比自己小的职工，便会从中得到安慰和满足；如果发现比自己贡献小的职工所受的奖励与自己差别不大，或者一样，甚至超过自己，即使他所得奖金的绝对值很高，观念上仍然不会感到满足，反而认为吃了亏。吃亏心理表明奖励产生了反作用，抑制了积极性的发挥。由此可见，受奖者的满足程度，在很大程度上取决于给予奖励的方式和所形成的差别境界。因此，奖励一定要坚持奖勤罚懒的原则，造成尽可能明显的差别，使受奖者获得尽可能高的满足，并促使非受奖者向受奖者看齐靠拢。

（2）社会性问题。奖励并不是企业领导对职工的恩赐，而是企业和社会对职工有益行为和工作成绩的肯定性评价。因此，奖励不能冷冷清清，应造成社会声势，努力形成相应的社会心理环境和推动力，促使每个职工奋发向上。

（3）现实性问题。企业每个职工都有为企业做贡献的义务，也有受奖励的权利。因此，企业应为每个职工提供受奖励的均等机会，做到企业所有职工，不论过去表现如何，不论担任何种工作，只要做出现实贡献，都可受到相应的奖励。要强调现实性，这样才能使所有职工都感到企业时刻在关心每个职工的进步，从而强化职工和企业的感情联系。

（4）结合性问题。劳动者的需要，包括物质需要和精神需要两个方面。因此，奖励必须坚持物质奖励与精神奖励相结合。这样才能使受奖者在得到实惠的同时，感受到企业对职工的关怀、期望、鼓励，增强企业的凝聚力。

（5）层次性问题。职工的需要具有层次性，奖励应当针对职工不同的优势需要，因人而异地进行。例如，有些职工更需要增加收入，有些职工更希望得到荣誉，有些职工更渴望发挥才能。奖励只有满足了职工的优势需要，才是奖到了点子上。企业领导者应当善于运用这种奖励技巧，努力提高奖励效果。

6. 掌握火候艺术

如何掌握领导活动的“火候”和“分寸”，这是一种很重要的领导艺术。

（1）左右之间。当条件不具备或不成熟，领导者硬要开展某项工作，硬要实现某种目标，就会犯“左”的错误；当条件已经具备或已经成熟，领导者还不敢于开展某项工作，还不敢于实现某种目标，又会犯“右”的错误。领导工作要避免忽左忽右，往往是在左右之间见艺术。例如，搞社会主义经济建设，既不能像过去那样急于求成，但对一些经过努力能够做到的事，也不要过于求稳，无所作为，贻误时机。搞活经济是对的，但必须在计划的指导下搞活。“管而不死，活而不乱”，这才是适度，才是恰当地掌握了火候和分寸。

（2）冷热之间。领导工作一定要避免忽冷忽热，要保持“正常温度”。温度偏高就是头脑发热，容易刮热风，不分青红皂白，催人上马；温度偏低就是头脑发冷，容易刮冷风，不分青红皂白，下马为贵。这两种做法都是不讲客观条件，不作具体分析，千篇一律，千人一面，不符合实际情况，因而是错误的。因此，领导工作往往是冷热之间见艺术，要做到不冷不热，才能达到恰如其分的要求。

（3）动静之间。变动是绝对的，静止是相对的。领导工作要讲究动静之间的艺术。看准的事一抓到底，不要轻易变动；但又不要思想僵化，随着事物矛盾的发展，又要作出适度的变动。动中有静，静中有动，领导者应当掌握动静的辩证法。

（4）快慢之间。办事情是快好还是慢好？这不能一概而论。快与慢也要适度，要有节奏。在办事过程中，有的环节要快，有的环节要慢。因此，该快则快，该慢则慢，要快慢适宜，领导工作往往在快慢之间见艺术。

（5）争让之间。研究和处理某些实际问题，往往出现七嘴八舌、相持不下的现象。遇到这种情况怎么办？领导工作往往就在争让之间见艺术：大事要争，小事要让。不能遇事必争，也不能遇事皆让。该争的不争，就会丧失原则；该让的不让，就会贻误工作。领导者必须做到争让适宜，否则会出现所谓阻塞、搁浅的现象，这是领导工作之大忌。因此，讲究争让艺术是十分重要的。

总之，领导艺术的形成和发展，是由许多复杂因素构成的，它除了智力水平、创造经验、对事业态度等个人因素外，还会受到组织环境中所存在的变数，如目标的明确性、民主气氛、工作的扩充、专业的混合、成员是否参与决策、奖惩结构、组织内的相关群体等的影响。作为领导者，在发挥领导艺术时应将诸多因素考虑在内。

【课堂训练】特德·特纳的领导特质。

特德·特纳（Ted Turner）桌上有一句座右铭："要么领导，要么服从，此外别无他途"。特纳很显然选择了领导。他把一生的精力投入到一次又一次的大胆冒险中，在所有的权威都认为他必败时，却获得了一个又一个的成功。

1963 年，特纳 24 岁时开始经营家中濒临倒闭的广告牌企业。短短几年就使企业有了明显转机。随后他购买了亚特兰大的一家独立的小型电视台，并自负地为其取名"超级电视台"。一年之后，他又买下了亚特兰大的勇敢者棒球队，当时这是一支屡战屡败的球队，但这使他自己的电视台除了重播那些早已过时的影片之外，还有了一此致可实况播出的内容。此后，他把最新的卫星转播技术与尚未开发的有线电视市场相结合，从而使超级电视台取得了极大的成功，而勇敢者棒球队也于 1992 年跻身于世界强手之列。

1981 年，特纳认定 24 小时新闻直播必有市场。尽管当时没有一个人赞同此看法，他还是倾其全部财力创立了有线电视新闻网（CNN）获得了令人难以置信的效益。尤其是对 1991 年海湾战争的报道更是赢得了无数赞誉。1986 年，特纳又一次投赌，买下了联合艺术家电影图书馆。与以往一样，批评家们都认为他是个傻瓜，但他再次证明了批评家们的错误，他的有线电视台因上演经典影片而获得了巨大成功。

发现别人看不到的机遇和大胆追求成功的能力，使特纳明显区别于一般的企业经理。正是这个人，希望自己像水手一样证实自己的价值，驾驶着自己的小舟在 1979 年美国世界杯上取得了成功；在 20 世纪 80 年代为了促进世界和平而创办了友好运动会，使美国和前苏联运动员进行了奥林匹克的竞赛；1993 年 1 月被《时代》周刊授予"本年度先生"的称号。

讨论：你认为特纳身上具有哪些领导特质？

4.2.3 学习自测

一、单选题

1．领导的作用表现在（ ）方面。

A．组织与激励 B．指挥与强迫 C．功利与私欲

2．领导的个人魅力在领导影响力因素中属于（ ）。

A．知识因素 B．品格因素 C．情感因素

3．体现领导者自然影响力的因素是（ ）。

A．职位因素 B．情感因素 C．资历因素

4．下列属于领导者性格特质的是（ ）。

A．社会地位 B．自信与独立性 C．教育程度

5．合作精神体现的是领导者的（ ）特质。

A．社会背景 B．体质特征 C．社会特征

二、判断题

1．领导的艺术就是要求领导圆滑处事，不得罪人。（ ）

2．领导是权力的象征，所以要当好领导，就是要充分控权，不能给别人机会。（ ）

3．管理就是领导。（ ）

4．领导是一门促使下属充满信心、满怀热情来完成他们任务的艺术。（ ）

5．领导者既是组织中的工作领袖，也是组织中精神领袖。（ ）

6．管理的结果具有不可预见性，而领导的结果是组织变革。（ ）

7．领导者的个人品德和言行体现了领导者影响力中的能力因素。（ ）

8．尊重下级的职权就是要充分信任下级，对下级的工作情况可以完全放手不管。（ ）

三、简答题

1．如何提高领导的影响力？

2．管理者的影响力表现在哪些方面？

3．管理者应具备哪些个人素质？

4．简述管理与领导的区别。

4.2.4 案例分析

诸葛亮挥泪斩马谡

公元 228 年春，诸葛亮领兵北伐曹魏。蜀军兵精将勇，号令严明，加上攻敌不备，一时之间关中大震，形势对蜀军有利。魏明帝曹睿坐镇长安，派名将张郃引兵西拒蜀军。街亭成为两军必争的关隘之地。蜀将马谡熟读兵书，谈起军事理论头头是道，能与诸葛亮大谈兵法，深受诸葛亮赏识。

当时，马谡任军事参议官。他主动向诸葛亮请缨，并立下军令状，作为先锋驻守街亭。但马谡好纸上谈兵，又刚愎自用，十分骄傲和固执。他既不遵循诸葛亮的部署，也不理睬副将王平的劝阻，弃城不守，舍水上山，建寨驻守。魏军张郃先将蜀军包围在山上，切断

水源和粮道。蜀军大乱，马谡斩了几个临阵退缩的士兵，严厉约束，也难以稳住军心。断水几天后，张鸽再督军大举进攻，蜀军大败，马谡逃走，街亭失守。结果蜀军攻魏的进军路线被堵，丧失了迅速大兴进攻魏国据点的有利时机，诸葛亮只好引兵回蜀，第一次出兵祁山终告失败。

战后，诸葛亮论功过行赏罚，欲斩失街亭的马谡。蒋琬求情："天下未定，杀戮智谋之士，岂不可惜吗？"诸葛亮流着泪回答："孙武之所以能够无敌于天下，在于执法公正严明。如今大事未了，战争不过刚刚开始，这因人而使军法受到破坏，那么我们用什么讨伐曹魏呢？"诸葛亮挥泪斩马谡之后，对在街亭之战中有功的王平予以封赏。

诸葛亮忆及刘备逝世前所言"谡言过其实，不可大用"，又对比街亭之战，引咎自责。他上书后主刘禅，自贬三级，并做了检讨。从此加紧在蜀治政整军，以备再次北伐。

思考：

（1）作为领导者，诸葛亮失误在何处？有哪些可取之处？

（2）你认为诸葛亮是一位成功的领导者吗？为什么？

（资料来源：张中华．管理学通论．北京：北京大学出版社，2005）

4.2.5 实训项目

表 4-4 实训名称：领导的艺术

实训目的	了解领导者在组织领导的过程中如何艺术性地发挥作用
实训条件	教室
实训要求	要求学生分组，推举一名同学担任领导者，组织学生开展清洁卫生活动，拿出具体方案
教师任务	分析活动方案实施中的领导艺术性
实训评价	成员和老师分别给"领导者"打分。

【参考答案】

一、单选题

1～5 A B B B C

二、判断题

1～5 × × × √ √ 6～8 × × ×

学习任务三 提高预见能力

4.3.1 学习导入

所谓预见，有两层意思：一是指根据事物的发展规律预先料到将来。如《史记·龟策列传》中："卜筮至预见表象，先图其利"。明代王鏊的《震泽长语·杂论》中："营洛之议，若预见有靖康之祸者，其谋虑之深长可知"。艾青的《光的赞歌》诗句："这种光洞察一切，预见一切，可以透过肉体的躯壳，看见人的灵魂。"；二是指能预先料到将来的见识。如柳青的《铜墙铁壁》第十九章："战事完全按照毛主席的伟大预见发展了。"周恩来的《关于当前民主党派工作的意见》一文中："在革命战争和阶级变化的发展上，需要我党有领导的预见，但证实这个预见的正确，还需动员全党领导群众在实际工作中循着这个预见的方向努力奋斗。"

这个世界上，人人有眼睛，但有眼光的人太少了。机会是给有眼光的人准备的，只有比别人眼光看得远一些，才能真正看准机会，发现机会。机会又是稍纵即逝的，只有抢占先机，才能胜券在握。

预见能力，对一个人来说，非常重要。预见能力是一个成功的创业者必备的能力。它会为人的前进指明方向。可以说，预见能力是成功的指南针。

预见能力，对于一个领导者来说，就是者的思维品质必须具有预见性。在任何一个组织中，领导者思考问题都是要比一般群众想得远一些，对组织的发展方向、运作模式、利益目标等重大事项进行超前的推理和预测，以带领组织获取丰厚的利益并最终走向成功。

（资料来源：张中华．管理学通论．北京：北京大学出版社，2005）

4.3.2 相关知识

所谓领导者思维品质的预见性，就是指领导者根据事物的发展特点、方向、趋势所进行的预测、推理的一种思维能力，是思维能动性的表现。

领导者思维品质的预见性并不是与生俱来的天赋和灵性，而是客观事物在头脑中主观反映的产物。马克思主义者认为，事物的发展不是杂乱无章的，而是有序的，是有规律可循的。事物发展的规律规定了事物发展的方向和事物发展的趋势，人们不但可以认识、推测对象的过去，还可以对对象的未来进行科学的预测。同时，客观事物之间存在着普遍联系，具有前后相继的特点，人们可以由此及彼地、多角度、多维地看待问题，从而提出问题，分析问题，解决问题。

4.3.2.1 预见性思维的类型与特点

1. 预见性思维的类型

从领导者思维成果的新颖度来看，思维品质的预见性一般可分两种类型。

（1）经验性预见。即领导者根据自己工作经历所积累下来的直接感觉和经验所作的预见。经验性预见缩短了从认识到实践这一转化过程的时间，在日常生活和低层次管理中占有重要位置。但它具有表面性的特点，容易"一叶障目"或者"只见树木，不见森林"，仅仅看到外在的现象、事物的一部分，不能洞察其本质、顾及其整体，或者忽略一些新的变动因素，因此，在领导工作中，很难做出最优决策，难免带来损失，它属于一种初等的、低层次的预见。

（2）创造性预见。它是一种能预见到前人所未能预见到的思维品质，是预见性思维中较高层次的预见。由于事物未来走向并没有固定的模式和必然的结局，而是随着客观现实的变化而出现不定的状态，特别是随着经济体制改革和政治体制改革的不断深化，领导者必然面临大量的新情况、新形势，从而需要解决领导工作中不断涌现的新问题、新矛盾，这就要求领导者要以灵活和发展的眼光考察未来，创造性地估计未来发展趋势和变化前景，以便用来规划未来或对现在的管理模式、管理手段进行调整，使领导工作按比较优化的方式向前发展。

2. 预见性思维的特点

与其他诸如逻辑思维、形象思维、创造思维、发散思维等思维形式相比，预见性思维有它独特之处，具有如下特点：

（1）或然性（可能性）。领导者预见性思维的指向是未来，是对未来的思考与分析，而未来对于现实来说，仅是一种趋势或可能，这种趋势或可能在将来有可能发生而成为现实，也可能不成为现实。所以，领导者的预见性思维只是一种或然性思维，切不可把预见性结果等同于未来。它是一种在立足于现实的规律性基础上，对未来的各种可能性进行分析的思维过程。

（2）模糊性。领导者的预见性思维既然是对领导活动的各种可能性的预测，它也就必然具有模糊性，具有这样或那样的不确定性。未来对于现实来说还只是一种可能和发展的趋势，没有成为现实的事物，必然具有不确定性，预见性思维的模糊性表明这种思维的不完全性。领导者可以将其作为思考问题、处理问题的一种手段，而不能用以取替其他思维的形式。

（3）随机性。预见性是对未来可能出现的某种趋势的预测与假定，这种预测和假定能否按照领导者的预测而正常成为现实，尚要依赖于一些客观情况。领导者所作出的预见性、前瞻性探索，由于外界环境或所处理事务的客观条件的变化，可能不完全按照领导者所预见的而发生，并成为现实，而只是以另一种形式表现出来，或者只是部分地表现出来，这即为领导者对未来预见所表现出来的随机性。

（4）灵活性。领导者的预见性思维一旦对未来的发展可能进行了设想，就会对正在进行的领导实践和领导行为起指导、调节作用。但这种对未来领导实践的预测并不是固定不变的，它随着对现实指导所引起的现实改变而自我调整，相对于其自身来说，具有能动性，以不断提高对未来预见的准确性和科学性。

【课堂训练】李兆基的超凡预见力。

作为地产界的“大哥大”李兆基，他的成功就是建立在非凡的预见能力基础上的。

1948 年，李兆基只随身带着 1000 港元，来到香港。最初，他在文咸东街荣昌金号等几家金铺做外汇黄金买卖，之后又经营过五金。1956 年，李兆基抓住香港经济复苏的机遇，与郭得胜、冯景禧等 8 位股东组成永业公司，首次投入地产生意，购入沙田酒店经营，并初获成功。1963 年，永业企业改组为新鸿基企业有限公司。“新鸿基”是在“永泰建业”公司基础上形成的。“新鸿基”的“新”，指冯景禧自己开办的新禧公司，“鸿”指郭得胜的鸿昌合记，“基”就是李兆基。“新鸿基”最初规模很小，职员只有 10 多人。公司专门经营地产以及金融投资，广购地皮，兴建楼宇，称为当时的“地产三剑侠”。1972 年，新鸿基地产股票上市，其后发展为香港实力雄厚的地产集团。新鸿基的成功，使李兆基倍添信心，决心凭借自己的能力独自另创一番事业。1973 年，他看准香港物业以及土地价格大跌之际，以其精明果断的眼光，不断地收购楼宇地盘，独自成立了恒基兆业有限公司，大举进军房地产，并于 1981 年上市。

恒基兆业初时股本 1.5 亿元，只拥有 20 个地盘，到 1993 年，在港九新界共拥有近 600 个地盘。如今，李兆基已成为香港超级富豪，是香港地产界叱咤风云的人物，他旗下的恒基兆业地产有限公司、恒基兆业发展有限公司、香港中华煤气有限公司、美丽华酒店有限公司及香港小轮（集团）有限公司等五家上市公司，拥有市值超过 700 亿港元的庞大资产。特别是近二三年来，李兆基更是异军突起，业务窜升，越发展越高，其财富总额估计已超 85 亿美元。1997 年 2 月，李兆基已位居前几位。李兆基的成功经验是什么呢?

李兆基的座右铭是：“先疾后徐，先声夺人，徐图良策。”他认为成功不可缺少的要素是培养自己的预见策划能力。他十分注重学习和研究，广泛吸收知识，使自己有灵活的头脑。所以，他事前准备工作往往做得相当充分，这使他的眼光每每都比别人更敏锐、更长远，因而也就能先行一步，博得“眼明手快，先声夺人”之誉。

讨论：李兆基的预见力属于哪一种预见力？

4.3.2.2 预见性思维的障碍及负面效应

对于一个领导者而言，思维品质的预见性不仅受到社会发展客观规律的制约，而且受到自身素养、性格品质的限制，同时领导者心理因素中的消极面对预见性思维的影响也很大，领导者要尽量避免因其所造成的预见偏向，特别要注意以下几种心理的负面效应。

1. 心理定势

它是一种先期的认识对后来工作影响的心理现象，是对预见性思维的一种障碍。心理定势易使人按照一种固定的倾向去反映现实，造成思维刻板化、模式化，妨碍思维的灵活性。如有的领导工作方法几十年一成不变；有的领导在心理上唯书、唯上占主导地位，类似“收发家”、“传声筒”，缺乏主动性、自主性、创造性。他们都不能根据具体情况进行具体分析，相机而动，常会在变动的环境中墨守成规，固步自封，而不讲究领导艺术，而致使领导方式不符合实际情况。

2. 时尚效应

它是指对当前社会事物的一种向往和崇拜的从众心理现象。在追求时尚的社会风气的影响下，有些领导者往往停止自己的独立思考，盲从社会大潮，接受多数人所热衷的东西，来获得心理满足。如在商品经济大潮的冲击下，有的领导只讲经济效益，而忽视社会效益和教育效益；又如一些学校领导看到别人大办工厂，却不根据自身实际，纷纷破墙开店，盲目上项目，致使负债累累，影响学校工作的开展和教学秩序的正常进行；也有的企业领导，不具备长远眼光，只盯住当前的产品市场，放弃具有发展潜力产品的生产，转而改弦更张，生产时下流行但寿命短的产品，致使工厂失去自身产品特色而失去市场竞争力，“邯郸学步”而忘其本原。

3. 情绪效应

根据心理学中的基本理论，情绪对人的社会知觉会产生很大的影响。那么，在领导者从事管理工作的过程中，本身所具有的社会性情绪对他们所做出的决策有显著的负面作用。由于长期的封建宗法制度的影响，致使“父子之情”、“乡土之情”、“朋友之情”等良好的情感有时会跑调，会被扭曲，出现过分注重个人感情，讲究人情味，形成偏颇、固执的心境。情绪效应的另一面表现，反映在容易感情用事，头脑发热，使思维失去了冷静和判断力，陷入混乱状态。如生活中常常看到有的领导凭一时冲动，头脑发热，独断专行，是非不分，黑白颠倒，从而给工作带来极大的损失。

4.3.2.3 培养预见性思维能力

在社会主义现代化建设和改革的实践中，领导者的预见性思维起着越来越重要的作用。它是领导者进行有效管理的前提，是科学领导的基本要求之一。科学的预见能避免和客观实际相背逆的决策盲目性，特别是当今社会生活节奏加快，各种情况瞬息万变，领导者只有具备远见卓识，站得高，看得远，才能适应这一新的时代，跟上时代的步伐。那么，领导者如何培养自己的预见性思维品质呢？

1. 拓宽预见背景

领导者的思维背景主要是指领导者所具有的知识水平、应用能力及思维方式、思想传统等，这些方面对领导者思维品质的科学预见产生重要影响。如果领导者知识面窄，观念落后，思想陈旧，就会对领导者的预见性思维活动产生消极影响。因而，领导者要尽可能多地提高自身素质，努力具备合理的知识结构、优良的智能结构、完整的素质结构，这样才能用战略家的高瞻远瞩的眼光，较准确地预见未来社会的人才需求、文化需求、经济需求，从而超前制定相应的对策并做出适当的规划，超前做好必要的调控准备。在预见背景中，马克思主义的科学世界观方法论尤为重要，它是解决一切问题的金钥匙，是认识世界、改造世界的唯一科学武器。

2. 增强角色意识

角色意识对思维活动具有定向、控制和调节的作用。领导者角色意识的强弱直接影响对工作预见性的效果。领导者的奉献精神、创新意识、"为官一任，造福一方"、"先天下之忧而忧，后天下之乐而乐"等领导角色意识的增强，有助于领导者提高发现问题、分析问题、解决问题的效率，激发领导者既有"近忧"，又有"远虑"，从而增强其工作的迫切感和创新意识，提高以后工作预见的有效性和决策的科学性。相反，如果领导者在处理问题、领导工作的过程中，缺乏较强的角色意识，"做一天和尚撞一天钟"，"多栽花，少种刺"，明哲保身，但求无过，或遇到问题能推就推、得过且过，甚至不闻不问，缺乏足够的角色意识，其领导工作能力、领导工作效率大打折扣，其领导艺术也就毫无预见性可言。

3. 掌握预测技术

科学技术的进步为预测事物的发展提供了工具和方法，如定性预测、定量预测、定时预测、概率预测等。领导者要掌握控制论、运筹学、数理统计等学科的基础理论与方法，了解预测的一般过程，如调查研究－可行性分析－可靠性分析，较准确地把握事物发展的动向，较优化地作出决策，从而在此基础上开拓事业，引导工作走上发展的最佳之路。

4. 发挥多元思维

由于预见只是一种模糊不定性思维，具有或然性，可能成为现实，也可能只是满意中理想化的状态，领导者要努力尽量使预见结果和事物发展趋势之间的差异最小，努力避免决策上的失误。因而就要求领导者要 全方位、多角度、多侧面来观察和思考问题，突破常规思维，敢于索异探怪，善于另辟蹊径。

另一方面，领导者要充分利用各种顾问、顾问组、顾问委员会等顾问机构，各种研究组、研究所、研究中心等研究机构，各种专业学会、协会、研究会等社会、群众团体，努力避免不切实际的预见。否则，不仅费工耗力、劳民伤财，还会给社会和组织带来不应有的损失。

5. 注重调查研究

认识来源于实践，而预见也不是空想的结果。凭空想象、闭门造车而进行的预测是毫无事实和实践根据的。领导者只有经常注重实际探索，深入基层中去，进行调查研究，及时了解实际情况，总结群众的实践经验，对客观事物不断进行分析、综合、比较，才能取得正确的认识，从而把握事物的当前走向，作出正确的判断，来指导工作，提高决策的可行性、科学性、实用性程度。

纵观之，在领导工作中，一方面领导者的工作环境对其效率和决策影响很大；另一方面，领导者本身应具有的素质则是领导过程中的决定因素。领导者是否具有预见性思维品质，是否能凭自己的知识水平进行科学管理，作出优化决策，才是领导工作成败的关键。所以，对现代领导者而言，要能摒弃原有的思想观念、管理方式，运用现代管理手段进行更加有效的管理，从而使组织机构始终处于高速、高效的运行之中。

组织的生存发展，要求管理者全面提高自己的预见能力。

（1）对组织外部情况的发展变化，要有先见之明：

诸葛亮不仅预料到了孟达的归附和准备进攻洛阳给自己北伐带来的有利形势，也预料到了曹睿重新起用司马懿可能给孟达造成的危害，只可惜孟达没有遵从他的谆谆告诫。

（2）对组织成员的整体素质以及财力、物力情况，要能准确地推断其发展前途，预见到采取某一行行动恶后果：

诸葛亮就是根据刘备集团的现状，预料到了先取荆州后取益州是完全可以办到的。刘备集团依照这一推断行事，果然与曹操、孙权鼎足而立。

（3）对自身的能力要有准确的估计：

这是困难的，但又是必须做到的。猛达由于对自己没有先见之明，麻痹大意，死于司马懿之手。诸葛亮对自己先见之明，所以在演义第四十五回刘备请身在吴营的诸葛亮同时，诸葛亮说："亮虽在虎口，安如泰山。"

【课堂思考】新加坡的战略预见。

进入21世纪的时候，新加坡正确提出了新的战略，即通过积极推行全球化战略、培养一批本土公司，在思想文化方面提高核心能力，在经济结构方面进行战略性的调整，以及扩大人力资源这五个手段，抓紧十年时间打造新的新加坡。

这个战略目标的提出是基于新加坡的现实考量。新加坡位于马六甲海峡一侧，是马六甲海峡控制国之一，由于这样的地利条件，新加坡较占地利，使得新加坡成为物流中心。在海运方面，亚洲 25%的海运集装箱转口是通过新加坡。马六甲海峡还是石油、海运的主要通道，也因此全球第三大炼油中心也在新加坡。因为这样的物流中心，要处理一些金融事务，加上新加坡政府的导向，新加坡也成为金融中心。一个钱、货币，加上物流，这种发展经济的方式，可以被称为投资驱动，投资驱动是新加坡前几十年发展经济的主要推动力、主要的方式。

但是，当进入21世纪时候，新加坡政府感觉到这种发展经济的方式有它一定的问题，主要是因为战略的环境发生了比较大的变化，太平洋沿岸，特别是随着中国经济的发展，中国也成为物流中心，随着香港的回归，中国也有金融中心，包括上海在内。中国发展经济的主要推动力也是投资驱动，比较而言，新加坡发展经济的方式和动力，已经不能体现它的优势，所以在这个背景下，新加坡政府的领导人提出了尽快从投资驱动转向创新驱动。

另一方面，将战略目标和实施手段进行有机整合，其战略目标不仅仅是局限于新加坡的本土。新加坡的面积比北京略大一点，北京是654.5平方公里，新加坡是697.1平方公里，但是，新加坡在战略方面的空间定位是 7 小时的飞行范围，都是它的经济腹地，也就是以新加坡为中心，画一个圈，飞行 7 个小时，包括东盟国家、澳大利亚、新西兰，也包括韩国和朝鲜，还有中国、印度、日本，都在其战略目标范围内。

新加坡同时还对它的战略周期作了科学预见。它是要用十年的时间打造一个新的新加坡，创造一个符合新经济要求的经济体系，来保持领先的优势。他们预见到，创新驱动的发展周期，从未来来看，有一个预见，是高技术产业的领头羊，在未来十年左右时间，将由生物技术产业来承担。也就是说，生物技术产业是高技术产业的带头羊，大概要用十年左右的时间，而不再是 IT 技术产业。正因为如此，他们决定用 10 年左右的时间来作为他们的战略周期。

按照这样的设想和定位，新加坡在生物技术产业方面得到了迅猛发展，在2000年左右的时候，其药业出口占非石油出口总额1%，但是去年已经达到了10%。

思考：新加坡政府的战略预见及所取得的成效对我国的发展有何启示？

4.3.3 学习自测

一、判断题

1．领导的预见性思维具有必然性。（ ）

2．领导根据自己的工作经验对未来做出的预见属于经验性预见。（ ）

3．领导者一般是一个组织中的优秀者，因而其预见性思维也是科学的。（ ）

4．学校领导“破墙开店”的预见行为反映了领导思维的情绪效应。（ ）

5．领导者的角色意识对其预见性思维具有定向、控制和调节的作用。（ ）

二、简答题

1．预见性思维具有哪些特点？

2．领导的预见性思维障碍及负面效应表现在哪几个方面？

3．如何培养领导的预见性思维能力？

4.3.4 案例分析

伊万，变革的先锋

预测和找出外部环境的变化，做出准确的业务定位，实现盈利目标，并保持持续盈利，这种能力就是所谓的“商业敏锐力”。这正是美国电信巨头Verizon公司的首席执行官伊万·塞登伯格（Ivan Seidenberg）在其事业发展早期培养起来的一种技能。他的职业生涯是从纽约电话公司开始的。当时的伊万·塞登伯格是一个蓝领电线工人，主要从事维护和修理工作，但很快他就升入了管理层。通过从事一系列不同工种和逐渐复杂的工作，他磨炼了自己洞察外界变化的能力。在奈恩克斯（NYNEX，纽约电话公司的继承公司）担任联络员期间，他曾负责与国会、协会，还有华盛顿的政策监管者沟通联络。这些经历扩展了他电信行业的相关知识，也帮助他从不同的角度看问题。重构问题的能力让他能够从无线公司、政策制定者、互联网提供商、技术人员、有线公司等各方的角度观察世界，这种视角对于如何在电信业频繁的风暴中顺利航行至关重要。2004年，伊万·塞登伯格做出了其职业生涯中最大胆的一个举措——投资20亿美元，作为首期款将光纤电缆连接到消费者的家中。这只是一个更加宏伟计划的开始，它将会把Verizon公司的未来和光纤紧紧联系在一起。

在做出这个决定时，伊万·塞登伯格已经将Verizon公司的市场定位，重新制定为做最大的无线供应商之一，从而超越了原来的有线服务供应商角色。技术和消费者习惯继续变化，在“内容为王”之后，宽带有线开始变得重要起来。伊万·塞登伯格不仅能够清楚地认识到，通过光纤电缆传播的宽带将成为消费者愿意为之付费的重要沟通服务，他也具有足够的勇气将想法付诸行动。但对于有些人来说，这样的举动过于大胆，他们回忆起几年前电信泡沫破灭时的状况，认为这些行动太冒险，会对盈利能力造成负面的影响。但在伊万·塞登伯格看来，顾客对于速度、宽带和多样化选择的需求促使这种模式完全能够盈利。收入和利润组成会有所改变，但通过这些变化公司完全能够保持其财务状况的稳健和市场地位。

思考：伊万的决定体现了领导者预见性思维的哪些特点？

（资料来源：拉姆·查兰．Know-How．北京：中信出版社，2007）

4.3.5　实训项目

表 4-5　实训名称：新年晚会组织预案

实训目的	通过做预案体会领导者的预见能力及把握全局的能力
实训条件	课堂，文稿纸
实训要求	1．学员先分组讨论，可确定一名执笔者 2．就讨论结果形成预案
教师任务	在学生讨论的过程中给予适当的社会经验提示
实训评价	对预案进行点评打分

【参考答案】

一、判断题

1～5　×　√　×　×　√

学习单元五　协调与控制

职业素养

1. 养成协调与控制工作的良好习惯；
2. 提高管理者的实际操作能力；
3. 提升作为一名优秀领导者管理理念。

能力目标

1. 了解协调与控制的一般概念和相关知识；
2. 进行现场管理和控制活动；
3. 理解协调与控制的深刻内涵及管理者的使命；
4. 掌握常用的协调方法。

学习任务一　召开协调会

5.1.1　学习导入

我国古代春秋战国时期，有一位著名的医生叫扁鹊。有一次，扁鹊见蔡桓公，站了一会儿，他看看蔡桓公的脸色说："国君，你的皮肤有病，不治要加重了。"蔡桓公笑着说："我没病。"扁鹊告辞走了以后，蔡桓公对他的臣下说："医生就喜欢给没病的人治病，以便夸耀自己有本事。"过了十几天，扁鹊又前往拜见蔡桓公他仔细看看蔡桓公的脸色说："国君，你的病已到了皮肉之间，不治会加重的。"蔡桓公见他尽说些不着边际的话，气得没有理他。又过了十几天，扁鹊再见蔡桓公，他看了蔡桓公的脸色说："国君，你的病已到了肠胃之间，若不再医治，等病入骨髓，就无法治疗了。"气得蔡桓公当场把他轰了出去。扁鹊走后，蔡桓公出巡，扁鹊远远地望见蔡桓公，转身就走。蔡桓公特意派人去问扁鹊为何不肯再见，扁鹊说："皮肤上的病，用药敷贴可以治好；在皮肉之间的病，用针灸可以治好；在肠胃之间，服用汤药可以治好；如果病入骨髓，那生命就掌握在司命之神的手里了，所以，我不能再去见了。"蔡桓公还是不相信。五天之后，蔡桓公遍身疼痛，连忙派人去找扁鹊，扁鹊已经逃往秦国躲起来了。不久，蔡桓公便病死了。

从协调的角度来分析，扁鹊有一定的责任，可以说这是扁鹊一次失败的协调，他的劝治没有起任何作用，反而延误了病情，导致蔡桓公的死亡，这样说恐怕也不算过分。在企业中，即使管理者再高明，其所设定的目标或所做的决策再正确，如果不以良好的、恰当的和员工能够接受的方式表达出来，也是起不到任何作用的，有时甚至会引起员工的反感。

（资料来源：http://blog.sina.com.cn/s/blog_5d8f22df0100d1uu.html）

5.1.2 相关知识

5.1.2.1 协调的概念

协调是指组织成员内部之间或者组织成员与外部公众或社会组织之间发生的，旨在完成组织目标而进行的信息发送、接收、反馈的全过程。协调的概念可以从以下几个方面来理解。

（1）协调的对象并不限于管理者与被管理者之间。管理协调主要发生在管理者与被管理者之间，但同样也发生在管理者与管理者、被管理者与被管理者之间。即管理协调作为组织的信息交流行为，是管理的实质和核心内容，它广泛存在于组织的所有成员当中。

（2）协调除了存在于组织内部，更存在于组织的外部。企业与相关企业、企业与相关供应商、企业与市场、企业与客户、企业与社区大众之间也存在着大量必要的、为实现企业管理目标的协调行为过程，如公共关系管理、客户关系管理、供应链管理等。

（3）协调有多种具体方法和形式。企业的管理职能大部分依赖于这些协调方法和形式的成功运用。最常见的就有语言协调、副语言协调、非语言协调等，而单是语言协调就有数种具体形式。

（4）协调并非只传送一种内容，而是传送多种多样的内容。凡是管理中需要的内容，如市场信息、企业决策、产品设计等，都是管理协调所要传达的内容。

（5）协调具有显著的层次性。按照协调范围大小，可以把管理协调划分为个人间协调、团体协调、部门内协调、跨部门协调、组织间协调。如果从企业内部所进行协调的内容重要性来划分，又可以划分出基本日常管理协调、外管理协调、部门决策协调、企业决策协调、企业战略管理协调及企业文化管理协调等。

5.1.2.2 协调的作用

现代企业，人与人之间，部门与部门之间，企业上下级之间，以及其他各个方面之间，特别需要彼此进行协调，互相理解，互通信息。然而，在现实生活中，人与人之间却常常横隔着一道道无形的“墙”，妨碍彼此的协调。尽管现代化的通信设备非常神奇，但却无法穿透这种看不见的“墙”。如沟通协调的渠道长期堵塞，信息不交流，感情不融洽，关系不协调，就会影响工作，甚至使企业每况愈下。比如，在企业的生产活动中，有的业务部门不明确自己的生产活动应当与整个企业的生产计划协调一致，有的甚至不择手段地去追求本单位的私利，不考虑其他业务部门的利益，更不愿意与其他部门进行合作。他们没有想到这样做会给整个企业的生产活动带来什么不良后果。又如，有的管理人员主观武断，一个人说了算，听不得下级的意见，更听不得对自己的错误批评，他们不懂得上下级之间要经常进行协调，不懂得如果下级的意见和建议受到忽视、冷漠，就会挫伤他们的积极性和对企业的责任感，下级就会消极、沉闷下去。这样的话，一旦企业发生什么紧急情况，需要全体员工出主意、想办法、共度难关，员工就会无动于忠，不会有任何的热情和积极性。

美国一家公司的总经理非常重视员工之间的相互协调与沟通，他曾有一项“创举”，即把公司餐厅里四人用的小圆桌全部换成长方形的大长桌。这是一项重大的改变，因为用小圆桌时，总是那四个互相熟悉的人坐在一起用餐，而改用大长桌情形就不同了，一些彼此陌生的人有机会坐在一起闲谈，如此一来，研究部的职员就能遇上来自其他部门的行销人员或者是生产制造工程师，他们在相互接触中，可以互相交换意见，获取各自所需的信息。而且可以互相启发，碰撞出“思想的火花”，公司的经营得到了大幅度的改善。协调在管理中的作用是多方面的，其中突出的有以下三方面。

（1）协调有助于改进组织做出决策。任何决策都会涉及干什么、怎么干、何时干等问题。每当遇到这些急需解决的问题时，管理者就需要从广泛的企业内部的协调中获取大量的信息情报，然后进行决策，或建议有关人员做出决策，以迅速解决问题。下属人员也可以主动与上级管理人员协调，提出自己的建议，供领导者做出决策时参考，或经过协调，取得上级领导的认可，自行决策。企业内部的协调为各个部门和人员进行决策提供了信息，增强了判断能力。

（2）协调促使企业员工协调有效地工作。企业中各个部门和各个职务是相互依存的，依存性越大，对协调的需要越高，而协调只有通过沟通才能实现。没有适当的沟通，管理者对下属的指导也不会充分，下属就可能对分配给他们的任务和要求完成的工作有错误的理解，使工作任务不能正确圆满地完成，导致企业在效益方面产生损失。

（3）协调有利于领导者激励下属，建立良好人际关系的组织氛围，提高员工的士气。除了技术性和协调性的信息外，企业员工还需要鼓励性的信息。它可以使领导者了解员工的需要，关心员工的疾苦，在决策中就会考虑员工的要求，以提高他们的工作热情。人一般都会要求对自己的工作能力有一个恰当的评价。如果领导的表扬、认可或者满意能够通过各种渠道及时传递给员工，就会造成某种工作激励。同时，企业内部良好的人际关系更离不开协调。思想上和感情上的协调可以增进彼此的了解，消除误解、隔阂和猜忌，即使不能达到完全理解，至少也可取得谅解，使企业有和谐的组织氛围，所谓“大家心往一处想，劲往一处使”就是有效协调的结果。

5.1.2.3 协调会的召开

针对协调的重要性，企业应该经常召开员工协调会，让各类员工聚集在一起，发表意见和提出看法，这种员工会议不是指每年一两次的员工代表大会，而是针对具体问题，利用会议形式鼓励大家发表意见。例会制度在企业中一般都有，但绝大多数例会属于同级人员的聚会，信息沟通因此而受限制。相反，员工会议则由一定范围内的管理人员和普通员工共同参加，实行不同等级成员直接接触、直接沟通。为了鼓励员工就任何关心的问题提出意见，企业应该建立一项制度来避免向上沟通的信息被滤掉所采取的强行向上沟通。因此，单纯的鼓励是不够的，因为等级和权力的差别肯定会形成阻碍。企业内还必须建立一套有效的建议制度，保证强行向上沟通，诸如接待日、意见箱、领导者直接深入基层、物质奖励等。

【课堂训练】某企业为某一新产品开发召开第一次协调会，请设计这次协调会的议程。

5.1.3 学习自测

一、单选题

1．造成管理失误最主要的原因是（ ）。

A．领导者能力不足　　B．领导者用人不善

C．领导者缺乏管理人的技能　　D．领导者不善于分析形势

2．下列选项不属于副职的作用的是（ ）。

A．政治上的维护作用

B．出点子做决定

C．在班子的维护制定和决策执行方面发挥重要作用

D．人才成长方面，副职是不可逾越的台阶

3．人际资源的协调重点是（ ）。

A．下行协调和上行协调　　B．内部协调和外部协调

C．整体协调和局部协调　　D．人与人的协调和人与资源的协调

4．最成熟的下属是指（ ）。

A．既有能力又有知识并且服从领导安排

B．有能力有知识但不太服从领导安排

C．有热情有激情，但缺乏足够的经验和技能，无法独立完成任务

D．既没能力又不服从领导安排

5．有效的协调管理过程是指领导者要善于（ ）。

A．内外协调　　B．上协调　　C．下协调　　D．上下协调

二、简答题

1．什么是协调？

2．简述协调的作用。

3．协调会较例会有何不同。

5.1.4 案例分析

单向的信息协调

联合制造公司总经理奥斯特曼夫人对随时把本公司经济上的问题告诉雇员们的重要性非常了解。她知道，由于市场价格不断跌落，公司正在进入一个困难的竞争时期；同时她也清楚，为了保住她的市场份额，必须降低本公司产品的出售价格。

奥斯特曼夫人每月向雇员发出一次定名为“来自总经理部”的信，她认为这是传递信息的一种好方式，然而一旦出现了重要情况，她还要把各部门负责人召集到那个简朴的橡木镶板会议室，在她看来，这样做会使这些负责人确实感到他们是管理部门的成员并参与了重大决策的制定。根据会议的礼仪规定，所有与会人员都要在预定时间之前就座，当奥斯特曼夫人进来时要起立致意，直至得到允许后再坐下。这次会议，奥斯特曼夫人进来后只简单地点了点头，示意他们坐下。

“我叫你们都来，是想向你们说明我们所面临的可怕的经济形势。我们面对的是一群正在咬我们脚后跟像恶狼一样的对手。他们正在逼迫我们以非常低的价格出售我们的产品，并且要我们按根本不可能实现的日期交货。如果我们这个大公司，自由企业的一个堡垒，还打算继续存在下去，我们所有的人就都要全力投入工作，齐心协力地干。下面我具体地谈谈我的意见。”

……

在她发表完意见以后，奥斯特曼夫人用严厉的目光向在座的人扫视了一下，似乎在看是否有人敢讲什么。没有一个人说话，因为他们都知道，发表任何意见都会被奥斯特曼夫人看成持有不同意见。

“首先，我们这里需要想象学。我们需要积极思想的人，而且所有的人应当通力合作。我们必须要使生产最优化，在考虑降低成本时，不能对任何一个方面有所疏忽。为了实现降低成本的应急计划，我在公司外聘请了一个最高级的生产经理。”

"我们要做的第二件事是最大限度地提高产品质量。在我们这个企业里，质量就是一切。每部机器都必须由本部门的监督员按计划进行定期检验。只有经过监督员盖章批准后，机器才能开始运转，投入生产。在质量问题上，再小的事情也不能忽视。"

"在我的清单上列的值得认真考虑的第三个问题是增强我们推销员的力量。顾客是我们这个企业的生命线，尽管他们有时不对，我们还是要态度和气地、灵活地对待他们。我们的推销员必须学会做生意，使每一次推销都有成效。公司对推销员的酬报方法是非常公正的，即使如此，我们还打算通过提高滞销货的佣金率来增加他们的奖金数额。我们想使这个意见在董事会上得到通过。但是，我们必须保住成本，这是不能改变的。"

"最后，我要谈谈相互配合的问题。这对我们来说比其他任何问题都更加重要。要做到这一点，非齐心不可。领导就是配合，配合就是为同一目标共同努力。你们是管理部门的代表，是领导人，我们的目标你们是知道的。现在让我们一起努力工作，并迅速地把我们的这项复杂的事情搞好吧！要记住，我们是一个愉快的大家庭。"

奥斯特曼夫人结束了她的讲话，参加会议的人都站了起来，静立在各自的椅子旁边。奥斯特曼夫人收起文件，离开会议室朝她的办公室走去。

问题：

（1）这次会议的目的是什么？

（2）奥斯特曼夫人究竟想说什么？用简单了当的语言把她的讲话改写一下，你认为她的分析正确吗？

（资料来源：http://wenku.baidu.com/view/96a8d311f18583d04964599a.html）

5.1.5 实训项目

表 5-1 实训名称：协调会

实训目的	加深对协调的认识；明确如何协调
实训条件	多媒体设备，摄像设备
实训要求	1. 分组，要求男女同学搭配，打乱宿舍、地域的界限 2. 协调内部矛盾
教师任务	1. 组织组长协调内部矛盾 2. 点评组长协调方法
实训评价	教师给小组活动打分

【参考答案】

一、单选题

1～5 C B A A A

二、简答题

1. 协调是指组织成员内部之间或者组织成员与外部公众或社会组织之间发生的，旨在完成组织目标而进行的信息发送、接收、反馈的全过程。

2.（1）协调有助于改进组织做出决策。

（2）协调促使企业员工协调有效地工作。

（3）协调有利于领导者激励下属，建立良好的人际关系的组织氛围，提高员工的士气。

3．例会制度在企业中一般都有，但绝大多数例会属于同级人员的聚会，信息沟通因此而受限制。相反，员工会议则由一定范围内的管理人员和普通员工共同参加，实行不同等级成员直接接触、直接沟通。为了鼓励员工就任何关心的问题提出意见，企业应该建立一项制度来避免向上沟通的信息被滤掉所采取的强行向上沟通。

学习任务二　现场管理

5.2.1　学习导入

克莱斯勒的东山再起

持续几年的经济衰退，使美国的第三大汽车制造公司——克莱斯勒汽车公司在这一打击中崩溃。人们普遍认为，这个昔日产业界的佼佼者破产倒闭已经为期不远了。亚科卡就是在这种情况下走马上任的。

上任伊始，亚科卡发现公司许多部门纪律松弛，人心涣散，就连他的秘书也在上班时间打电话聊天以消磨时间。经过深入了解，亚科卡发现公司最高管理层的人员对整个公司的情况并不十分了解，更不知道公司亏损的原因何在；同时整个公司部门多，分工细，部门与部门之间互不关心，缺乏沟通。而且公司管理人员中分成很多小团体。这些问题的发现使亚科卡感到十分震惊，他决定对公司进行大刀阔斧的改革，带领公司走出危机。

为了解决公司面临的困境，亚科卡四处活动，为公司争取了 15 亿美元的联邦贷款保证；随后，重组了公司的组织机构，解聘了 35 位副总裁中的 33 位，建立了公司内部各部门之间相互沟通情报的制度与渠道，解决了各自为政乃至产、供、销各环节的问题；引进了精明强干的财会人员，而且在通用汽车公司和福特汽车公司之前率先引用计算机检索系统；同时大力宣传、推广公司的产品，并从福特公司手中把他认为是最有效的广告公司争取过来。这些改革为亚科卡改造公司提供了基础条件。

然而为克莱斯勒汽车公司扭亏为盈立下汗马功劳的是亚科卡的产品战略。他认为产品是公司的核心，是公司的生命线。他分析了公司现有产品的情况，提出两点要求：“成本要降下去，产品要升上来。”

首先降低成本，提高产品的价格竞争力。对此采取了 4 点措施：①缩小企业规模，调整生产线，对长线产品停产，减少基本型，缩小销售面，裁减经纪人；②减少劳动力成本。亚科卡从自己做起，降低年薪标准；通过冻结工资、红利股息等手段，1979 年减少了 6.5 亿美元的巨额开支；③生产管理全方位的综合改革，对零部件的生产变进口为自产；④采取一系列措施以促进产品的更新换代。一方面，根据市场需求来确定产品的发展方向；另一方面，量力而行，在原有产品的基础上投入少量资金开发更新换代的新产品。

1984 年，经过大刀阔斧整顿的克莱斯勒汽车公司已经取得了令人刮目相看的成绩，它首先丢掉了债务包袱。1982 是美国汽车业 20 年来最糟糕的一年，但在克莱斯勒汽车公司却是走向光明的一年。当年盈利 1.7 亿美元，市场份额也上升到 12%。1983 年公司销售额增加到 123 亿美元，比 1982 年增长了近 30%，盈利 7.9 亿美元，增长了 312%。

至此，山穷水尽的克莱斯勒汽车公司终于在亚科卡的带领下面目一新。

（资料来源：http://blog.sina.com.cn/s/blog_4b1774b1010008do.html）

5.2.2 相关知识

5.2.2.1 现场管理概述

现场这个说法，有广义和狭义两种。广义上，凡是企业用来从事生产经营的场所，都称之为现场。如厂区、车间、仓库、运输线路、办公室以及营销场所等。狭义上，企业内部直接从事基本或辅助生产过程组织的结果，是生产系统布置的具体体现，是企业实现生产经营目标的基本要素之一。狭义上的现场也就是一般大家默认的。

现场管理就是指用科学的管理制度、标准和方法对生产现场各生产要素，包括人（工人和管理人员）、机（设备、工具、工位器具）、料（原材料）、法（加工、检测方法）、环（环境）、信（信息）等进行合理有效的计划、组织、协调、控制和检测，使其处于良好的结合状态，达到优质、高效、低耗、均衡、安全、文明生产的目的。现场管理是生产第一线的综合管理，是生产管理的重要内容，也是生产系统合理布置的补充和深入。

5.2.2.2 现场管理的基本内容

（1）现场实行“定置管理”，使人流、物流、信息流畅通有序，现场环境整洁，文明生产。

（2）加强工艺管理，优化工艺路线和工艺布局，提高工艺水平，严格按工艺要求组织生产，使生产处于受控状态，保证产品质量。

（3）以生产现场组织体系的合理化、高效化为目的，不断优化生产劳动组织，提高劳动效率。

（4）健全各项规章制度、技术标准、管理标准、工作标准、劳动及消耗定额、统计台账等。

（5）建立和完善管理保障体系，有效控制投入产出，提高现场管理的运行效能。

（6）搞好班组建设和民主管理，充分调动职工的积极性和创造性。

5.2.2.3 现场管理的重要性

企业管理活动中，无论在资金、人员、设备哪一个方面出现问题都会给生产带来困难。在开始时也许还不是那么严重，但是随着生产进程，问题就会变得越来越突出，甚至生产出现停顿，从而使整个企业的生产经营活动陷于瘫痪。所以，要维持企业的正常运作，就必须使所有的资源处于良好的、平衡的状态，加强现场管理，以有限的资源获得最佳的经济效益。无论我们走进企业的哪一个现场，就能够比较清楚地知道该企业的管理水平，从而知道企业的经营状况，这是因为现场是企业管理活动的缩影，企业的主要活动都是在现场完成的，以下几个方面就体现其重要性：

现场能提供大量的信息。俗话说：“百闻不如一见”间接的信息不一定都是真实的，要想获得准确的第一手材料，只有到现场去做深入细致的调查了解。

现场是问题萌芽产生的场所。现场是企业活动的第一线，无论什么问题，都是直接来自现场，出现问题时如不及时采取对应的措施，放任自流而任其发展，向着好的方面发展的概率要比向坏的方向发展的概率要小得多。

现场最能反映出员工的思想动态。人是有感情、有思维的，一个人所做的不一定是他认为最理想、最顺心的工作，如果他感到不称心，心理就可能别扭而意气用事。这有意识或无意识地会反映到他的工作上，都是会直接或间接地影响产品和生产效率。

总之，到了现场才能清楚地了解现场的实际情况，一个企业管理水平的高低，就看其现场管理是否完成总的经济目的而设定了各项阶级性和细化了的具体目标，是否很好地引导广大员工有组织、有计划地开展工作，经济合理地完成目标。现场是企业所活动的出发点和终结点，不重视现场管理的企业终究是要衰败的。

5.2.2.4 现场管理的实施

现场管理是个一个复杂的系统工程。开展现场管理工作，常见做法可分为3个阶段。

（1）治理整顿。着重解决生产现场：脏、乱、差，逐步建立起良好的生产环境和生产秩序。

（2）专业到位。作到管理重心下移，促进各专业管理的现场到位。

（3）优化提高。优化现场管理的实质是改善，改善的内容就是目标与现状的差距。按PDCA（P——PLAN，D——DO，C——CHECK，A——ACTION）循环，使其合理有效地运行。

5.2.2.5 加强现场管理的措施

1. 加强基层领导班子建设，推进基层建设深化

基层领导班子成员的思想作风、工作作风、民主作风，对稳定基层人心，提高基层凝聚力和员工队伍素质起着决定性的作用，这也是搞好基层建设的关键。基于这个认识，我们要始终坚持把基层领导班子建设放在首位，要持之以恒，常抓不懈。

抓员工队伍建设，重点突出素质培养。随着公司结构调整工程建设的展开，提高员工素质迫在眉睫。为此，我们要把员工培训作为一项长期的重要工作来抓，强化培训的有效性和针对性，提高员工解决实际问题的能力及处理突发事故的应变能力。基层单位要积极组织开展“岗位练兵”活动，并把“岗位练兵”活动与员工的培训、绩效考核、员工奖惩等有机结合。在具体做法上可以采取每周一练、每月一课、每季一考、每年一评的方法，可利用网络在线的方法进行测试，可聘请有关专业技术人员进行授课。这样既有利于专业人员实际能力的培养，又能让他们实现从理论到实践，再从实践到理论的升华。还可利用现有技术精湛的技师资源，充分发挥他们的聪明才智，组织开展“导师带教”活动，以合同签约的形式规定双方各自承担的权利和职责，明确带教的目标、措施、进度，以及考核和奖励标准。

2. 强化现场管理，细化专业管理，建立稳固的生产基础

强化现场管理，落实现场各项管理制度。公司强调基层单位要认真落实现场管理制度及巡回检查和交接班等制度。要求交接班提前到岗，检查了解安全、工艺、设备等运行状况，实行集体交接或岗位交接，做到上岗提前5分钟，精心交接300秒，以及专业人员和操作工在现场相互衔接立体交叉的巡回检查网络，提高生产现场巡回检查的频率，及时捕捉生产现场安全、工艺和设备等运行的细微变化，加强对数据变化的实时分析和调整健全设备“五位一体”维护保养体系，不断完善关键机组特护细则，精心实行重要机组和关键设备的巡回检查与特级维护保养使设备始终处于完好状态，为生产运行提供可靠的基础全面落实管理，增强安全责任意识，落实安全生产责任制，及时消除事故隐患，确保现场安全无事故。

细化专业管理，加强生产运行。要切实加强工艺技术和设备基础的管理，严格工艺技术文件的正确性和规范原辅料质量标准，强化“三剂”化工料的科学管理。

要认真执行工艺技术规程、工艺操作规程和设备专业管理要求，不断提高操作技术水平和设备检修质量，改善工况条件，提升设备运行周期。同时要进一步强化《公司生产系统重大事项报告制度》的执行力度，精细生产现场管理，实施严格的考核制度，以进一步确立公司生产管理系统总体协调的权威性。

3. 继续改进“专项检查”，提高“专项检查”工作的有效性

为反映现场管理的真实面貌，“专项检查”工作要坚持以日常检查为主，做到每月对每个单位进行一次检查，把“专项检查”工作的重点落到生产专业管理上，突出现场检查，并结合阶段重点工作进行岗位职责和现场管理制度的测试、非计划停车和安全事故原因分析的测试、现场安全消防器具使用的测试等，提高实际操作能力。

根据“专项检查方案科学化、专项检查人员专家化、专项检查标准规范化”的目标，公司要建立和加强“专项检查”督导员制度，同时要注重督导员自身素质的培育。继续开展“专项检查”督导员业务知识的专业培训，以提高“专项检查”标准执行的统一性、检查形式的一致性、评价体系的系统性，并对督导员加强管理，定期进行考核，增强责任心，提高“生产管理专项检查”的针对性、实效性和持续性。

实施“专项检查”标准分类考核程序。把“专项检查”考核内容分成两大板块，即公共考核板块和专业考核板块。公共考核板块的内容是具有共性基础的工作标准和要求，专业考核板块的内容是具有专业特点和行业特性的标准和要求。对不同性质的被检对象采取相应的考核内容和评分标准，实施分类检查，统一计分，集中点评。

4. 抓好创特色管理工作，推进现场管理与基础工作水平提高

树立典型，推广经验。公司要抓住“先进装置”、“优秀班组”大力推广典型经验。要组织召开装置主任专题座谈会学习先进典型的经验和做法，组织到典型装置或班组现场进行观摩学习，以推动整个公司先进单位的不断壮大和发展。

精心培育，推进管理。要继续强化推进创特色管理的培育工作，把“创特色管理”调研中掌握的经验加以总结和提升，并进行创特色专项申报立项工作。公司要组织专业人员定期深入装置、班组对创特色管理的项目进行全过程的关心和指导，及时总结和推广典型经验，以此全面推动公司“创特色管理”工作的深化。

严格考核，推动升级。在“优秀班组”达标升级验收过程中，坚持实行日常考核与综合考核相结合。以日常考核为主，日常考核占考核总分的60%，综合考核占总分的40%。由各单位预报“优秀班组”候选对象，公司则根据各单位预报的对象实施预验收，通过每月的日常“专项检查”进行重点检查，待年底正式申报时予以综合验收。为体现先进性，确保含金量，必须实行总量控制。各单位要严格按公司分配的名额进行自查申报。“优秀班组”由公司生产部牵头组织工会等相关专业部门进行验收，若验收不合格则予以取消，并不给予调整，做到宁缺勿滥。

5. 加强制度建设，完善现场管理与基础工作的标准

制度是规范我们工作的准则。加强现场管理与基础工作，关键是完善各项规章制度、管理办法、工作条例等。为进一步规范现场管理与基础工作标准，提高工作质量，公司将统一制订巡回检查管理制度、交接班管理制度、现场管理与基础工作条例等，重点修订生产管理“专项检查”管理办法和考核标准、现场管理制度、装置和班组工作条例等。通过建章立制，使我们有章可循，同时也应加强宣传教育力度，让每个员工都能熟悉制度、了解制度、懂得制度，并让员工自觉按章程办事，按规范操作，杜绝习惯性违章，进一步减少非计划停车事故的发生。

公司要花大力气狠抓现场管理与基础工作，继续巩固和推进已取得的成绩，坚持把现场管理与基础工作抓深、抓细、抓好、抓出实效，为公司安全稳定生产提供坚实有力的保障。

5.2.2.6 现场管理三大工具

1. 现场管理三大工具之一：标准化

所谓标准化，就是将企业里有各种各样的规范，如规程、规定、规则、标准、要领等，这些规范形成文字化的东西统称为标准（或称标准书）。制定标准，而后依标准付诸行动则称之为标准化。那些认为编制或改定了标准即认为已完成标准化的观点是错误的，只有经过指导、训练才能算是实施了标准化。

创新改善与标准化是企业提升管理水平的两大轮子。改善创新是使企业管理水平不断提升的驱动力，而标准化则是防止企业管理水平下滑的制动力。没有标准化，企业不可能维持在较高的管理水平。

2. 现场管理三大工具之二：目视管理

目视管理是利用形象直观而又色彩适宜的各种视觉感知信息来组织现场生产活动，达到提高劳动生产率的一种管理手段，也是一种利用视觉来进行管理的科学方法。

所以目视管理是一种以公开化和视觉显示为特征的管理方式。综合运用管理学、生理学、心理学、社会学等多学科的研究成果。

3. 现场管理三大工具之三：看板管理

管理看板是发现问题、解决问题的非常有效且直观的手段，尤其是优秀的现场管理必不可少的工具之一。

管理看板是管理可视化的一种表现形式，即对数据、情报等的状况一目了然地表现，主要是对于管理项目、特别是情报进行的透明化管理活动。它通过各种形式如标语/现况板/图表/电子屏等把文件上、脑子里或现场等隐藏的情报揭示出来，以便任何人都可以及时掌握管理现状和必要的情报，从而能够快速制定并实施应对措施。因此，管理看板是发现问题、解决问题的非常有效且直观的手段，是优秀的现场管理必不可少的工具之一。

【课堂训练】一个装配机器左侧面板的例子。

要将左侧面板装在机器本体上，必须用相同的力度拧紧 18 颗螺丝。员工 A 按照说明书上的动作顺序进行：

（1）按照箭头所指方向，按螺丝顺位（1～18）将所有螺丝松松地拧进螺孔，使左侧面板和本体平衡嵌合。

（2）从 1 开始到 18 结束，用相同的力度按顺时针方向将螺丝全部拧紧。

让我们计算一下，所需的动作步骤：

动作（1）：1～18 平衡嵌合，18 步。

动作（2）：1～18 拧紧，18 步。

即：完成左侧面板装配要用动作数 36 步。

可是，自作聪明的员工 B 提出不这样做，他认为更能节约时间，其作法为：

从 1 开始按顺时针方向一次性拧紧 18 颗螺丝，18 步。

即：完成左侧面板装配只用动作数 18 步。你认为哪种方法好呢？为什么？

5.2.3 学习自测

一、多选题

1. 清扫在管理中的理解是（ ）。

A．看得见的地方和看不见的地方都要认真清扫

B．生产效率高

C．有空再清扫

D．清扫也是点检

2．现场管理能给公司及员工带来什么好处（　）。

A．安全有保障　　　　　　　　　B．提高工作效率

C．提高公司形象　　　　　　　　D．增加工作负担

3．成功的现场管理需要管理者（　）。

A．不断改进　　　B．关注细节　　　C．快速行动　　　D．事不关己

二、简答题

1．什么是现场管理？

2．现场管理基本内容是什么？

3．简述现场管理的重要性。

4．何谓现场管理三大工具？

5.2.4　案例分析

平衡管理

H 电脑公司是一家科技应用企业。公司创办时，董事会破格从地产公司电脑服务部聘任优秀员工 A 为公司经理。理由是 A 在电脑应用及智能化工程实施方面的技术水平较高，属内行。A 上任 3 个月，工作积极、勤奋，带领员工刻苦钻研技术业务。但他不知道怎么经营和管理，公司经营处于停滞不前。董事会决定将其撤换掉，但处理方法不当会挫伤 A，并对其各方面产生负面影响。

如何平衡，董事们提出了各自的想法。董事 C 的看法：把他增选进董事会，然后兼任公司技术负责人。董事 Z 的看法：让他做分管技术的副经理，享受经理待遇。董事 Y 的看法：我们需要的是懂管理，能带领员工扩大经营规模，创造效益的经理，既然他不行，那就撤职让他专干业务，那不就行了吗？现在的企业对人的管理不必太顾虑，该咋办就咋办。董事 S 的看法：把他调回，给他 3000 元苦劳奖，开个离职欢送会，大家吃顿欢送饭。

董事长 H（领导层的权威）的看法：①A 为一个有技术的优秀员工，是我们企业的财富，是我们没有给他摆好位置，这是我们的失误；②A 正是公司最需要的专业人才，公司正要依靠这样一些技术尖子来发展，调走他会影响到公司技术工作；③目前我们选定的经理 J 虽有经营管理经验，但技术业务不太熟，需要 A 帮助，增选 A 进董事会不合适，若他作为董事兼技术总负责，而不是董事的新任经理在领导工作中会有难度；④若简单把撤换掉，会产生很大的负面影响，这个问题不宜简单化；⑤建议是设总经理，由董事长 H 兼任。设两个总经理助理，拟聘的经理 J 任总经理助理负责公司日常的经营管理工作，A 任总经理助理兼技术部经理，对年轻的优秀员工 A（24 岁）应采取积极培养的方针，通过传、帮、带，使他既在业务上保持高水平，又在经营管理方面能有所突破。通过一段时间的运作，在时宜时，董事长 H 退出，那时必须建立一套稳定的、能力强的领导班子。H 的意见通过后立即得到了实施，公司的经营状况有了起色，A 依然积极勤奋。半年后，H 退位，J 任总经理，A 任副总经理

分管技术，公司运转良好。

问题：

在现场管理中，管理者应该在考虑哪些问题而下决定？

（资料来源：http://crsit.spaces.live.com/）

5.2.5 实训项目

表 5-2 实训名称：如何进行现场管理

实训目的	了解现场管理者主要工作职责
实训条件	多媒体教室
实训要求	要求学生分组讨论并列出现场管理者日常管理活动
教师任务	分析确定现场管理者的职责
实训评价	组长给每位组员打分，教师给组长打分

【参考答案】

一、多选题

1．AD 2．ABC 3．ABC

二、简答题

1. 现场管理就是指用科学的管理制度、标准和方法对生产现场各生产要素进行合理有效的计划、组织、协调、控制和检测，使其处于良好的结合状态，达到优质、高效、低耗、均衡、安全、文明生产的目的。

2.（1）现场实行“定置管理”。

（2）加强工艺管理，优化工艺路线和工艺布局。

（3）优化生产劳动组织，提高劳动效率。

（4）健全各项规章制度、技术标准、管理标准等。

（5）建立和完善管理保障体系，有效控制投入产出，提高现场管理的运行效能。

（6）搞好班组建设和民主管理，充分调动职工的积极性和创造性。

3.（1）现场能提供大量的信息。

（2）现场是问题萌芽产生的场所。

（3）现场最能反映出员工的思想动态。

4.（1）现场管理三大工具之一：标准化。所谓标准化，就是将企业里有各种各样的规范，这些规范形成文字化的东西统称为标准。

（2）现场管理三大工具之二：目视管理。目视管理是利用形象直观而又色彩适宜的各种视觉感知信息来组织现场生产活动，达到提高劳动生产率的一种管理手段。

（3）现场管理三大工具之三：看板管理。管理看板是发现问题、解决问题的非常有效且直观的手段。

学习任务三　项目过程控制

5.3.1　学习导入

新任厂长的产品决策

某工具厂从 1990 年以来一直经营生产 A 产品，虽然产品品种单一，但是市场销路一直很好。后来由于经济政策的暂时调整及客观条件的变化，A 产品完全滞销，企业职工连续半年只能拿 50%的工资，更谈不上奖金，企业职工怨声载道，积极性受到极大的影响。

新厂长上任后，决心一年改变工厂的面貌。他发现该厂与其他部门合作的环保产品 B 产品是成功的，于是决定下马 A 产品，改产 B 产品。一年过去，企业总算没有亏损，但工厂日子仍然不十分好过。

后来市场形势发生了巨大的变化。原来的 A 产品市场脱销，用户纷纷来电来函希望该厂能尽快恢复 A 产品的生产。与此同时，B 产品销路不好。在这种情况下，厂长又回来过头来抓 A 产品，担一时又无法搞上去，无论数量和质量都不能恢复到原来的水平。为此，集团公司领导对该厂厂长很不满意，甚至认为改产是错误的决策，厂长感到很委屈，总是想不通。

（资料来源：http://zhidao.baidu.com/question/70764913.html）

5.3.2　相关知识

过程控制基本是根据计划的要求，设立衡量绩效的标准，然后把实际结果与预定标准相比较，以确定组织活动中出现的偏差及其严重程度，在此基础上，有针对性地采取必要的纠正措施，以确保组织资源的有效利用和组织目标的圆满实现。不论是生产组织的管理者，还是政府管理部门的管理者，他们所采取的控制程序的要点是一样的，过程控制都包括 3 个基本环节的工作：确立标准、衡量工作成效、纠正偏差。

5.3.2.1　确立标准

标准是人们检查和衡量工作及其结果的规范。制定控制标准是进行控制的基础，没有一套完整的标准，衡量绩效或纠正偏差就失去了客观依据。控制标准的类型很多，可以是定量的，也可以是定性的，一般情况下，标准应尽量定量化，以确保控制的准确性。控制的标准一般分为 5 种：时间标准，即完成一定工作所需要的时间限度；生产率标准，即在规定时间里所完成的工作量；消耗标准，即完成一定工作所需要的有关消耗；质量标准，即工作应达到的要求，或者是产品或劳务所应达到的品质标准；行为标准，即对员工规定的行为准则要求。控制的对象不同，制定的标准也不同，因此确立标准时首先要确定控制对象。

1. 确定控制对象

在建立标准之前首先要分析组织中哪些事和物需要加以控制。例如，作为一个生产经营组织，企业经营活动的成果是需要重点控制的对象，要保证企业取得预期的成果，必须在成果最终形成以前进行控制，纠正与预期成果要求不相符的活动。为此，需要分析影响企业在一定时期经营成果的主要因素，并把它们列入需要控制的对象。影响企业经营成果的主要因素有：环境状况及其发展趋势的预测，资源投入，组织的活动。

2. 选择控制的重点

不论是从经济性的角度考虑，还是从可行性角度考虑，组织要对所有成员的所有活动都进行控制是不现实的，因此，要在影响组织成果的诸多因素中选择若干关键因素作为重点控制对象。如美国通用电气公司选择了对企业经营成败起决定作用的 8 个方面作为控制对象，并建立了相应的控制标准。这 8 个方面是获利能力、市场地位、生产率、产品领导地位、人员发展、员工态度、公共责任、短期目标与长期目标的均衡。

3. 制定标准的方法

在制定控制标准时，对于不同的控制对象应有不同的控制方法。一般来说，建立控制标准的方法主要有以下三种：

（1）统计标准，或称为历史标准。它是以分析反映企业经营在历史上各个时期状况的数据为基础来为未来活动建立的标准。这些数据可能来自本企业的历史统计，也可能来自其他企业的统计资料；该标准可能是历史数据的平均数，也可能是高于或低于中位数的某个数。

（2）工程标准。它是以准确的技术参数和实测的数据为基础而制定的标准。工程标准法主要用于生产定额标准的制定上。

（3）经验标准。这种方法是利用各方面的管理人员的知识和经验，综合每个人的判断，给出一个相对先进合理的标准。经验标准法通常是对统计标准和工程标准的一种补充。

5.3.2.2 衡量工作成效

确定了完备的控制标准后，就要衡量实际工作成效。这项工作包括衡量工作和分析衡量结果。

1. 衡量工作

衡量工作就是控制人员运用预定标准对实际工作成效和进度进行检查、衡量和比较，为管理者及时、准确地提供能够反映偏差的信息。为此，管理者要收集实际工作的数据，了解和掌握工作的实际情况。收集实际工作数据进行衡量，一般有以下 4 种常用的方法：

（1）个人观察。这是提供实际工作的最直接的资料，这些信息未经过他人而直接反映给管理者，避免了可能出现的遗漏和信息失真。特别是在对基层工作人员工作绩效的控制时，个人观察是一种非常有效同时也是无法替代的衡量方法。但是这种方法首先是费时费力；其次，由于观察的时间有限而不能全面了解各个方面的工作情况；第三，工作在被观察时和未被观察时可能不一样，管理者看到的可能只是假象；第四，仅凭简单的观察往往难以考查更深层次的工作内容。因此，还要与其他方法运用，才能获得准确的结果。

（2）统计报告。它是将在实际工作中采集到的数据，以一定的统计方法进行加工处理后得到报告。特别是在计算机应用技术越来越发达的今天，统计报告对衡量工作有着重要的意义。尽管如此，统计报告的应用价值还是要受到两个因素的制约：一是其真实性，即统计报告所采集的原始数据是否正确，使用的统计方法是否恰当，管理者往往难以判断；二是其全面性，即统计报告是否全部包括了涉及工作衡量的重要方面，是否遗漏或掩盖了其中的一些关键点，管理者也难以肯定。

（3）口头报告和书面报告。这种方式的优点是快捷方便，而且能够得到及时的反馈。其缺点是不便于存档查找和以后重复使用，而且报告内容也容易受报告人的主观影响。相比较而言，书面报告要比口头报告精确些，也比较容易分类存档和查找，报告的质量也更容易得到控制。

（4）抽样检查。管理者随机抽取一部分工作进行深入细致的检查，以此来推测全部工作的质量。这种方法一般是在工作量比较大而工作质量又比较平均的情况下使用，其最典型的应用是产品质量检验。在产品数量极多或产品检验具有破坏性时，这是一种唯一可以选择的衡量方法。此外，对于一些日常事务性工作的检查来说，这种方法也是有效的。

2. 分析衡量结果

分析衡量结果的工作就是要将标准与实际工作的结果进行对照，并分析其结果，为进一步采取管理行动做好准备。比较的结果无非是两种可能：一种是存在偏差，另一种是不存在偏差。实际上，并非与标准不符合的结果都被归结为偏差，往往有一个与标准稍有出入的允许浮动范围。如果实际工作结果不在允许范围之内，就可认为是发生了偏差。这种偏差有两种：一种是正偏差，即实际结果比标准完成得还好；另一种是负偏差，即结果没有达到标准。如果出现负偏差，就要进一步分析其产生的原因；如果出现正偏差也要分析其产生的原因，是标准定得太低，还是员工刻苦努力的结果，或是好的运气。

由于工作的结果是由多方面因素决定的，所以偏差产生的原因也是多种多样的。一般来说，偏差产生的原因有 3 种：一是计划或标准本身就存在偏差；二是由于组织内部因素的变化，如营销工作组织不利、生产人员工作的懈怠等；三是由于组织外部环境的影响，如宏观经济的调整等。事实上，虽然各种原因可以归结为这 3 点，但要做出具体的分析，不仅要求有一个完善的控制系统，还要求管理者具备细致的分析能力和丰富的控制经验。分析衡量结果是控制过程中最需要理智的环节，组织是否要采取管理行动，就取决于对结果的分析。

5.3.2.3 纠正偏差

过程控制的最后一项工作是采取行动，纠正偏差。偏差时由标准与实际工作结果的差距产生的，因此，纠正偏差的方法主要有两种：改进工作绩效和修订标准。

1. 改进工作绩效

如果分析衡量的结果表明，计划是可行的，标准也是切合实际的，问题出在工作本身，管理者就应该采取纠正行动。这种纠正行动可以是组织中的任何管理行动，如管理方法的改进、组织结构的调整、附加的补救措施、人事方面的调整等。按照行动效果的不同，可以把改进工作绩效的行动分为两种：一种是立即纠正行动，另一种是彻底纠正行动。前者是指发现问题后马上采取行动，力求以最快的速度纠正偏差，避免造成更大的损失，纠正行动追求时效性；后者是指发现问题后，通过对问题本质的分析，挖掘问题的根源，然后再从产生偏差的地方入手，力求永久地消除偏差。在控制过程中，管理者应灵活地综合运用这两种行动方式，特别注意不要满足于“救火式”的立即纠正行动，而忽视从事物的源头出发，彻底地纠正行动，以杜绝偏差的再度发生。

2. 修订标准

实际工作中有些标准可以不切实际。如果标准定得过高或过低，即使其他因素都发挥正常，也难以避免实际与标准的偏差。这种情况的发生可能是由于当初计划工作的失误，也可能是因为计划的某些重要条件发生了改变等。一旦发现控制标准不切合实际，管理者就可以修订标准。但是管理者在决定修订标准时，一定要非常慎重，防止被用来为不佳的工作绩效作开脱。管理者应从控制的目的出发，仔细地分析，当确认现有控制标准的确不符合控制的要求时，才能做出修正的决定。不切合实际的标准会给组织带来不利的影响，难以实现的过高标准会影响员工的工作士气，而过低的标准容易导致员工的懈怠情绪。

【课堂训练】公司员工的绩效“闷包”。

某IT行业民营企业，人员绩效管理主要表现在绩效考评上，根据考评结果给予合理回报。而事实是，对于这种“表演”式考评，员工抱怨考核结果不能反映自己的工作业绩。

研发部的张经理面对手下10份内容差不多的绩效考核表，发给每位员工，让其自己打分，然后收起签名上交人事部，人事部也没有不满意。

考评变成了一种填表游戏，形式主义的“表演”，员工绩效处于“闷包”中，员工不知道上面如何评价自己。不知自己各方面好与不好，不知如何改进。

小五是位名牌大学硕士生，有理想有抱负，进公司3年，越来越觉得这种考评没意思，增薪或减薪、晋升或转岗都是在考核中打“闷包”。而老孙则不同，他40岁，岁月不饶人觉得这考评可以糊里糊涂的应付过来，没有压力。但是他在意这种考评，担心其会影响自己的奖金和用工期限。

问题：

（1）张经理面临什么问题，他的这种貌似迅捷的解决方案会带来哪些负面影响？

（2）这种绩效考评方法缺失了什么？如果你是张经理，你应该怎么做？

（3）整个公司的绩效考评的过程控制应该如何加改进，才能让小五和老孙的情绪稳定下来，安心工作？

5.3.3 学习自测

一、单选题

1．过程控制的最后一步是（ ）。

A．制定标准　　B．纠正偏差

C．用标准衡量业绩　　D．质量控制

2．过程控制中合理的顺序是（ ）。

A．制定标准、纠正偏差、衡量业绩

B．衡量业绩、制定标准、纠正偏差

C．衡量业绩、纠正偏差、制定标准

D．制定标准、衡量业绩、纠正偏差

3．控制最基本的目的在于（ ）。

A．寻找错误　　B．衡量业绩

C．确保行为依循计划发展　　D．使人们失去自由

4．对于控制全局的管理人员来说，重要的是现状所预示的趋势而非现状本身是指（ ）。

A．反映计划要求原理　　B．控制关键点原理

C．控制趋势原理　　D．组织适应性原理

5．对于主管人员的控制来讲，越将注意力集中于特例，则控制工作的效能和效率就越高。反映的是（ ）。

A．控制关键点原理　　B．例外原理

C．组织适应性原理　　D．直接控制原理

二、简答题

1．简述过程控制。

2．比较控制活动中改进实际工作和修订标准的不同。

5.3.4 案例分析

邯钢的成本控制模式

邯钢从 1991 年元月在企业内部推行“模拟市场核算，成本否决”的经营机制，这一经营机制的基本模式是：市场－倒退－否决－全员。

市场是指企业主动走向市场，内部实行模拟市场机制，把市场机制引入企业内部经营管理，内部核算的计划价格（原材料、辅助材料、产成品、半成品、耐用材料）一律改为市场价，根据市场上产品售价和采购材料的市场价来计算目标成本和利润。

倒退是将过去从前向后逐道工序核定成本的传统做法，改为“倒退”的方法，即从产品在市场上被承认能接受的价格开始，一个工序、一个工序地分析其潜在效益，从后向前核定，直到原材料采购。

否决是指完不成成本指标，其他工作干得再好，也要否决全部奖金；连续完不成，否决内部升级。

全员是指降低成本是企业上至厂长，下至每一个职工的事，每一个人都要分担成本指标或费用指标，实行全员、全过程的成本管理。

在推行这一机制中，他们着重抓了以下 4 个方面的工作。

（1）突出一个“效”字，反复进行测算，确定先进合理、效益最佳化的单位产品目标成本。他们本着“亏损产品部亏损，盈利产品多盈利”的原则，核定出全厂 53 个主要产品品种、规格的内部成本和内部利润。

（2）落实一个“责”字，层层分解指标，形成责任共同体。为把成本指标落实到实处，在总厂下达成本指标之后，各单位进一步将构成产品成本的各项指标层层分解，落实到有关科室、工段、班组和职工个人，层层签订承包协议，并与奖罚挂钩，使责、权、利相统一，使每个单位、每个职工的工作都与市场挂起钩来，经受市场的考验，真正形成了“市场重担众人挑，人人肩上有指标”的责任体系。

（3）把握一个“严”字，严格奖惩考核，强化对新的经营机制的操作和管理。为了促使模拟市场核算这一机制的高效运转，防止可能出现“上有政策，下有对策”等弄虚作假现象，总厂制定并坚持 4 条原则：一是按“高进高出”核定的所有产品成本加税必低于市场销售价，其利润起码要等于零；二是经过预测和努力仍然赔钱的产品，在完成国家指令计划后停产整顿，停产期间免发有关单位的全部奖金；三是在全厂实行成本否决制度，凡完不成成本、费用指标的单位，不讲客观原因，一律免发当月全部奖金，但累计完成后可以补发，旨在促进各单位以丰补歉，确保一年成本指标的完成；四是为防止成本不实和出现不合理的挂账及待摊，总厂每月进行一次全厂性的物料总平衡，对各单位的原材料进行盘点、查库和查账，账物不符的要重新计算，完不成的否决全部奖金，并延续升级时间。

（4）立足一个“优”字，优化机构设置，促进新机制的高效运转。为保证新的经营机制正常高效地运转，企业的管理体制和管理职能必须与之相适应。5 年来，根据模拟市场核算的需要，全厂先后（新建或充实）加强了质量、销售、财务、计划、外经、预算、审计、公关、备件管理机构，进一步强化和理顺了管理职能，对保证模拟市场核算这一新机制的高效运行发挥了重要作用。

推行这一机制 5 年来，企业展现出蓬勃生机和活力，产品成本逐年下降，经济效益稳步增长。按同口径计算，1991 年到 1993 年，成本逐年下降 6.36%、4.83%、6.13%，1994 年可比产品成本下降 8.9%，1995 年又下降 1%；实现利润由 1990 年的 1991 万元，达到 1991 年的 5020 万元，1992 年 1.49 亿元，1993 年 4.5 亿元，1994 年 7.8 亿元，1995 年在钢材平均售价比上年每吨下降 292 元，钢材平均售价 2070 元的不利条件下，实现利润 7.09 亿元，在全省名列榜首，在全国冶金行业也位居前列。综合经济效益指数、人创利润和利税、全员劳动生产率等均居全国同行业前列。

讨论题：

（1）邯钢是如何实行成本控制的？

（2）你认为邯钢的成本控制有何优缺点？

（资料来源：http://wenku.baidu.com/view/0155c61755270722192ef754.html）

5.3.5 实训项目

表 5-3 实训名称：项目过程如何控制

实训目的	了解项目过程控制
实训条件	多媒体教室
实训要求	要求学生分组讨论并列出项目过程控制日常管理活动
教师任务	分析确定项目过程控制需要注意的事项
实训评价	组长给每位组员打分，教师给组长打分

【参考答案】

一、单选题

1～5 B D C C B

二、简答题

1．过程控制基本是根据计划的要求，设立衡量绩效的标准，然后把实际结果与预定标准相比较，以确定组织活动中出现的偏差及其严重程度，在此基础上，有针对性地采取必要的纠正措施，以确保组织资源的有效利用和组织目标的圆满实现。过程控制通常都包括 3 个基本环节的工作：确立标准、衡量工作成效、纠正偏差。

2．实际工作中有些标准可以不切实际。如果标准定得过高或过低，即使其他因素都发挥正常，也难以避免实际与标准的偏差。一旦发现控制标准不切合实际，管理者就可以修订标准。但是管理者在决定修订标准是，一定要非常慎重，防止被用来为不佳的工作绩效作开脱。管理者应从控制的目的出发，仔细地分析，确认现有控制标准的确不符合控制的要求时，才能做出修正的决定。

学习任务四　日常工作关系协调

5.4.1　学习导入

摩托罗拉公司的沟通协调方式

摩托罗拉公司（Motorola）公司于 1992 年在天津经济开发区破土兴建它的第一家寻呼机、电池和基站等 5 个生产厂，成为摩托罗拉在其本土之外最大的生产基地，投资额比原来最初的投资增加 9 倍，员工从不到 100 人增加到 8000 多人，年产值达到 28 亿美元，是一个在华投资成功的企业。

在摩托罗拉公司，每一个高级管理层都被要求与不同操作工形成介乎于同事与兄弟姐妹之间的关系——在人格上千方百计地保持平等，“对人保持不变的尊重”是公司的个性。最能体现其个性的是它的“Open Door”，“我们所有管理者办公室的门都是绝对敞开的，任何职工在任何时候都可以直接推门进来，与任何级别的上司平等交流。每个季节第一个月的 1 日，中层干部都要同自己的手下和自己的主管进行一次关于职业发展的对话，回答‘你在过去三个月里受到尊重了吗？’之类的 6 个问题，这种对话是一对一和随时随地的”。摩托罗拉的管理者们为每位下层的被管理者们还预备出了以下几种“Open Door”式表达意见和发泄的途径：

1. 我建议。书面形式提出对公司各方面的意见和建议，全面参与公司管理。

2. 畅所欲言。这是一种保密的双向沟通渠道，如果员工要对真实的问题进行评论和投诉，应诉人必须在 3 天内对隐去姓名的投诉信给予答复，整理完毕后由第三者按投诉人要求的方式反馈给本人，全过程必须在 9 天完成。

3. 总经理座谈会。每周四召开座谈会，大部分问题可以当场答复，7 日内对有关问题的处理结果予以反馈。

4. 每日简报。方便快捷地了解公司和部门的重要事情和通知。

5. 员工大会。由经理直接传达公司的重要信息，有问必答。

6. 教育日。每年重温公司文化、历史、理念和有关规定。

7. 墙报。

8. 热线电话。当你遇到问题时可以向这个电话反映，昼夜均有人值守。

9. 职工委员会。职工委员会是员工与管理层直接沟通的另一个桥梁，委员会主席由员工关系部经理兼任。

10. 589 信箱。当员工的意见尝试以上渠道后仍无法得到充分，及时和公正解决时，可以直接写信给天津市 589 信箱，此信箱钥匙由中国区人力资源总监亲自掌握。

（资料来源：http://www.chinahrd.net/manage/info/108039）

5.4.2　相关知识

5.4.2.1　工作关系协调的含义

协调，从字面上来解释，就是同心协力，配合适当的意思。从管理的角度来解释，所谓管理，就是协调，协调的过程就是管理的过程。马克思曾指出："一切规模较大的直接社会劳动或共同劳动，都或多或少地需要指挥，以协调个人的活动，并执行生产总体的运动不同于这一总体独立器官的运动所产生的各种一般职能。一个单独的提琴手是自己指挥自己，一个乐队就需要一个乐队指挥。"这就是说，任何有组织的工作过程，都需要有协调的组织，都离不开协调的功能。协调的核心是使围绕一个共同目标的有关部门和人员，和谐协调地进行工作，在各自的岗位上，朝着一个目标使劲出力。仿佛指挥乐队演奏一样，使众多的不同乐器按统一指挥和乐章互相协调地配合，演奏出动听的乐章，而不是各自为政，互相干扰，发出噪音。

美国现代管理学者迪克·卡尔森明确指出："协调的功能在于使一个组织中所有单位的活动同步化、和谐化，以便达到共同的最终成果。"协调的目的就在于消除"内耗"，消除矛盾，把各方面的力量组成一个和谐统一的合力，以求得最佳管理效果，实现共同的目标。

秘书人员的一项重要任务，就是要在自己的职能范围内，或在领导者的授权下，组成和调节各级组织、各类人员、各项工作之间的关系，促使各种公务活动趋向同步化与和谐化、秩序化与科学化，以实现组织的整体目标。这个协调的过程就是工作关系协调。协调是管理的一项重要职能，也是办公部门的重要职责。

5.4.2.2 工作关系协调的作用

办公部门不论是国家行政机关，还是企事业单位，都处于枢纽中心地位。是贯通上下的咽喉，是联系左右的纽带，是传递信息的中枢神经，也是领导机构的参谋部与指挥部，这就决定办公部门起着非常重要的协调作用。办公部门发挥协调作用，就是要协调本单位领导成员之间的关系，协调本单位各部门之间的关系，协调同其他单位之间的关系，进行必要的组合和调节，使之能够互相配合，齐心协力，步调一致地去圆满实现领导制定的管理目标，充分显示协调的最大效能。

随着社会化大生产的发展规模的日益扩大，社会管理的分工越来越细，组织管理工作也越来越复杂多变。不论从生产管理还是从行政管理方面，充分发挥办公部门的协调作用也就显得尤为突出重要。概括地说，主要表现在以下几个方面：

（1）协调能使党的方针政策顺利贯彻执行，使企业的生产不偏离正确的方向。在办公部门的辅助和配合下，使潜能得以充分地集中和发挥，使领导机关能够真正起到领导功能的作用。

（2）协调能使各单位、各部门、各机构、各人员之间在工作上分工合作，密切配合，避免矛盾，扫除障碍，统一步调，为实现既定目标而共同努力，真正起到凝聚功能的作用。

（3）协调能使每个成员各行其权，各尽其责，忠于职守，把各个方面的力量组成一个和谐统一的合力，使整个工作井然有序，同步运转，真正起到调节功能的作用。

（4）协调能使人际关系更加和谐、融洽，使每个工作人员既能轻松愉快地完成自己的工作任务，又能与别人和睦相处，配合默契，增进效益，真正起到服务功能的作用。

可见，协调是领导工作的客观规律和必然要求，是赋予办公部门的特殊职责，它在整个机关中起着举足轻重的作用。

5.4.2.3 关系协调的类型

办公部门按所涉及到的关系来看，有四个方面的协调工作：

（1）上下关系的协调。上下关系的协调，即上级领导机关或下级所属单位与本单位的关系协调。由于职责不同，角度不同，认识不同，在工作中产生矛盾是不可避免的。处于中枢地位的办公部门，要积极主动地搞好他们之间的协调工作，运用各种手段，沟通信息，疏通渠道，对上情要及时下达，下情应迅速上报，不拖延积压，贻误时机，力求理顺关系，化解矛盾。

（2）左右关系的协调。左右关系的协调包括两个内容，一是协调本单位各部门之间的关系；二是协调本单位与有关单位的关系。它们之间是相互联系，互为条件，相互制约的。办公部门在协调时，一定要注意平等协调，以诚相待，力求做到互相支持，互相配合，协调一致，同舟共济，使整个单位的目标高效率地实现。

（3）领导集体的协调。领导集体的协调主要包括目标协调、权力协调、信息协调以及领导活动的协调等。领导集体是一个单位的心脏，充分发挥它的效能，对整个单位的工作起着决定性的作用。但是，由于领导人各自分管业务工作的局限性和认识上的差异，往往同一问题会产生不同的看法。办公部门面对领导之间由于意见分歧而产生的矛盾，既要坚持原则，实事求是，又要沟通信息，消除隔阂。努力设法促使他们相互了解，彼此信任，以达到融洽共事、团结一致的目的。

（4）人际关系的协调。办公部门要针对不同对象，采用灵活多样的协调方法，力求具备“以不变应万变”的本领，学会和掌握协调人际关系的艺术。即在次要问题上适当让步的艺术；在文字协调中使用必要的模糊语言的艺术；寻找最佳协调的艺术；在特殊条件下迂回前进的艺术等。这样就会应付自如，达到协调的目的。与此同时，还要创造和谐友好的人际关系，保持融洽舒畅的人事环境，以达到配合恰当、同步运转的目的。

5.4.2.4 工作关系协调的原则

协调的目的在于理顺各种关系，加快工作节奏，提高管理效率。为了达到这一目的，在协调工作中应坚持以下基本原则：

1. 调查研究的原则

对任何大小问题的协调，都必须在调查研究、弄清情况后，才能提出协调意见，作出协调的决定。调查研究是协调处理问题的前提和基础。一般来说，凡是需要协调解决的矛盾，都是比较复杂“难缠”的问题，必须进行深入细致的调查研究。弄清矛盾的来龙去脉，分析矛盾产生的原因，研究矛盾的性质、矛盾的症结所在，矛盾对全局的影响。然后，在此基础上向领导提出协调意见，作出协调决定，进行协调工作，尽量做到合情合理，各方满意。因此，办公室人员在协调问题时切忌偏听偏信，主观武断，贸然行事，否则是达不到协调目的的。

2. 服从全局的原则

从本质上讲，协调就是解决矛盾。在实际工作中，各种类型的矛盾很多。但多数矛盾属于局部利益与全局利益之间的矛盾。办公室人员在协调这类矛盾时，必须坚持局部服从全局的原则。全局的需要往往带有战略性、长远性、根本性，而处于局部地区的人们往往由于种种限制而注重战术方面、眼前方面、局部方面。因此，当全局与局部利益发生矛盾时，要求牺牲局部利益，服从全局利益。而且全局得不到应有的发展，必然使局部的发展受到严重制约，局部的发展既不能持久，又难以得到良好的效益。所以，办公室人员在协调这类问题时，必须保持清醒的头脑，说服有关方面从全局着想，从长远着想，小道理应服从大道理，使放弃局部利益的一方或数方明理晓义，积极配合，以统一工作步伐。

3. 观念领先的原则

协调工作的类型很多，情况极为复杂。由于人们受所处地位的限制，认识水平的限制，文化素质的限制，以及各种利益的限制，常常会滋生极端的个人主义、本位主义和小团体主义。他们只顾自己的利益，不顾别人的利益；只看眼前利益，不看长远利益；只纠缠具体问题，不触及实质问题；只指责对方的不是，不正视自己的过失。办公室人员要处理这样的问题，必须坚持观念领先的原则。应针对协调对象的现实表现，既要就事论事，解决实际问题，更要就事论理，解决协调对象的观念问题，用观念上的一致带动工作行动上的一致。

4. 协商处理的原则

从某种意义上说，办公室人员从事协商工作的过程，就是让相关人员共同了解信息，共同理解信息，然后求得相互理解，相互谅解，以求协商解决问题。这是办公室人员对协商对象的态度问题，也是影响协调效果的一个原则问题。因此，无论协调何种矛盾，都要尊重被协调的各方，以平等态度相待；要理解被协调的各方，设身处地为他们的利益着想；要协助被协调的各方，诚心实意为他们服务。即使在协调中出现了新的分歧和对立，也要坚持协商处理的原则，切不可摆出“二首长”的架式，做强加于人的事情。要站在全局的高度，对被协调的双方平等相待，一视同仁，不偏不移，要在沟通感情的基础上创造融洽、谅解的协调环境，以利于合作、协商，达到协调的最终目的。

5. 逐级负责的原则

坚持分级协调的原则，该哪一级协调的问题，就由哪一级负责，不得往下推，更不得往上交。一般来说，上级组织(包括办公部门)，不要越级处理下级职权范围内的问题，同样，下级组织(包括办公部门)，也不要把自己职责范围内能够解决的问题交给上级组织。只有这样，各级负责，认真办理，才能使问题及时得到满意的回复。

总之，协调工作是一项难度较大的工作，必须遵循以上协调的原则，才能做好协调工作。

【课堂训练】H 处是某局的一个处，长期以来，这个处的工作一直做得比较差。2005年，H 处实行处长负责制，领导班子由 A 处长和两个副处长组成。A 处长实践经验丰富，有较强的决断能力和组织指挥能力，事业心强，为人正派，思想作风端正。A 处长认为，既然实行处长负责制，H 处的行政工作我说了算，不必与两个副处长商量。两个副处长则想，既然我们没有发言权，就索性对处里的工作放手不管，袖手旁观，结果，他们共事一年多，非但没有改变 H 处的落后面貌，而且他们的关系越来越紧张，有时搞得很僵，使工作难以开展。

问题：如果你是 A 处长，你应该怎样做？

5.4.3 学习自测

1. 简述工作关系协调的作用。
2. 关系协调有哪几种类型？
3. 工作关系协调需要遵循什么原则？

5.4.4 案例分析

汤姆担任厂长

汤姆担任这家工厂的厂长已经一年多了。他刚看了工厂有关今年实现目标情况的统计资料，厂里各方面工作的进展出乎意料之外，他为此气得说不出一句话来。他记得就任厂长后的第一件事情就是亲自制定了工厂一系列计划目标。具体地说，他要解决工厂的浪费问题，要解决职工超时工作的问题，要减少废料的运输问题。他具体规定：在一年要把购买原材料的费用降低10%～15%；把用于支付工人超时工作的费用从原来的11万美元减少到6万美元，要把废料运输费用降低3%。他把这些具体目标告诉了下属有关方面的负责人。

然而，他刚看过的年终统计资料却大大出乎他的意料之外。原材料的浪费比去年更为严重，原材料的浪费竟占总额的16%；职工超时费用也只降低到9万美元，远没有达到原定的目标；运输费用也根本没有降低。

他把这些情况告诉了负责生产的副厂长，并严肃批评了这位副厂长。但副厂长争辩说："我曾对工人强调过要注意减少浪费的问题，我原以为工人也会按我的要求去做的。"人事部门的负责人也附和着说："我已经为消减超时的费用作了最大的努力，只对那些必须支付的款项才支付。"而负责运输方面的负责人则说："我对未能把运输费用减下来并不感到意外，我已经想尽了一切办法。我预测，明年的运输费用可能要上升3%～4%。"

在分别和有关方面的负责人交谈之后，汤姆又把他们召集起来布置新的要求，他说："生产部门一定要把原材料的费用降低10%，人事部门一定要把超时费用降到7万美元；即使是运输费用要提高，但也决不能超过今年的标准，这就是我们明年的目标。我到明年底再看你们的结果！"

讨论题：

（1）你认为导致汤姆失败的原因是什么？

（2）汤姆所制定的明年的目标能完成吗？为什么？

（资料来源：http://ba-d.cdrtvu.edu.cn/News_View.asp?NewsID=512）

5.4.5 实训项目

表5-4 实训名称：日常工作关系如何协调

实训目的	了解日常工作关系协调的技巧与方法
实训条件	多媒体教室
实训要求	要求学生分组讨论并列出日常工作关系协调活动
教师任务	分析确定日常工作关系协调需要注意的事项
实训评价	组长给每位组员打分，教师给组长打分

【参考答案】

1.（1）协调能使党的方针政策顺利贯彻执行，使企业的生产不偏离正确的方向。

（2）协调能使各单位、各部门、各机构、各人员之间在工作上分工合作，密切配合，避免矛盾，扫除障碍，统一步调。

（3）协调能使每个成员各行其权，各尽其责，忠于职守，把各个方面的力量组成一个和谐统一的合力，真正起到调节功能的作用。

（4）协调能使人际关系更加和谐、融洽，使每个工作人员既能轻松愉快地完成自己的工作任务，又能与别人和睦相处，增进效益，真正起到服务功能的作用。

2.（1）上下关系的协调。即上级领导机关或下级所属单位与本单位的关系协调。

（2）左右关系的协调。包括两个内容，一是协调本单位各部门之间的关系；二是协调本单位与有关单位的关系。

（3）领导集体的协调。主要包括目标协调、权力协调、信息协调以及领导活动的协调等。

（4）人际关系的协调。

3.（1）调查研究的原则。

（2）服从全局的原则。

（3）观念领先的原则。

（4）协商处理的原则。

（5）逐级负责的原则。

学习单元六　激励

职业素养

1. 培养能够运用各种激励理论来分析现有的各种激励方法；
2. 养成尝试结合激励理论和激励方法来探索一些新的激励措施。

能力目标

1. 了解激励的概念和重要性；
2. 理解激励的模式和要素；
3. 熟知各种激励理论；
4. 掌握进行激励的具体方法。

学习任务一　激励机制构建

6.1.1　学习导入

宏业集团公司是一个拥有10亿资产，下属6家境内独资或控股子公司、两家境外独资公司的大型综合性铜冶炼加工的企业集团。在20世纪80年代，浙江的王先生以1.75万元收购镇政府的原钢丝厂旧厂房、设备，又自行筹资13.5万元兴办了第一家乡镇工业企业——宏业铜棒厂，经过20多年的发展而成。

王先生作为董事长，觉得自己太累了，公司大小事情几乎都由他拍板。据说，公司采购员差旅费报销也要王董亲自签字，实行"一支笔"管理，以控制企业的财务。王董也深感管理这种大型企业必须懂得分权，而且也曾奉行"用人不疑"的原则，可是教训太深了。2002年放权，贸易公司经理用假提单卷走了480万元。王董只得集权，工作两年后实在不行，只好再度放权，没想到总经理携款1000万元跑到国外去了，而且他还是王董的亲戚。王董只好再次集权。王董表明了心迹：要控制这家公司越来越难了。以前给员工发个红包、拜个年，会得到员工真诚努力的回报。自乡镇企业改制后，有关部门界定王董个人在公司中的产权占90%、镇政府只占10%，最亲密的战友与他疏远了，他给员工加工资，有的年薪已达10～30万元，配备专车、司机和秘书，但这些自己一手培养起来的下属以及曾经的元老们却照样提不起精神。公款消费、私拿回扣和浪费现象开始在公司蔓延，原有的民营企业的优势正在逐步消失，而且携款外逃事件还有可能再度发生。如何建立有效激励机制成为了难题。

（资料来源：http://www.zige365.com）

6.1.2 相关知识

激励的含义

激励作为一种管理职能在以人为本的企业管理中具有不可替代性，可以激发人的动机，诱发人的行为，使其发挥内在潜力，为实现既定目标而努力。激励是心理学的一个术语，是指激发人的行为的心理过程。在企业管理中，激励可以理解为组织通过设计适当的外部奖酬形式和工作环境，以一定的行为规范和惩罚性措施，借助信息沟通来激发、引导、保持和归化组织成员的行为，以有效地实现组织及成员个人目标的系统活动。激励这一定义包括以下几个方面的内容：

1. 激励的出发点是满足组织成员的各种需要，即通过系统地设计适当的外部奖酬形式和工作环境，来满足企业外在性需要和内在性需要。

2. 科学的激励工作需要奖励和惩罚并举，既要对员工表现出来的符合企业期望的行为进行奖励，又要对不符合员工期望的行为进行惩罚。

3. 激励贯穿于企业员工工作的全过程，包括对员工个人需要的了解、个性的把握、行为过程的控制和行为结果的评价等。因此，激励工作需要耐心。赫兹伯格说，如何激励员工：锲而不舍。

4. 信息沟通贯穿于激励工作的始末，从对激励制度的宣传、企业员工个人的了解，到对员工行为过程的控制和对员工行为结果的评价等，都依赖于一定的信息沟通。企业组织中信息沟通是否通畅，是否及时、准确、全面，直接影响着激励制度的运用效果和激励工作的成本。

5. 激励的最终目的是在实现组织预期目标的同时，也能让组织成员实现其个人目标，即达到组织目标和员工个人目标在客观上的统一。

【课堂训练】假设你是一家制造企业某部门的领导，你的下属中有如下五个人：

A：文章写得顶呱呱，公司的大小文件、报告都有劳他动笔，但此人工作责任心不强，一有时间就干私活，公司电话、传真、电脑如同其私人自留地，每月稿费收入远高于其工资，公家事则是能拖就拖，能推就推，除非领导发话，否则懒得动腿。

B：大事干不了，小事又不干，倚仗后台硬而尾大不掉、为所欲为，但社会活动能力强，公司在批文、报表方面出了问题只要他到有关部门疏通，事情就能得到圆满解决。

C：典型的老黄牛，技术过硬，勤勤恳恳，由于不善钻营，工作几年了“长”字仍没弄一个，但闲时爱发点牢骚，想跳槽到南方某地寻求高薪。

D：是个楞头青，常跟领导顶牛，也常检举揭发同事间的“不法”行为，同事对他既爱又恨，每年总结会上就他反映问题最多，令领导头疼。但其为人热心、真诚，乐于助人，有正义感，对公司忠诚。

E：销售天才，公司缺少他员工收入就会受影响，但常以手中拥有的重量级客户而倚权自重，对上级领导不感冒，另外贪点小财，人品不佳。

试分析：

（1）五位员工的心理需要层次及优势需要。

（2）你如何激励这五位员工努力工作并回避他们的缺点。

（3）如果企业需要裁员，你会淘汰哪一个或哪几个？为什么？

6.1.2.1　激励机制的内涵及作用方式

1. 激励机制的内涵

所谓机制是指系统内各子系统、各要素之间相互作用、相互联系、相互制约的形式及其运动原理和内在的、本质的工作方式。这样，我们把激励机制定义为在组织系统中，激励主体通过激励因素与激励对象（或称激励客体）之间相互作用的方式，或简单地说在组织中用于调动其成员积极性的所有制度的总和。根据前面关于管理激励含义的分析，激励机制应包括以下 5 个方面的制度。

（1）诱导因素集合。诱导因素是指能满足一个人的某种需要、激发一个人的某种行为、诱导他去做出一定绩效的东西。个人的需要是多种多样的，是多层次的，且是发展变化的；其内容既有物质方面的，也有精神方面的；既有身外之物，也有内心体验，国外关于人类需要的理论很多，都有一定的适用性。像马斯洛认为人的需要的发展是逐步升级的；阿尔德弗则指出，若人的较高层次需要得不到满足的话，可能会降而求其次，而赫兹伯格则指出，激励因素是以工作为中心的相关因素；麦克利兰则认为，对管理者来说，权力是巨大的激励因素；在美国社会比较“丰裕”的今天，人们更注重工作生活质量，需求结构显示出个性化。因此，对激励工作者来说，运用这些诱导因素要因人、因时、因地制宜。

（2）行为导向制度。它是指对激励对象所希望的努力方向和所倡导的价值观的规定。由于个人的工作动机和个性不同，由诱导因素所激发的个人行为可能会朝向各种方向，不一定与组织所期望的目标行为模式同向。并且，个人的价值判断也不一定相容于组织的价值观，这就要求在制定激励制度时明确所期望的行为方式和应秉承的价值观，使组织成员的行为朝向明确的目标和方向努力。勒波夫（M.Leboeuf）博士在《怎样激励员工》一书中指出，世界上最伟大的原则是奖励；受到奖励的事会做得更好，在有利可图的情况下，每个人都会干得更漂亮。他还列出了企业应该奖励的 10 种行为方式：①奖励彻底解决问题的，而不是仅仅采取应急措施；②奖励冒险，而不是躲避风险；③奖励使用可行的创新，而不是盲目跟从；④奖励果断的行动，而不是无用的分析；⑤奖励出色的工作而不忙忙碌碌的行为；⑥奖励简单化，反对不必要的复杂化；⑦奖励默默无声的有效行动，反对哗众取宠；⑧奖励高质量的工作，而不是草率的行动；⑨奖励忠诚，反对背叛；⑩奖励合作，反对内讧。勒波夫所列举的这些应该奖励的行为方式，对很多企业来说，都可作为其员工的行为导向。

（3）行为幅度制度。它是指对由诱导因素所激发的行为强度量的控制措施。这种量的规定通过一定奖酬与一定绩效的关联性起作用，期望理论告诉我们，激励力量取决于激励客体对奖酬效价与期望值的乘积。因此，在制定激励制度时，可以通过不同的关联度和奖酬效价将员工的努力程度调整在一定的范围内，以防止激励依赖性和抗激励性的产生或以防止一定奖酬对员工的激励效率的快速下降。如为什么前些年国企改革的时候，裁人都会遇到极为激烈的反抗。因为长期以来，国企里按时发工资，有稳定的待遇，很多工人以为这是他的基本需求，你不能改变。另外，大家知道，我们还没有很好的社会福利保险体系。所以，当一个人从哪怕每个月只有 500 元钱的工作岗位上被辞退的时候，他就感觉受到了巨大的震动。这些人弄不好就会铤而走险，因为他看不到任何出路。

（4）行为时空制度。激励的时空制度是指诱导因素作用于激励对象在时间和空间上的规定，这种规定包括特定的外在奖酬与特定的绩效相关联的时间期限，激励对象与一定的工作结合的时间限制，以及有效行为的空间范围。这方面的规定可以防止激励客体的短期行为和地理无限性，从而使所希望的行为方式具有一定的持续性在一定的时期和空间范围内发生。

（5）行为归化制度。行为归化是对激励客体违反行为规范的事前预防和事后处理。所谓事前预防，是指事先告诉激励对象若不按规定行事可能带来的不愉快后果，对不规范行为事先起到抑制作用；事后处理是以惩罚和教育相结合的方式，一方面让当事人对不合要求的行为承担后果，另一方面则要通过教育培训的方式，加强激励对象对行为规范的认识和提高行为能力。

以上 5 个方面的制度和规定都是激励因素，激励机制是 5 个方面制度的总和。其中诱导因素起到激发行为的作用，后四者起到规范行为和制约行为的作用根据辩证唯物主义的观点，任何事物都是由矛盾的两个方面组成的，矛盾的双方既对立、又统一，共处于一个统一体中激励机制的内涵也是一样，它是由激发和制约两个方面的制度共同构成的。一个健全的激励机制应同时完整地包括以上 5 个方面的内容，只有这样才能形成良性的循环。

就像汽车上需要同时具有起动系统、加速系统、变速系统、方向系统和制动系统才能保证汽车正常运行一样，对一个组织来说，良好的激励机制有助于组织机体的发展壮大。

【课堂训练】阅读下列资料，设想你就是猎人，你想怎样对待猎狗？

一条猎狗将兔子赶出了窝，一直追赶它，追了很久仍没有捉到。牧羊人看到此种情景，讥笑猎狗说：“你们两个之间小的反而跑得快得多。”猎狗回答说：“你不知道我们两个的跑是完全不同的！我仅仅为了一顿饭而跑，他却是为了性命而跑呀！

这话被猎人听到了，猎人想：猎狗说的对啊，那我要想得到更多的猎物，得想个好法子。

想想都有什么方法？

如果猎人这样：

猎人又买来几条猎狗，凡是能够在打猎中捉到兔子的，就可以得到几根骨头，捉不到的就没有饭吃。这一招果然有用，猎狗们纷纷去努力追兔子，因为谁都不愿意看着别人有骨头吃，自己没得吃，就这样过了一段时间，问题又出现了，大兔子非常难捉到，小兔子好捉，但捉到大兔子得到的奖赏和捉到小兔子得到的骨头差不多，猎狗们善于观察发现了这个窍门，专门去捉小兔子，慢慢的，大家都发现了这个窍门。猎人对猎狗说：“最近你们捉的兔子越来越小了，为什么？”猎狗们说：“反正没有什么大的区别，为什么费那么大的劲去捉那些大的呢？”

接下来你怎么办？

如果猎人这样：

猎人经过思考后，决定不将分得骨头的数量与是否捉到兔子挂钩，而是采用每过一段时间，就统计一次猎狗捉到兔子的总重量，按照重量来评价猎狗，决定一段时间内的待遇。于是猎狗们捉到兔子的数量和重量都增加了，猎人很开心，但是过了一段时间，猎人发现，猎狗们捉兔子的数量又少了，而且越有经验的猎狗，捉兔子的数量下降得就越厉害。于是猎人又去问猎狗。猎狗说：“我们把最好的时间都奉献给了您，主人，但是我们随着时间的推移会老，当我们捉不到兔子的时候，您还会给我们骨头吃吗？”

接下来你还要怎么办？

如果猎人这样：

猎人做了论功行赏的决定，分析与汇总所有猎狗捉到兔子的数量与重量，规定如果捉到的兔子超过了一定的数量后，即使捉不到兔子，每顿饭也可以得到一定数量的骨头，猎狗们都很高兴，大家都努力去达到猎人规定的数量。一段时间过后，终于有一些猎狗达到了猎人规定的数量。这时，其中有一只猎狗说："我们这么努力，只得到几根骨头，而我们捉的猎物远远超过了这几根骨头。我们为什么不能给自己捉兔子呢？"于是，有些猎狗离开了猎人，自己捉兔子去了。

你怎么办？

2. 激励机制的作用方式

激励机制对组织的作用具有两种性质，即助长性和致弱性，也就是说，激励机制对组织具有助长作用和致弱作用。

激励机制的助长作用是一定的激励机制对员工的某种符合组织期望的行为具有反复、不断增强的作用，在这样的激励机制作用下，组织不断发展壮大，不断成长。这样的激励机制即为良好的激励机制。当然，在良好的激励机制之中，肯定有负强化和惩罚措施对员工的不符合组织期望的行为起约束作用。激励机制对员工行为的助长作用给管理者的启示是：管理者应能找准员工的真正需要，并将满足员工需要的措施与组织目标的实现有效地结合起来。

激励机制的致弱作用表现在：由于激励机制中存在去激励因素，组织对员工所期望的行为并没有表现出来。尽管激励机制设计者的初衷是希望通过激励机制的运行，能有效地调动员工的积极性，实现组织的目标。但是，无论是激励机制本身不健全，还是激励机制不具有可行性，都会对一部分员工的工作积极性起抑制作用和削弱作用，这就是激励机制的致弱作用。在一个组织当中，当对员工工作积极性起致弱作用的因素长期起主导作用时，组织的发展就会受到限制，直到走向衰败。因此，对于存在致弱作用的激励机制，必须将其中的去激励因素根除，代之以有效的激励因素。

6.1.2.2 激励机制设计

1. 激励机制设计的含义

激励机制设计的实质是要求管理者抱着人性的观念，通过理性化的制度来规范员工的行为，调动员工的工作积极性，以达到有序管理和有效管理，谋求管理的人性化和制度化之间的平衡，这正是管理者孜孜以求的。

激励机制设计包括以下几个方面的内容：

（1）激励机制设计以员工个人需要为出发设计各种外在性奖酬形式，并设计具有激励特性的工作，从而形成一个诱导因素集合，满足员工个人的外在性需要和内在性需要。对诱导因素的提取，必须建立在队员个人需要进行调查、分析和预测的基础上，然后根据组织所拥有的奖酬资源的时期情况设计各种奖酬形式，包括各种外在性奖酬和内在性奖酬（通过工作设计来达到）。

（2）激励机制设计的直接目的是为了调动员工的积极性，而最终目的是为了实现组织目标，谋求组织利益和个人利益的一致，因此要有一个组织目标体系来指引个人的努力方向。

（3）激励机制设计的核心是分配制度和行为规范。分配制度将诱导因素集合与目标体系连接起来，即达到特定的组织目标将会得到相应的奖酬。行为规范将员工的性格、能力、素质整个性因素与组纲目标体系连接起来。行为规范规定了个人以一定的行为方式（即路经）来达到一定的目标。

（4）激励机制设计的效率标准。决定机制运行效率的是机制运行所需的信息。信息沟通贯穿于激励机制运行的始末，特别是组织在构造诱导因素集合时，必须了解员工个人真实需要，加强信息沟通，将个人需要与诱导因素连接起来。随着信息技术在企业中的广泛运用，可以大大降低激励机制运行过程中在很多环节的信息处理成本。但是，连接诱导因素集合与个人需要之间的信息沟通是无法省略的。

激励机制运行的最佳效果是在较低成本的条件下达到激励相容，即同时实现员工个人目标和组织目标，使员工个人利益和组织利益达到一致。

激励机制设计模型如图 6-1 所示。

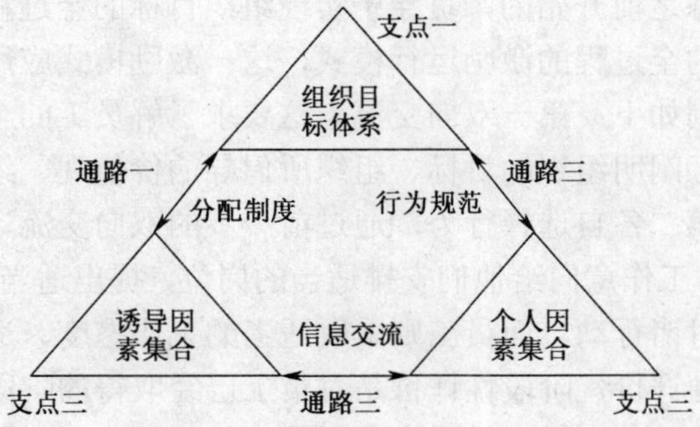

图 6-1　激励机制设计模型

2. 激励机制模式的支点

集合构成激励机制设计模型中的 3 个支点，包含：组织目标体系、诱导因素集合和个人因素集合。

（1）组织目标体系。组织目标可以有多种区分方法。西蒙将组织的目标区分为两个，一个是能够维持组织生存下去的目标；另一个是保证组织发展壮大的目标。佩罗（Perrow）则详细地分析了组织的多层次目标，包括：①社会目标；②产量目标，包括向消费者提供产品和服务的质量和数量等；③系统目标，包括增长率、市场份额、组织气氛和在本行业中的地位等；④产品特性目标，包括向消费者提供的产品或服务的品种、独特性、新颖性等；⑤其他的派生目标，如参与政治活动、赞助教育事业、促进员工发展等。组织目标是所有参加者的间接个人目标，它是组织参加者们一起进行组织活动，以满足各自不同动机的手段。

（2）诱导因素集合。个人参加到组织中来是因为组织能提供个人所需要的各种奖酬，而这些奖酬就成为产生某种行为的刺激因素，组织便可将这些刺激因素作为引发员工符合期望的行为诱导因素。组织对个人最明显的刺激因素就是薪金或工资，即经济性奖酬。但不同的人需要得到不同的奖酬，且同一奖酬对不同的人来说也具有不同的意义。

（3）个人因素集合。个人因素包括个人需要、价值观等决定个人加入组织的动机的一些因素，以及个人的能力、素质、潜力等决定个人对组织贡献大小的一些因素。组织的激励机制设计要充分考虑到员工素质、能力水平以及个人要求发展的愿望，将目标设置、工作安排与这些因素相匹配。

3. 激励机制模型中的三条通路

在激励机制设计模型中，分配制度将诱导因素集合（奖酬资源）与组织目标体系连接起来，行为规范将个人因素集合与组织目标体系连接起来，信息交流将个人因素集合与诱导因素连接起来。因此，我们可以把分配制度、行为规范和信息交流称为激励机制设计模型的三条道路。通过三条道路的连接作用，使三个支点所包含的内容相互对应，形成一定的逻辑关系。

4. 激励机制的运行模式

激励机制运行的过程就是激励主体与激励客体之间互动的过程，也就是激励工作的过程。基于麦格雷戈的XY理论、大内（W.G.Ouchi）的Z理论、莫尔斯（J.Morse）和洛希（J.W.Lorsch）的超Y理论、赫茨伯格（Herzberg）的双因素理论等不同的运用，会导致不同的激励机制模式。在考虑内外部环境基础不同，可分为民族中心模式、多元中心模式、全球中心模式等激励模式。

从员工进入工作状态之前开始的，贯穿于实现组织目标的全过程是全过程激励模式，是一个基于双向信息交流的全过程的激励运行模式，这一激励模式应用于管理实践中可分为5个步骤，其工作内容分别如下：第一双向交流，这要求了解员工的个人需要、事业规划、能力和素质等，同时向员工阐明组织的目标、组织所倡导的价值观、组织的奖酬内容、绩效考核标准和行为规范等；第二各自选择行为，通过前一步的双向交流，管理人员将根据员工个人的特长、能力、素质和工作意向给他们安排适当的岗位，提出适当的努力目标和考核办法，采取适当的管理方式并付诸行动，而员工则采取适当的工作态度、适当的行为方式和努力程度开始工作；第三阶段性评价，阶段性评价是对员工已经取得的阶段性成果和工作进展及时进行评判，以便管理者和员工双方再做适应性调整；第四年终评价与奖酬分配，员工要配合管理人员对自己的工作成绩进行评价并据此获得组织的奖酬资源，同时管理者要善于听取员工自己对工作的评价；第五比较与再交流，在这一步，员工将对自己从工作过程和任务完成后所获得的奖酬与其他可比的人进行比较，以及与自己的过去相比较，看一看自己从工作中所得到的奖酬是否满意，是否公平，以磋商达成一致意见。

全过程激励模式突出了信息交流的作用，划分了激励工作的逻辑步骤，具有比较强可操作性。

【课堂训练】布拉德利服装公司的激励。

艾丽斯·约翰逊（Alice Johnson）是布拉德利服装公司（妇女服装和衣着用品的生产者）的人事经理，她刚从一个管理开发研究班回来，在那里对激励，特别是马斯洛和赫茨伯格的理论相当注意。她为马斯洛清晰的需要层次和赫茨伯格的激励因素及保健因素理论所感动，认为这个公司可以立即实际运用它们。她欣赏这两种激励方法简单易用，并且觉得公司的工资和薪水水平在本行业中间已是最好的了。她相信，公司应该集中在赫茨伯格的激励因素上。

结果她说服公司的执行委员会，去着手制定了关于强调表彰、提升、更大的个人责任、成就并使工作更有挑战性等各种计划。计划运转了几个月之后，她迷惑了，发现结果并不如她所期望的那样。

服装设计人员对计划的反应好像并没有引起热情。有些人觉得他们已经有了一个挑战性工作，他们的成就感已由他们超过销售定额实现，在他们的佣金支票中就是对他们的表彰。并且对他们说来，所有这些新计划都是浪费时间。裁剪员、缝纫工、熨衣工和包装工的感受是各式各样的。有些人随新计划的实行而受到表彰，反应良好；但是另外一些人则认为是管理人员的诡计，要让他们更加拼命工作而不增加任何工资。他们工会的企业代表同后面那些人的意见一致，公开批评这些计划。

反应是如此的悬殊，约翰逊女士受到公司最高层主管人员的不少批评，他们以为被一个过度热心的人事经理欺骗了。在同该公司的管理顾问讨论这个问题时，顾问对约翰逊女士的意见是她对人的激励观念想象得过于简单。

问题：

（1）你认为这个计划为什么会引起这么多的争议？

（2）为什么管理顾问说，约翰逊女士对人的激励观念想象得过于简单？

（3）如果你是约翰逊女士，你会做些什么？

6.1.3 学习自测

一、单选题

1. 负激励就是对员工违背组织目标非期望的行为而进行的惩罚，以使这种负面行为不再出现。下列不正确的是（ ）。

A. 要实事求是

B. 要严厉处罚，有时候可使被惩罚者丧失信心

C. 有依据，不能凭主观意志决定处罚

D. 要选择适当时机

2. 对于企业激励模式中的股票期权，下列说法错误的是（ ）。

A. 在美国，股票期权是政策边缘的激励模式

B. 在美国，那些进入指数的股票，一般都有标准化的期权合约在市场上交易，这些股票期权合约的交易与发行股票的公司无关

C. 和国外通行的方案相比，中国的股票期权方案具备自己的特色

D. 认购股票期权时，持有人必须购入股票

3. 激励过程可通过以下哪种机理来实现（ ）。

A. 将内部心理动力转化为外部的刺激，从而强化（增强和减弱）人的行为

B. 使人的动机系统被激发起来，处在一种激活状态，对行动有强大的推动力量

C. 时时刺激激发人的动机，使人有一股内在的动力，朝向所期望的目标前进

D. 参与激励机制的规划，为实现组织目标做出最大的努力

4. 激励的本质是（ ）

A. 企业利润　　B. 员工发展

C. 企业与员工的双赢　　D. 以上说法都不对

5. 三个人去登山，一个人已经到了山顶，一个刚到了中间，还有一个人刚刚起步，请问哪一个人才真正需要激励（ ）。

A. 到了山顶的　B. 到了中间的　C. 刚刚起步的　D. 以上都包括

二、判断题

1. 在构建激励机制中，对职位评价的目的是通过量化的方法来确定该职位的等级和档次，根据等级和档次来确定职位（岗位）工资。（ ）

2. 巴纳德认为通过培训和教育。组织成员所掌握和具备的知识、技能、认同和忠诚心，使他能自行制定出组织希望他作出的决策。（ ）

3. 需要产生动机，动机支配人的行为。（ ）

4. 需要是指人们由于缺乏某种东西而产生的生理或心理上的不平衡状态。（ ）

5. 每一个动机都能引发行为。（ ）

6．内容型激励理论着重研究从动机产生到采取行动的心理过程。（ ）

7．马斯洛认为人的需要层次由高到低依次排列为：安全需要、自我实现需要、生理需要、社交需要、尊重需要。（ ）

8．保健因素是内在因素，可以激发人的进取心，提高工作效率。（ ）

9．员工工作积极性不受其所得报酬的绝对值影响，只受其所得报酬相对值的影响。（ ）

10．某企业规定，员工上班迟到一次，扣发当月50%的奖金，自此规定出台之后，员工迟到现象基本消除，这是负强化方式。（ ）

三、简答题

1．确定以经济利益为核心的激励机制，但高薪是否为强劲的激励措施？

2．说说激励理论有哪些类型？

3．如何构建有效的现代企业激励机制呢？

6.1.4 案例分析

林肯电气公司总部设在克利夫兰，年销售额为44亿美元，拥有2400名员工，并且形成了一套独特的激励员工的方法，该公司90%的销售额来自于生产弧焊设备和辅助材料。林肯电气公司的生产工人按件计酬，他们没有最低小时工资。员工为公司工作两年后，便可以分享年终奖金。该公司的奖金制度有一套计算公式，全面考虑了公司的毛利润和员工的生产率及业绩，可以说是美国制造业中对工人最有利的奖金制度。在过去的56年中，平均奖金额是基本工资的95%，该公司中相当一部分员工的年收入超过10万美元。近几年经济迅速发展，员工年均收入为44 000美元左右，远远超过制造业员工年收入17000美元的平均水平，在不景气的年头里，如1982年的经济萧条时期，林肯电气公司员工收入降为27 000美元，这虽然与其他公司比还不算太坏，可与经济发展时期相比就差了一大截。公司自1958年开始推行职业保障政策时起，他们没有辞退过一名员工。当然，作为对此政策的回报，员工也相应要做到几点：在经济萧条时期他们必须接受减少工作时间的决定；而且要接受工作调换的决定；有时甚至为了维持每周30小时的最低工作量，而不得不调整到一个报酬更低的岗位上。林肯电气公司极具成本和生产率意识，如果工人生产出一个不合标准的部件，那么除非这个部件修改至符合标准，否则这件产品就不能计入该员工的工资中。严格的计件工资制度和高度竞争性的绩效评价系统形成一种很有压力的氛围，有的员工因此还产生过一定的焦虑感，但这种压力有利于生产率的提高。据该公司的一位管理者估计，与国内竞争对手比，林肯电气公司的总体生产率是他们的两倍。自20世纪30年代经济大萧条以后，公司年年获利丰厚，没有缺过一次分红。该公司还是美国工业界中工人流动最低的公司之一。前不久，该公司的两个分厂被《幸福》杂志评为全美十佳管理企业。

问题：

（1）你认为林肯电气公司使用了何种激励理论来激励员工？

（2）为什么林肯电气公司的方法能够有效地激励员工工作？

（3）你认为这种激励系统可能会给管理层带来什么问题？

（资料来源：http://www.doc88.com）

6.1.5 实训项目

表 6-1 实训名称：激励机制的认识

实训目的	加深对激励机制的认识
实训条件	多媒体设备，摄像设备
实训要求	1．学员分组，要求男女同学搭配，打乱宿舍、地域的界限 2．针对某一具体企业给出其激励机制的具体形式
教师任务	1．组织组长代表发言 2．点评组长发言
实训评价	对小组活动打分

【参考答案】

一、单选题

1～5 B A B C B

二、判断题

1～5 √ × √ √ × 6～10 × × × × √

学习任务二 激励方法选择

6.2.1 学习导入

索尼公司的内部招聘制度

有一天晚上，索尼董事长盛田昭夫按照惯例走进职工餐厅与职工一起就餐、聊天。他多年来一直保持着这个习惯，以培养员工的合作意识和与他们的良好关系。这天，盛田昭夫忽然发现一位年轻职工郁郁寡欢，满腹心事，闷头吃饭，谁也不理。于是，盛田昭夫就主动坐在这名员工对面，与他攀谈。几杯酒下肚之后，这个员工终于开口了："我毕业于东京大学，有一份待遇十分优厚的工作。但是，进入索尼之前，对索尼公司崇拜得发狂。当时，我认为我进入索尼，是我一生的最佳选择。但是，现在才发现，我不是在为索尼工作，而是为科长干活。坦率地说，我这位科长是个无能之辈，更可悲的是，我所有的行动与建议都得科长批准。我自己的一些小发明与改进，科长不仅不支持，不解释，还挖苦我赖**想吃天鹅肉，有野心。对我来说，这名科长就是索尼。我十分泄气，心灰意冷。这就是索尼？这就是我的索尼？我居然要放弃了那份优厚的工作来到这种地方！"这番话令盛田昭夫十分震惊，他想，类似的问题在公司内部员工中恐怕不少，管理者应该关心他们的苦恼，了解他们的处境，不能堵塞他们的上进之路，于是产生了改革人事管理制度的想法。之后，索尼公司开始每周出版一次内部小报，刊登公司各部门的"求人广告"，员工可以自由而秘密地前去应聘，他们的上司无权阻止。另外，索尼原则上每隔两年就让员工调换一次工作，特别是对于那些精力旺盛，干劲十足的人才，不是让他们被动地等待工作，而是主动地给他们施展才能的机会。在索尼公司实行内部招聘制度以后，有能力的人才大多能找到自己较中意的岗位，而且人力资源部门可以发现那些"流出"人才的上司所存在的问题。

（资料来源：中国总裁培训网）

6.2.2 相关知识

在研究了激励理论之后，主管人员往往急于寻求最有效的激励方法。然而，方法是否有效，取决于是否找到了能够诱导一个人工作，并较好地完成工作的因素；同时还取决于人们的觉悟。这些因素是按照人们的需要和认识来定的，而人们的需要又是不断变化着的，因素在变化，因而激励的方法也就多种多样。

6.2.2.1 激励的基本原则

1. 目标结合原则

在激励机制中，设置目标是一个关键环节。目标设置必须同时体现组织目标和员工需要的要求。

2. 物质激励和精神激励相结合的原则

物质激励是基础，精神激励是根本。在两者结合的基础上，逐步过渡到以精神激励为主。

3. 引导性原则

外激励措施只有转化为被激励者的自觉意愿，才能取得激励效果。因此，引导性原则是激励过程的内在要求。

4. 合理性原则

激励的合理性原则包括两层含义：其一，激励的措施要适度，要根据所实现目标本身的价值大小确定适当的激励量；其二，奖惩要公平。

5. 明确性原则

激励的明确性原则包括三层含义：其一，明确，激励的目的是需要做什么和必须怎么做；其二，公开，特别是分配奖金等大量员工关注的问题时，更为重要；其三，直观，实施物质奖励和精神奖励时都需要直观地表达它们的指标，总结和授予奖励及惩罚的方式。直观性与激励影响的心理效应成正比。

6. 时效性原则

要把握激励的时机，“雪中送炭”和“雨后送伞”的效果是不一样的。激励越及时，越有利于将人们的激情推向高潮，使其创造力连续有效地发挥出来。

7. 正激励与负激励相结合的原则

所谓正激励就是对员工的符合组织目标的期望行为进行奖励。所谓负激励就是对员工违背组织目的的非期望行为进行惩罚。正负激励都是必要而有效的，不仅作用于当事人，而且会间接地影响周围其他人。

8. 按需激励原则

激励的起点是满足员工的需要，但员工的需要因人而异、因时而异，并且只有满足最迫切需要（主导需要）的措施，其效价才高，其激励强度才大。因此，管理者必须深入地进行调查研究，不断了解员工需要层次和需要结构的变化趋势，有针对性地采取激励措施，才能收到实效。

【课堂训练】拓能浴霸公司最高层主管人员长期忧虑的一个问题是：生产车间的工人对它们的工作缺乏兴趣。其结果就是产品质量不得不由检验科来保证。对于那些在最后检验中不合格的产品，公司找到的唯一方法是在一个特别车间内设置一个由技术高的工匠组成的班组，安排在生产线的最后，在那里解决质量问题。由于这种方法费用高，而且发现出现的质量问题大多是装配时不小心等可以实现预防的差错造成的。因此，公司中很多人对于使用这种事后处理方法感觉到不满意。当然，也有的差错是由于设计不合理造成。在公司总裁沈晓华的催促下，分公司总经理召集他的主要部门主管开会研究这个问题该如何解决。生产经理张继断言，这些问题是工程设计方面的事情。他认为，只要工程设计上充分仔细地设计部件和整机结构，许多质量问题就不会出现。他又责怪人事部门没有更仔细地挑选工人，并且没有让员工的使用部门参与到选拔工作中来。他特别指出装配工人的流动率每月高达5%以上，且星期一的旷工率经常达到 20%。他的见解是：用这样一种劳动力，没有一个生产部门能够有效地运转。总工程师徐沛光认为，部件和整机结构都设计得很好。如果标准要求再严一点儿，生产就会非常困难和费时，内燃机的成本会大幅提高。人事经理刘媛从多方面来说明人事问题。首先，她指出，由于本公司有强有力的工会，她的部门对公司雇佣和留用工人有很少或根本没有控制权。其次，她观察到车间的工作是单调和非常辛苦的。所以公司不应该期望工人对于这种工作除了领取工资外还会有什么兴趣。但是刘媛说，她相信公司可以想办法提高工人的兴趣。如果工人承担的工作范围能够扩大的话，必然会出现高质量的工作以及较低的缺勤率和流动率。当问她的建议是什么时，她向公司推荐做两件事：一是要工人掌握几种操作技能，而不只是做一项简单的工作；二是工人每星期轮流换班，从生产线的一个位置换到另一个完全不同的位置上，这样可以为工人提供新的和更有挑战性的工作。这些建议被采用并付诸实行。使每个人觉得意外的是：工人对新计划表示极大不满。一个星期后，装配线关闭罢工。工人们声称，新计划只是一种管理上的诡计：使他们要做比以前更多的工作，并且训练他们去替代其他工人而不增加任何工资。

问题：

（1）请结合管理实际，你认为案例中该公司的管理出现了什么问题？

（2）请谈一谈此案例对你的启发。

6.2.2.2 激励的类型

1. 不同的激励类型对行为过程会产生不同程度的影响，所以，激励类型的选择是做好激励工作的一项先决条件。

（1）物质激励与精神激励。虽然二者的目标是一致的，但是它们的作用对象却是不同的。前者作用于人的生理方面，是对人物质需要的满足，后者作用于人的心理方面，是对人精神需要的满足。随着人们物质生活水平的不断提高，人们对精神与情感的需求越来越迫切。比如期望得到爱、得到尊重、得到认可、得到赞美、得到理解等。

（2）正激励与负激励。所谓正激励就是当一个人的行为符合组织的需要时，通过奖赏的方式来鼓励这种行为，以达到持续和发扬这种行为的目的。所谓负激励就是当一个人的行为不符合组织的需要时，通过制裁的方式来抑制这种行为，以达到减少或消除这种行为的目的。正激励与负激励作为激励的两种不同类型，目的都是要对人的行为进行强化，不同之处在于二者的取向相反。正激励起正强化的作用，是对行为的肯定；负激励起负强化的作用，是对行为的否定。

（3）内激励与外激励。所谓内激励是指由内酬引发的、源自于工作人员内心的激励；所谓外激励是指由外酬引发的、与工作任务本身无直接关系的激励。

内酬是指工作任务本身的刺激，即在工作进行过程中所获得的满足感，它与工作任务是同步的。追求成长、锻炼自己、获得认可、自我实现、乐在其中等内酬所引发的内激励，会产生一种持久性的作用。

外酬是指工作任务完成之后或在工作场所以外所获得的满足感，它与工作任务不是同步的。如果一项又脏又累、谁都不愿干的工作有一个人干了，那可能是因为完成这项任务，将会得到一定的外酬——奖金及其他额外补贴，一旦外酬消失，他的积极性可能就不存在了。所以，由外酬引发的外激励是难以持久的。

6.2.2.3 激励方法及选择

1. 参与管理和科学管理

参与管理与 X 理论和 Y 理论、激励—保健理论和 ERG 理论等激励理论都有关系。参与管理就是让下属人员实际分享上级的决策权。参与管理尤其受到年轻一代和高学历员工的青睐。其理由有以下几个方面：

（1）当工作比较复杂，管理人员无法了解员工的所有情况和各个工作细节，通过员工的参与决策可以让了解更多情况的人有所贡献。

（2）现代的工作任务相互依赖程度很高，有必要倾听其他部门的意见，而且彼此协商之后产生的决定，各方面都能致力推行。

（3）参与决策可以使参与者对作出的决定有认同感，有利于决策的执行。

（4）参与决策可以提供工作的内在奖励，使工作更有趣、更有意义。

如质量监督小组是一种常见的参与管理模式。质量监督小组通常由八到十位员工及一名督导员组成，定期集会（通常每周一次）讨论质量方面的难题，分析问题的原因，并提出解决方案，监督实施修正计划。

美国东方航空公司曾经实行这样的计划：允许作业人员对直接影响他们工作的决策有更多的发言权。在实施这项决定之后，仅机械技工的生产力就大有提高，价值合计 5000 万美元。

科学管理也是早期流行的一种工作设计方法。科学管理的方法采用动作时间分析等科学方法确定工作中的每一要素，减少动作和时间上的浪费，提高工作的专门化程度，降低工作的复杂性，提高生产率。

2. 弹性工作制和弹性福利制

弹性工作制是指在固定工作时间长度的前提下，灵活地选择工作的具体时间方式。弹性工作制有以下几种形式：

（1）缩短每周工作天数。例如，在美国，有的人每天工作十小时，一周工作四天，而不是传统的每周五天工作制。这种方法可以使员工有更多的休闲、娱乐的时间，提高了员工的工作热情和对组织的认同度，增加了生产力和设备运转率，减少加班和旷工率。

（2）弹性工作时间。公司只规定每天工作总的时间数，但员工上下班的时间可以自己掌握。通常来说公司会规定一段必须在班的共同时间，以避免员工之间没有机会沟通。弹性工作时间可以减少旷工率，提高生产力，减少加班费，给员工私人生活提供方便。它给予员工更多的自主权和责任感，顺应了员工成长的需要，符合 ERG 理论。不过统计表明，这种工作制主要被小公司采用。

弹性福利制是指允许员工在各种可能的福利方案中选择自己所最需要的反方案。因为每个人的具体情况不同，需要的福利也不同，有的员工可能更关心子女入托的问题，而有的员工更希望得到住房补贴。弹性福利制是由公司根据每个员工的薪水层次设立相应金额的福利账户，每一时期拨入一定金额，列出各种可能的福利选项供员工选择，直至福利金额用完为止。

3. 工作丰富化

工作丰富化是指在纵向上赋予员工更复杂、更系列化的工作，参与工作的规则制定、执行、评估，使员工有更大的自由度和自主权。有以下一些实施的方式：

（1）任务组合：把现有零碎的任务结合起来，形成范围较大的工作，增加技能多样性和任务完整性。

（2）构成自然性的工作单元，使员工能从事完整的工作，从而看到工作的成果，意义和重要性。

（3）与客户建立联系，从而增加工作技能多样性、自主性和反馈度纵向扩充工作内涵，赋予员工一些原本属于上级管理者的职责与控制权。

（4）开放反馈渠道，使员工不仅可以知道自己的绩效，也可知道是否进步、退步或没有变化。

（5）组织自主性工作团队。自主性工作团队对例行工作有很大的自主管理权，包括集体控制工作速度、任务分派、休息时间、工作效果的检查方式等，甚至可以有人事挑选权，团队中成员之间互相评价绩效。组织自主性工作团队有三个特征：整个团队对最终产品负责；成员拥有各种技能，从而能执行所有或绝大部分任务；绩效的反馈和评价以整个团队为对象。

4. 工作设计

工作设计是指将任务组合构成一套完整的工作方案。就是确定工作的内容和流程安排。一般来说，工作设计的国际流行方法主要有三种：工作轮换、工作扩大化和工作丰富化。

（1）工作轮换是让员工在能力要求相似的工作之间不断调换，以减少工作的枯燥单调感。现在有些公司从长期培养员工的角度出发，在录用新员工后的一至两年内会让员工在公司主要的部门都工作一段时间。这种方法能非常有效地提高员工的能力。

（2）工作扩大化是指在横向水平上增加工作任务的数目或变化性，使工作多样化，但工作的难度和复杂程度并不增加。例如，邮政部门的员工可以从原来只专门分检邮件增加到也负责将邮件分送到各个邮政部门。

（3）工作丰富化是对工作内容的纵向扩展。是对工作内容和责任层次基本的改变，它旨在向工人提供更具挑战性的工作。工作丰富化使工作向纵深方向扩展，可以增强员工对工作的计划、执行、控制和评估的程度。

5. 绩效薪金制

绩效薪金制将绩效与报酬相结合。绩效薪金制同期望理论关系比较密切。期望理论认为如果要使激励作用达到最大程度，就应该让员工相信绩效和报酬之间存在紧密的联系。绩效包括个人绩效、部门绩效和组织绩效。常见的绩效薪金制有计件工资、工作奖金、利润分成、利润分红等多种形式。制定绩效薪金制度需要考虑：

（1）遵照国家和地方有关部门关于劳动工资的有关法令政策，包括最低（工资）生活线标准，反性别歧视、劳动加班等。

（2）考虑当地生活物价指数上涨，相应增加工资以保持原有生活水平。

（3）坚持工资增长幅度不超过企业经济效益增长幅度，职工平均实际收入增长幅度不超过企业劳动生产率增长幅度的“两不超”原则。

（4）合理的职工报酬应达到：①讲求企业内外的公平性；②能吸引有技能的人到企业工作，将人才留在企业；③能激励员工努力把工作做好，做到奖勤罚懒。

（5）根据劳动力市场价格，尤其同行业公司、类似岗位的工资水平，制定竞争性工资率。

（6）适当考虑员工需求差异，薪资和福利制度留有弹性、可供选择。

（7）测算人力资本成本在总成本中的比例及变动空间，考虑企业最终对薪资的财务支付能力。

6. 目标管理

目标管理的理论基础是激励理论中的目标设置理论。目标管理强调组织群体共同参与制定具体的、可行的而且能够客观衡量的目标。目标管理有四个要素：目标具体化，参与决策，限期完成，绩效反馈。

目标具体化指明确、具体地描述预期的成果。参与决策要求制定工作目标时，涉及目标的所有群体共同制定目标，并共同规定如何衡量目标的实现程度。而不是上级单方面地指定下级的工作任务。目标管理要求规定目标完成期限和每一阶段任务完成的期限，同时不断地给予员工目标实现程度或接近目标程度的反馈，使员工能及时地了解工作的进展，掌握工作的进度，从而及时地进行自我督促和行为矫正。

7. 双轨薪金制

双轨薪金制的精神是：对同样内容的工作，新员工的薪水永远低于老员工。也就是说，对年资不同的员工，实施不同的付酬方式。

双轨薪金制有两种形式。一种是把薪水暂时定在较低的水平，然后缓慢提升，直至最高薪水。一般来说，这需要三到十年的时间。另一种是让年资短的员工薪水永远低于年资长的员工。例如，美国航空公司同驾驶员和空中小姐工会签定新进的驾驶员年薪只能领到资深驾驶员的一半，而且不管他以后服务多少年，都维持这个比例。虽然双轨薪金制可以削减人事费用，但是由于和公平理论背道而驰，会造成员工的不满，降低他们的忠诚度，增加离职率。

8. 行为矫正

行为矫正又称组织行为矫正，是强化理论在管理实践中的应用。它分为 5 个步骤：

（1）确认与绩效有关的行为。

（2）测量有关的行为。管理者要确定绩效的基线水平，也就是要找到行为的基础效率水平。

（3）确认工作行为的情景因素。采用功能分析法鉴别工作行为的各种情景因素，以便管理者了解出现各种行为的原因。

（4）拟订并执行一项策略性干预措施。

（5）评估绩效改进的情况。

6.2.3 学习自测

一、单选题

1. 激励的明确性原则规定错误的是（ ）。

A. 明确激励的目的　　B. 公开

C. 直观　　D. 公平

2. 关于目标管理的 4 个要素，下列错误的是（ ）。

A. 目标具体化　　B. 指定工作任务

C. 限期完成　　D. 绩效反馈

3．下面属于参与激励的是（ ）。

A．合理化建议　　B．共同制定目标，分别承担改善责任

C．民主决策制　　D．以上都包括

4．制度执行不力的真正原因是（ ）。

A．制度制定部门闭门造车　　B．制定的很多政策贯彻不下去

C．员工不配合　　D．以上都不正确

5．中国企业优秀员工评比活动的缺陷是（ ）。

A．内容笼统　B．针对性不强　C．个性化较弱　D．以上都包括

二、判断题

1．代表参与作为员工参与管理形式，其常用的两种形式是工作委员会和董事会代表。（ ）

2．工作设计想要对工作进行设计需要考虑工作的关键特性维度，或者让工作丰富化，或者给予任职者更大的自主性，或者让员工得到更多的成长和发展等。（ ）

3．“三明治”式的批评是指一种对某人进行先表扬，再批评，接着再表扬的批评方式。（ ）

4．与外部培训相比，用内部培训师进行培训具有针对性强，易于课后交流和改进提高的优点。（ ）

5．中国企业引入奖金机制的目的是发挥奖金的激励作用，但到目前，许多企业的奖金已经成为工资的一部分，奖金变成了保健因素。这说明：双因素理论在中国不怎么适用。（ ）

6．某企业对生产车间的工作条件进行了改善，这是为了更好地满足职工的安全需要。（ ）

7．奖金只是保健因素，不能成为激励因素。（ ）

8．公平理论观点，管理者决不应该惩罚员工。（ ）

9．个人在工作中感到自豪，就是一种重要的报酬。（ ）

10．好的激励方法，就是让员工感到，他们的技能和力量都在工作中发挥出来。（ ）

三、简答题

1．员工参与管理有哪些主要形式？

2．管理人员如何激励才能使员工的工作得以丰富化呢？

6.2.4 案例分析

1．美国IBM公司有一个“百分之百俱乐部”，当公司员工完成他的年度任务，他就被批准为该俱乐部会员，他和他的家人被邀请参加隆重的集会。结果，公司的雇员都将获得“百分之百俱乐部”会员资格作为第一目标，以获取那份光荣。

对于员工不吝啬一些头衔、名号，一些名号、头衔可以换来员工的认可感，从而激励起员工的干劲。日本电气公司在一部分管理职务中实行“自由职衔制”，就是说可以自由加职衔，取消“代部长、代理”、“准”等一般普遍管理职务中的辅助头衔，代之以“项目专任部长”、“产品经理”等与业务内容相关的、可以自由加予的头衔。

问题：请根据以上材料分析，企业激励机制的方法选择。

2. 位于某省的天马公司，是一家以采矿、棉麻加工为主的民营企业。当年8个人起家的公司，如今已成长为拥有4000多名员工，1.6亿资产的中型企业。在经济效益不断增加的前提下，员工薪水也不断增加。同时，加薪也成为公司提高大家积极性的手段，薪水一直在当地处于领先水平。在公司发展过程中，这个激励手段不仅调动了积极性，而且还吸引了不少人才。但近年来，公司领导发现，过去效果明显的加薪激励机制作用不如从前。员工对增加薪水已经习以为常，对工作缺少激情，仅仅满足于把工作完成。公司管理层为重新激发员工的工作热情，采取了购买养老保险、建员工住宅楼等一系列措施。这些措施初期效果都不错，但是仍不能保持员工的长久激情。

（1）根据马斯洛的需要层次理论，上述案例中员工出现这样的问题的原因是什么？

（2）如果你是该公司老总，你认为应该采取哪些措施保持员工的激励水平。

（资料来源：管理人网）

6.2.5 实训项目

表6-2 实训名称：激励方法的运用

实训目的	学会运用激励方法
实训条件	多媒体教室
实训要求	要求学生分组讨论并列出针对某一企业环境采取哪些激励方法
教师任务	引导并指导学生结合实际如何运用激励方法
实训评价	组长给每位组员打分，教师给组长打分

【参考答案】

一、单选题

1～5 D B D A D

二、判断题

1～5 √ √ √ √ × 6～10 √ × × √ √

学习单元七　考核与评估

职业素养

1. 改变一般绩效考核的思维定势；
2. 提升绩效考核的理念；
3. 树立持续改进的思想；
4. 完善绩效考评的制度。

能力目标

1. 了解绩效考核的模式；
2. 掌握绩效改进的方法；
3. 分析绩效考评中存在的问题；
4. 建立绩效考评体系。

学习任务一　绩效考核

7.1.1　学习导入

MLK公司是一家机械加工企业，现有员工千余人，成立于20世纪60年代，注册资本2亿元人民币，现公司已转制成为股份制企业。

由于公司前身是国企，虽然经过改制，只是投资方发生转换，但公司自身的管理理念滞后，管理体制不正规，现代企业制度也没有真正建立起来。特别是体现在人力资源管理问题上，公司并没有一套行之有效的人力资源管理体系，缺少现代的激励、考核措施。

公司意识到这些问题，相应制定了公司的中长期发展战略。在人力资源管理方面，下大力气转变以往的“人才上不去，庸才下不去”的状况，在公司内部以岗位责任制为基础，采取记分制绩效考核手段，基于以绩效考核为核心的集团内部人员流动机制，建立了一套人力资源考核与管理体系。

公司年度绩效考核主要分为两大类型：表现考评和目标考评。

1. 年度表现评估

每年的12月初开始启动，对每个员工本年度的工作态度，工作质量，工作能力等方面进行综合考评。由上级经理按照规定的表格内容结合员工的表现进行客观的考评。考评者和被考评人需要进行面对面的沟通，最终打出合理的分值。考评结果分为5个不同的等级。此结果会成为次年调薪方案的重要因素。

2. 年度目标考核

每年年初公司最高领导会给部门经理设置部门年度目标，部门经理根据部门目标设置个人目标。次年1月对设置的目标达成情况进行考核。考核的结果分为3等：没有达成目标低限，赋值0；达成目标，赋值1，达成或超过目标最高值，赋值1.5。这三等考核结果直接和年底奖金挂钩。从某种程度上刺激了员工的工作积极性。

虽然公司建立了这套绩效考品体系，但在具体实践过程中，公司负责人力资源的老总却遇到许多困扰，大致可以归纳为以下几个方面：①绩效考核工作在实施过程中难以落到实处，“雷声大，雨点小”，各部门的考核者乐于充当好好先生，应付了事；②在考核过程中，公司员工缺少参与的积极性，抵触情绪很强，不少员工甚至质疑：是否绩效考核就是通过反复地填表、交表来挑员工的毛病；③考核的过程烦琐，耽误正常的工作时间，推行过程中往往又因为得不到高层的足够支持而阻力重重；④另外，考核过程和结果的公正性难以保证，大多数员工对于考核的结果都心怀不满，怨声四起，同事的关系也往往因考核而变得紧张，不利于公司的日常工作开展。

问题：

（1）MLK从国有企业转制成股份企业，这类企业在绩效考核变革中最可能遇到哪些问题？

（2）表现考评与目标考评的主要差异是什么？在使用中，两种方式应如何有效配置？

（3）针对MLK现在面临的问题，您有何好的建议？

（资料来源：http://www.examda.com/mba/Other/Case/20100213/093216320.html）

7.1.2 相关知识

7.1.2.1 绩效考核的概念

绩效考核是一项系统工程，涉及到战略目标体系及其目标责任体系、指标评价体系、评价标准及评价方法等内容，其核心是促进企业获利能力的提高及综合实力的增强，其实质是做到人尽其才，使人力资源作用发挥到极致。

明确这个概念，可以明确绩效考核的目的及重点。企业制定了战略发展的目标，为了更好地完成这个目标需要把目标分阶段分解到各部门各人员身上，也就是说每个人都有任务。绩效考核就是对企业人员完成目标情况的一个跟踪、记录、考评。

绩效考核：收集、分析、传递有关个人在其工作岗位上的工作行为、表现和工作结果等方面信息的过程。

绩效考核是检测产品结果和顾客需求的满意程度。

7.1.2.2 绩效考核原则

1. 公平原则

公平是确立和推行人员考绩制度的前提。不公平就不可能发挥考绩应有的作用。

2. 严格原则

考绩不严格，就会流于形式，形同虚设。考绩不严，不仅不能全面地反映工作人员的真实情况，而且还会产生消极的后果。考绩的严格性包括：要有明确的考核标准；要有严肃认真的考核态度；要有严格的考核制度与科学而严格的程序及方法等。

3. 单头考核的原则

对各级职工的考核，都必须由被考核者的“直接上级”进行。直接上级相对来说最了解被考核者的实际工作表现（成绩、能力、适应性），也最有可能反映真实情况。间接上级（即上级的上级）对直接上级作出的考评评语，不应当擅自修改。这并不排除间接上级对考评结果的调整修正作用。单头考评明确了考评责任所在，并且使考评系统与组织指挥系统取得一致，更有利于加强经营组织的指挥机能。

4. 结果公开原则

考绩的结论应对本人公开，这是保证考绩民主的重要手段。这样做，一方面，可以使被考核者了解自己的优点和缺点、长处和短处，从而使考核成绩好的人再接再厉，继续保持先进；也可以使考核成绩不好的人心悦诚服，奋起上进。另一方面，还有助于防止考绩中可能出现的偏见以及种种误差，以保证考核的公平与合理。

5. 结合奖惩原则

依据考绩的结果，应根据工作成绩的大小、好坏，有赏有罚，有升有降，而且这种赏罚、升降不仅与精神激励相联系。而且还必须通过工资、奖金等方式同物质利益相联系，这样，才能达到考绩的真正目的。

6. 客观考核的原则

人事考评应当根据明确规定的考评标准，针对客观考评资料进行评价，尽量避免渗入主观性和感情色彩。

7. 反馈的原则

考核的结果（评语）一定要反馈给被考评者本人，否则就起不到考核的教育作用。在反馈考评结果的同时，应当向被考核者就评语进行说明解释，肯定成绩和进步，说明不足之处，提供今后努力的参考意见等。

8. 差别的原则

考核的等级之间应当有鲜明的差别界限，针对不同的考核评语在工资、晋升、使用等方面应体现明显差别，使考评带有刺激性，鼓励职工的上进心。

7.1.2.3 三种典型的绩效考核模式

1. 和自己的目标比

对每个岗位设定独立的工作目标或计划，在绩效周期末，依据各自的目标达成情况进行考核评价，计发奖金。“和自己的目标比”的考核模式，能够较好地细化责任和目标，区分不同的岗位和不同的级别，设定不同的目标，分别进行考核，体现不同岗位职责的差异性，更适合于以岗位为管理基础、倡导分工精细的工作文化的企业。在这类企业中，岗位职责稳定且明确，人岗匹配较好（即任职者通常是胜任岗位要求的），岗位目标相对独立且明确。同时，企业的经营环境相对稳定，目标比较容易设定。通常，内部基础管理比较好的、相对成熟的大企业多选用这种考核模式。

2. 和别人比业绩

根据共同的评价要素，对不同岗位或人员进行考核评估，相互比较，确定考核等级，计发奖金。“和别人比业绩”的考核模式，更适合于岗位职责和人员能力差不多或人岗匹配度较差的情况。这种情况下，即使高级别的人也不见得比低级别的人能干，因此更强调以产出结果论英雄。这类企业不希望在考核方面投入过多精力，只要能够评出表现明显优秀和表现明显较差的就能激励员工，无需细化每个岗位的目标计划，只需从质量、时间、效果、成本等角度，设定不同类别岗位的产出评价要素。比如职能类人员、业务类人员、生产类人员、管理者，分别设定不同的5～8项考核要素，设定每项考核要素的打分标准，之后对每个人员的工作进行评估即可。这种考核模式，类似跳高比赛，不管谁来跳，标准都是一样的，只看跳的成绩，不分级别，不考虑运动员的不同情况。通过这种考核，逐步区分优秀者，淘汰不合格者。

3. 和别人比贡献

先设定团队的总体目标，事后总结总体目标的达成情况，团队成员都围绕团队的关键目标成果进行工作总结，主管则对每个成员为团队总成果做出的贡献度进行考核评估，按每个成员的贡献度比例计发奖金。“和别人比贡献”的模式，更适合于团队式工作和阶段性目标的情况。团队的总体目标比较明确，每个成员都围绕总体目标展开工作，强调成员间的相互密切配合。团队成员间虽然可能有能力差异，但并不代表实际工作中，能力强的就一定比能力相对差的人贡献大。比如在研发项目小组、工程类项目小组、咨询人员的项目小组中，通常是知识型工作者为主，以任职者的能力为管理基础，而非岗位。实际运作中，通常以小部门或小团队为工作单位，每个工作小组的人数通常在10人以下，成员的相互补台配合非常重要。人数较少、临时性任务较多的部门也适合这种考核模式，比如中型企业的职能部门。这种考核模式，只规定每个成员的大致工作范围，主要以实际工作贡献来考核，能够充分调动团队成员间的配合协作。因此，创业型企业，也适用于这种考核模式。这种模式类似于足球比赛，团队的整体目标——赢球才是最关键的，球队成员的表现可以基于对团队成果的贡献，给出评分。

不同的考核模式，实际使用时的技术要点也有所区别。“和自己的目标比”的考核模式，关键是设定好目标，需要企业和管理者较强的目标设定和管理能力。“和别人比业绩”的考核模式，关键是设计好通用的考核要素，要求管理者具有公正评估比较的意识和能力。“和别人比贡献”的模式，关键是团队总体目标的设定和考核，对下则要发挥管理者的调动能力。同一个组织，针对不同类别人员，也可组合使用不同的考核模式，比如职能部门实行“和别人比贡献”的考核模式，业务人员则实行“和别人比业绩”的考核模式。

总之，企业在进行绩效考核时，需要认真分析组织和人员的特点，在此基础上有针对性地选择、甚至创造有效的考核模式，实现提升业绩、有效区分的管理目的。

【课堂训练】惠信科技是一家成立三年的高科技公司，工作人员全部约100人。目前高科技产业普遍缺乏作业人员，而人员的流动率又高。该公司由于开始进入成长期，因业务扩展急需召募人员。为迅速取得所需的人力，该公司以较高的起薪来聘用新人。考虑到已有人员的薪资水准可能会因为起薪的调高而低于新进人员，惠信的人事经理建议公司的高阶主管，在调高新进人员的起薪时，同时调高已有人员的薪资。但不少高阶主管认为如此一来，将增加公司的人力支出，使公司的产品价格提升，丧失竞争力。而且固定成本一旦增加，亦不利于财务调度与周转。主管们考虑以提供奖金或红利的方式来弥补较低的薪资水准。但考虑到由于公司正在成长阶段，个别人员绩效不易精确评估。而且良好的绩效评估制度并非短期可以建立，如果没有公正的绩效评估，以绩效差异作为奖金或红利多寡的判断依据，恐会造成不公平现象，引起员工的不满。如果不以绩效作为依据，一律给予相同的奖金或红利，亦可能造成不公平。其次，奖金或分红制度难免会鼓励员工彼此间的相互竞争，不利于公司中已经培养出的合作与团队文化。此外，奖金或分红永远无法弥补已有员工在薪资上低人一等的感受与心态。惠信的高阶主管考虑到这些因素，迟迟无法采取行动，而员工们认为公司“喜新厌旧”，对旧的员工“不公平”。因此，士气逐渐低落，公司的业务发展有逐渐减缓的征兆。

问题：

（1）说明工作情绪中“公平”的意义。员工感受不公平时会有什么样的反应？

（2）如果惠信只能以提高起薪来征募急需的人力，而你是惠信的高阶主管或人事经理，你将如何突破上述的困境？为什么？

7.1.2.4 绩效考核的方法

（1）图尺度评价法（Graphic Rating Scale，GRS）：是最简单和运用最普遍的绩效考核技术之一，一般采用图尺度表填写打分的形式进行。

（2）交替排序法（Alternative Ranking Method，ARM）：是一种较为常用的排序考核法。其原理是：在群体中挑选出最好的或者最差的绩效表现者，较之于对其绩效进行绝对考核要简单易行得多。因此，交替排序的操作方法就是分别挑选、排列的“最好的”与“最差的”，然后挑选出“第二好的”与“第二差的”，这样依次进行，直到将所有的被考核人员排列完全为止，从而以优劣排序作为绩效考核的结果。交替排序在操作时也可以使用绩效排序表。

（3）配对比较法（Paired Comparison Method，PCM）：是一种更为细致的通过排序来考核绩效水平的方法，它的特点是每一个考核要素都要进行人员间的两两比较和排序，使得在每一个考核要素下，每一个人都和其他所有人进行比较，所有被考核者在每一个要素下都获得充分的排序。

（4）强制分布法（Forced Distribution Method，FDM）：是在考核进行之前就设定好绩效水平的分布比例，然后将员工的考核结果安排到分布结构里去。

（5）关键事件法（Critical Incident Method，CIM）：是一种通过员工的关键行为和行为结果来对其绩效水平进行绩效考核的方法，一般由主管人员将其下属员工在工作中表现出来的非常优秀的行为事件或者非常糟糕的行为事件记录下来，然后在考核时（每季度，或者每半年）与该员工进行一次面谈，根据记录共同讨论来对其绩效水平做出考核。

（6）行为锚定等级考核法（Behaviorally Anchored Rating Scale，BARS）：是基于对被考核者的工作行为进行观察、考核，从而评定绩效水平的方法。

（7）目标管理法（Management by Objectives，MBO）：目标管理法是现代更多采用的方法，管理者通常很强调利润、销售额和成本这些能带来成果的结果指标。在目标管理法下，每个员工都确定有若干具体的指标，这些指标是其工作成功开展的关键目标，它们的完成情况可以作为评价员工的依据。

（8）叙述法：在进行考核时，以文字叙述的方式说明事实，包括以往工作取得了哪些明显的成果，工作上存在的不足和缺陷是什么。

（9）360 度绩效考核法：在考核时，通过同事评价、上级评价、下级评价、客户评价以及个人评价来评定绩效水平的方法。360 度绩效考核法，是爱德华和埃文等在 20 世纪 80 年代提出，后经 1993 年美国《华尔街时报》与《财富》杂志引用后，开始得到广泛关注与应用。它是一种从不同角度获取组织成员工作行为表现的观察资料，然后对获得的资料进行分析评估的方法，它包括来自上级、同事、下属及客户的评价，同时也包括被评者自己的评价。这种方法的优点是比较全面的进行评估，易于做出比较公正的评价，同时通过反馈可以促进工作能力，也有利于团队建设和沟通。它的缺点是因为来自各方面的评估，工作量比较大；也可能存在非正式组织，影响评价的公正性；还需要员工有一定的知识参与评估。

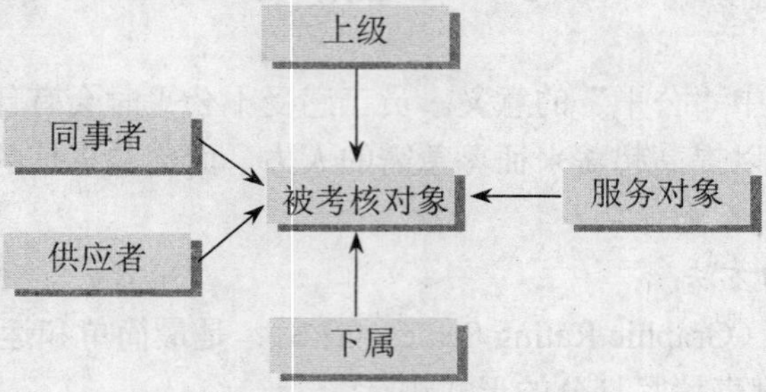

360 度考核法

适用范围：协作性和流程性强的行业企业；中层干部和职能服务部门业绩考核；员工能力素质培养。

优点：提高考核的全面性公正性、员工参与感强、强调对内外部客户的服务，提升组织运行效率、对员工的能力素质进行全面考核。

缺点：考核成本高、容易流于形式。

360 度绩效考核流程：

1）绩效计划：确定考核对象、确定考核内容、设计考核表单；

2）考核实施：确定考核周期；

3）进行考核：确定打分人选和权重、组织考核；

4）反馈与沟通：上级与被考核人针对考核结果进行沟通确认、提出改进建议；

5）结果运用：考核结果应用。

表 7-1　360 度绩效考核内容设计

<table>
<tr><th colspan="3">考核内容</th><th colspan="6">评价尺度</th><th>得分</th></tr>
<tr><th colspan="2">指标</th><th>权数</th><th>0.9～1.0 分</th><th>0.7～0.8 分</th><th>0.5～0.6 分</th><th>0.3～0.4 分</th><th>0.1～0.2 分</th><th>分值</th><th>权数*分值</th></tr>
<tr><td rowspan="2">工作能力 50%</td><td>专业技能</td><td>0.30</td><td>专业知识和经验丰富，专业技能熟练，能处理绝大多数专业技术问题，并经常主动提出改进性建议</td><td>丰富的专业知识和技能，根据工作任务要求能处理大多数专业技术问题</td><td>较丰富的专业知识，能处理大多数常规的技术问题</td><td>专业知识技能水平一般，常因不能解决相关的专业技术问题而影响工作</td><td>不具备足够的专业知识技能，无法顺利完成工作</td><td></td><td></td></tr>
<tr><td>控制能力</td><td>0.20</td><td>能十分有效地控制计划任务进程和结果，并对下属和合作者的行为态度产生积极影响</td><td>能基本控制任务进程和结果，并对下属和合作者的行为态度产生一定的积极影响</td><td>能完成大多数任务但对下属和合作者的调控能力一般</td><td>能完成大多数任务，但对下属和合作者的调控能力较差，易激起矛盾</td><td>常不能按要求完成任务，无法对下属进行有效管理</td><td></td><td></td></tr>
</table>

续表

考核内容			评价尺度						得分
指标		权数	0.9～1.0 分	0.7～0.8 分	0.5～0.6 分	0.3～0.4 分	0.1～0.2 分	分值	权数*分值
工作能力50%	分析判断	0.20	能主动快速地收集信息，找出主要矛盾，并及时提出合理有效的建议	能快速收集相关信息，找出问题，提出有效的方案	能收集一些相关信息，并提出建议	信息收集不全，常凭借主观决策，建设性意见较少	常对工作任务作出错误判断，影响工作		
	计划组织	0.15	根据企业经营战略及时主动地制定详尽可行的部门计划，合理统筹安排资源，对意外情况有应急方案	根据企业经营战略制定详尽可行的部门计划，并合理安排资源	按要求制定有关计划并安排资源，但预见性和效率一般	计划不够明确，可行性较差，有时会因此而影响工作进展	不能根据企业经营战略制定可行的部门计划，经常打混战		
	沟通协调	0.15	总是能快速与他人达成理解，并建立良好的合作关系	一般情况下能通过交流沟通与他人达成一致	基本能与他人进行沟通完成工作任务	常因沟通障碍影响工作进展，有时会影响大局	无法有效与他人沟通，影响任务完成		

考核内容			评价尺度						得分
指标		权数	9～10 分	7～8 分	5～6 分	3～4 分	1～2 分	分值	权数*分值
工作态度50%	责任心	0.25	勇于承担责任，以大局为先，不计个人得失	勇于承担错误，并改正。但有时不能自我督促	能适当承担责任，但大局观不强，需要上级督促	能承担部分责任，但需上级经常性督促	逃避责任，常常推诿扯皮，影响任务顺利完成		
	成本观念	0.25	成本意识很强，部门费用常常小于预算	具有较强的成本意识，部门费用有时小于预算	具有基本的成本意识，部门费用与预算常常持平	成本意识较弱，有一定程度的浪费现象	没有成本意识，费用常常超过预算浪费严重		
	忠诚度	0.20	与企业同舟共济，不计较一时的个人得失	能主动维护企业利益，敢于揭发有损企业利益的行为	能维护企业利益，但主动性不强	有时看重个人利益，大局观不强	对企业不够忠诚，对个人利益斤斤计较		
	服从性	0.15	对上级的命令不折不扣地严格执行，出现意外情况及时上报请示	对上级的命令基本能严格执行，出现意外能向上级反馈，征求意见	对上级的命令基本能严格执行，偶尔自作主张，但不影响大局	对上级的命令执行不严格，经常自作主张，不顾大局	违抗上级已下达的命令，或阳奉阴违		
	细心程度	0.15	工作非常认真细致，极少犯错	工作认真细致，较少犯错	工作较认真细致，偶尔会犯错，但能积极改正	工作比较粗心，容易犯错，有时影响工作进程	工作粗心马虎，经常犯错，严重影响工作进程		

【课堂训练】陈平是昆仑电子公司的生产总监，他平时总是尽个人所能帮助他的员工，如帮员工渡过“经济危机”，帮员工减少离职损失，为此他倍受下属爱戴。

快到年底了，陈平的一个工人王霞却经常不来上班。据了解，王霞的丈夫在去年得了重病，至今仍在家休养，前不久，他的独生子又得肺炎住院，这对于绩台高筑的王霞来说，无疑是雪上加霜。

终于到了年度绩效评价的时候了，陈平决定尽可能地帮助王霞。虽然，王霞在各方面都不突出，但实际上陈平在每一项考核上都给她评价为“优秀”。由于公司的报酬制度与业绩评价紧密挂钩，所以除了正常的生活补贴及福利提高之外，王霞有资格得到丰厚的凭绩奖金，还有可能加薪。

由于陈平的车间在本年度已超额完成了分配的定额，陈平在表格中的工作数量和工作质量情况的位置记为“优秀”。而在合作态度上则填上了良好或一般。由于张明在工作中经常“突发奇想”，有“偷懒”现象，陈平劝说无效，于是陈平在张明的工作态度栏下填上了较差，但在表格的评价栏中没有具体记录原因，也没有任何说明。当填到赵杰的评价表时，陈平升起一股负罪感。他知道赵杰被调离现职与自己有关，因而，为了避免面临的尴尬，便给赵杰较高的分数。

陈平把绩效评价表叠好时，脸上露出了轻松的微笑。一年一度的考核难关终于过去了。陈平的考核合理吗？他应该怎样做？

7.1.3　学习自测

一、单选题

1．绩效管理系统的设计包括绩效管理制度的设计与（　）。

A．绩效管理内容设计　　B．绩效管理程序设计

C．绩效管理方法的设计　　D．绩效管理目标的设计

2．（　）是将考评期内员工的实际工作表现与绩效计划的目标进行对比，寻找工作绩效的差距和不足的方法。

A．横向比较法　B．纵向比较法　C．目标比较法　D．水平比较法

3．绩效考核对于员工个人则是（　）对自己工作状况及其成果的评价。

A．上级和同事　B．上级和下级　C．下级和同事　D．上级和平级

4．对企业绩效管理系统的诊断应进行（　）分析。

A．总体　B．个体　C．考评者　D．组织或系统

5．工作绩效一般是指员工的劳动行为表现及其（　）。

A．工作表现　B．工作成果　C．工作成绩　D．工作效果

二、多选题

1．绩效管理的准备阶段需要解决的基本问题有（　）。

A．选择考评方法　　B．收集考评资料

C．明确绩效管理对象　　D．提出考评要素和标准体系

E．对运行程序、实施步骤提出具体要求

2．公司员工申诉系统的主要功能有（　）。

A．使考评者了解员工意愿

B．减少矛盾和冲突

C．允许员工对绩效考评结果提出异议

D．提高员工的工作积极性

E．使考评者重视信息的采集和证据获取

3．按照绩效面谈的具体过程及其特点，绩效面谈可以分为（　）。

A．单向劝导式面谈　　B．双向倾听式面谈

C．解决问题式面谈　　D．综合式面谈

E．分析问题式面谈

4．为保证绩效面谈的质量，有效的信息反馈应具有（　）。

A．真实性　B．针对性　C．及时性　D．主动性

E．适应性

5．属于分析工作绩效差距的具体办法有（　）。

A．目标比较法　B．水平比较法　C．纵向比较法　D．横向比较法

E．组合比较法

7.1.4　案例分析

XX 公司总部会议室，赵总经理正在认真听取关于上年度公司绩效考核执行情况的汇报，其中有两项决策让他左右为难。一是经过年度考核成绩排序，成绩排在最后的几句员工却是在公司干活最多的人。这些人是否按照原先的考核方案降职和降薪？下一阶段考核方案如何调整才能更加有效？二是人力资源部提出要装备一套人力资源管理软件来提高统计工作效率的建议，但一套软件能否真正直到支持绩效提高的效果？

XX 公司成立仅四年，为了更好地进行各级人员的评价和激励，在引入市场化的用人机制的同时，建立了一套绩效管理制度。这套方案，用人力资源部经理的话说是细化传统的德、能、勤、绩四项指标，同时突出工作业绩的一套考核办法。其设计的重点是将上述四个方面细化延展成十项指标，并把每个指标都量化出五个等级，同时定性描述各等级定义，考核时只需将被考核人实际行为与描述相对应，就可按照对应成绩累计相加得出考核成绩。

但在实施考核中却发现了一个奇怪的现象，即：实际工作比较出色的员工和积极的员工，考核成绩却常常排在多数人后面，而一些工作业绩并不出色工作有些错误的员工却排在前面；一些管理干部对考核结果大排队的方法不理解甚至有抵触心理。不过，综合各方面情况，目前的绩效考核还是取得了一定的成果，具体表现在：一方面，各部门都能够较好地完成绩效考核，而需要进一步确定的是，对于考核排序在最后的员工如何落实处罚措施。如若实施降职和降薪，无疑会伤害一批像他们一样认真工作的员工；如不落实，却容易破坏考核制度的严肃性和连续性。另一方面，本次考核中，统计考评分数的工具比较原始，考核成绩统计工作量太大，人力资源部只有三名员工，却要统计总部二百多员工的考核成绩，每个员工平均有十四份表格，统计、计算、平均及排序发布，最后还要和这些员工分别谈话。在进行考核的一个半月中，人力资源部几乎都在做考评事情，连其他事情都耽搁了。

赵总经理部决定亲自请车辆设备部、财务部和工程部负责人到办公室深入了解一些实际情况。

车辆设备部李经理、财务部王经理来到了总经理办公室，当总经理简要地说明了原因之

后，车辆设备部李经理先快人快语地回答道："我认为本次考核方案需要尽快调整，因为它不能真实反映我们的实际工作，例如我们车辆设备部主要负责公司电力机车设备的维护管理工作，总共只有二十个员工，却管理着公司近六十台电力机车，为了确保它们安全无故障地行驶在 600 公里的铁路线上，我们主要工作就是按计划到基层各个点上检查和抽查设备维护的情况。在日常工作中我们不能有一次违规和失误，因为任何一次失误都是致命的，也是会造成重大损失的，但是在考核业绩中有允许出现'工作业绩差的情况'，因此我们的考核就是合格和不合格之说，不存在分数等级多少。"

问题：

（1）公司的绩效管理存在什么问题？

（2）你认为如何解决？

（资料来源：http://zhidao.baidu.com/question/154097449.html）

7.1.5 实训项目

表 7-2 实训名称：绩效考核方案设计

实训目的	掌握绩效考核方案的制定
实训条件	多媒体设备，摄像设备
实训要求	学员分组，要求男女同学搭配，打乱宿舍、地域的界限 查阅资料 公开方案并讲解
教师任务	分析各组方案利弊
实训评价	对小组活动打分

绩效考核方案设计背景知识：某著名的跨国公司，在世界 66 个国家拥有 233000 名员工和 340 多个办事机构，其业务范围包括电子、机械、航空、通讯、商业、化学、金融和汽车等领域。该公司在中国各地投资兴建了几十家生产和销售公司，由于各个公司运营时间都不长，内部管理制度建设还不完善，因此在绩效考核中采用了设计和实施相对都比较简单的强制分布评价方法。生产人员和管理人员都是每个月进行一次绩效考核，考核的结果对员工的奖金分配和日后的晋升都有重要的影响。但是这家公司的最高层很快就发现这种绩效考核方法存在着很多问题，但是，又无法确定问题的具体表现及其产生的原因，于是他们请了北京的一家咨询公司对企业的员工绩效考核进行诊断和改进。

咨询公司的调查人员在实验性的调查中发现，该企业在中国的各个分公司都要求在员工的绩效考核中将员工划分为五个等级。其中，A 代表最高水平，E 则代表最低水平。按照规定，每次绩效考核中要保证员工总体的 4%～5%得到 A 等评价。20%的员工得到 B 等评价，4%～5%得到 D 等或 E 等评价，余下的大多数员得到 C 等评价。员工绩效考核的依据是工作态度占 30%，绩效占 40%～50%，遵纪守法和其他方面的权重占 20%～30%。被调查的员工认为在绩效评价过程中存在轮流坐庄的现象，并受员工与负责评价工作的主管的人际关系的影响，使评价结果与员工的工作绩效之间联系不够紧密，因此对他们来说，绩效考核虽然有一定的激励作用。但是不太强烈。而且，评价的对象强调员工个人，而不考虑各个部门之间绩效的差别。因此在一个整体绩效一般的部门工作，即便工作能力一般的员工也可以得到比较高的评价（A 或者 B），而在一个整体绩效好的部门，即使员工工作非常努力，也很难得到 A 或者 B。员工还指出，他们认为绩效考核是一个非常重要的问题，这不仅是因为考核结果将影响到自己的奖金数量，更主要的是员工需要得到一个对自己工作成绩客观公正的评价。员工认为绩效评价的标准比较模糊、不明确、在销售公司中，销售人员的抱怨是自己的销售绩效不理想在很多情况下都是由于市场不景气、自己所负责销售的产品在市场上的竞争力不高造成的，这些因素都是自己通过努力无法克服的，但是，在评价中却被评为 C 甚至 D，所以觉得目前这种绩效考核方法很不合理。

【参考答案】

一、单选题

1～5　B　C　A　A　D

二、多选题

1．ACDE　2．BCE　3．ABCD　4．ABCDE　5．ABD

学习任务二　绩效改进

7.2.1　学习导入

随着国家宏观调控力度的逐步加大，以及一大批发电项目的相继投产，电力供应将趋于平衡甚至供大于求，电网建设与电力市场开拓刻不容缓，特别是受电价政策的影响，电网经营形势不容乐观。伴随着电力体制改革的不断深入，供电企业推行高绩效管理，强化目标计划落实能力，提升精细化管理水平，不断改善员工和组织的绩效以建设成为高绩效组织，呈现日益突出的重要性和迫切性。

为了提高适应环境变化的能力、实现国家电网公司“一强三优”（电网坚强、资产优良、服务优质、业绩优秀）现代公司的战略发展目标，国家电网公司一届一次职工代表大会暨 2006 年工作会议把“促使公司安全保障能力、资源配置能力、金融运作能力、资产盈利能力、科技创新能力和风险防范能力显著提高，管理现代化水平、优质服务水平、队伍建设水平和品牌价值水平显著提高”作为“十一五”发展的总体目标之一，并把坚持集团化运作、集约化发展、精细化管理作为 2006 年的工作重点之一。

B 电业局是隶属于 A 省电力公司的中一型供电企业，现有在职员工 2800 余人，下辖 13 个职能部室，5 个县电力局，4 个专业管理所，5 个代管县电力公司，1 个省电力公司控股的有限责任公司，1 个多经公司，是集输、配、承装、承试于一体的为社会经济发展服务的供电企业。

为了实现国家电网公司“十一五”发展的总体目标及落实 2006 年的工作重点，A 省电力公司积极贯彻国家电网公司会议精神，把“创新管理手段，提升服务形象”作为今后一个时期内的工作重点之一。这就要求 B 电业局在管理模式和手段上进行不断创新，切实提高人力资源管理工作水平。

B 电业局存在的主要问题自上世纪 90 年代全系统开展三项制度改革以来，B 电业局虽然取得了一些成绩，但企业用人制度、薪酬管理、绩效管理等方面还存在一定的问题，“大锅饭”和“平均主义”依然困扰着该电业局，这些问题将严重影响员工的工作积极性、降低员工对企业满意度，从而影响组织绩效。

B 电业局部分下属单位已经开始了在绩效管理方面的尝试，并制定了一些绩效考核制度，如《B 电业局变电检修管理所日常工作考核办法》、《B 电业局××电力局 2006 年台区综合管理考核办法（试行稿）》、《B 电业局××电力局岗位绩效工资考核实施细则》等。但是，这些制度本身只是针对单一方面进行考核，而且制度之间缺乏有效接口，难以进行统一。同时，制度本身的可操作性也存在一定问题。针对 B 电业局的情况，如何改进呢？

（资料来源：http://www.xici.net/main.asp?url=/u13993115/d68334769.htm）

7.2.2 相关知识

7.2.2.1 绩效改进的涵义

绩效改进是指确认工作绩效的不足和差距，查明产生的原因，制定并实施有针对性的改进计划和策略，不断提高竞争优势的过程。即指采取一系列行动提高员工的能力和绩效。

绩效改进是绩效考核的后续应用阶段，是连接绩效考核和下一循环计划目标制定的关键环节。绩效考核的目的不仅仅是作为确定员工薪酬、奖惩、晋升或降级的标准，员工能力的不断提高以及绩效的持续改进才是其根本目的，而实现这一目的的途径就是绩效改进。

7.2.2.2 绩效改进的基本步骤

绩效改进的形式多种多样，但其过程大致上可以分为以下几个步骤：

（1）分析员工的绩效考核结果，找出员工绩效中存在的问题；

（2）针对存在的问题，制定合理的绩效改进方案，并确保其能够有效的实施，如个性化的培训等；

（3）在下一阶段的绩效辅导过程中，落实实施已经制定的绩效改进方案，尽可能为员工的绩效改进提供知识、技能等方面的帮助。

7.2.2.3 绩效改进的方法

1. 分析工作绩效差距

（1）目标比较法：将考评期内员工的实际工作表现与绩效计划的目标进行对比，寻求工作绩效的差距和不足的方法。

（2）水平比较法：将考评期内员工的实际业绩与上一期的工作业绩进行比较，衡量和比较其进步或差距的方法。

（3）横向比较法：在各部门或单位间，各员工间进行横向比较。

2. 查明产生差距的原因

（1）个人体力条件：性别、年龄、智力、能力、经验、阅历。

（2）心理条件：个性、态度、兴趣、动机、价值观、认识论。

（3）企业外部环境：资源、市场、客户、对手、机遇、挑战。

（4）企业内部环境：资源、组织、文化、人力资源制度。

3. 改进工作绩效的策略

（1）预防性策略与制止性策略：预防性策略是在作业前明确告诉员工应该如何行为。制止性策略是及时跟踪员工的行为，及时发现问题予以纠正。

（2）正向激励策略与负向激励策略：正向激励策略主要通过鼓励手段，负向激励策略主要通过惩罚手段。

（3）组织变革策略与人事调整策略：针对考核中反应出的问题，及时对组织结构、作业方式、人员配置等方面进行调整。

4. 绩效管理中的矛盾冲突与解决方法

（1）员工自我矛盾：员工一方面希望得到真实评价，另一方面又希望得到表扬。

（2）主管自我矛盾：过松无法完成改进目的，过严影响关系。

（3）组织目标矛盾：组织目标与个人目标冲突。

【课堂训练】张经理刚刚与一名员工讨论完绩效评估，她感到非常生气。她对另一位主管说："我今早给刘杰进行了绩效评估，因为我记得所有员工的评估今天已是最后一天，所以我把他叫到会场外。我简直不能相信他的反应。他说他没时间准备，也不期望我举例证明他的种种不是。他的反应确确实实在指责我处理一些问题的立场。我告诉他，我不喜欢他某些工作方式，并且好心好意教他如何改正这些缺点。我所得到的却只是耍性子和沉默不语。他本应该对我给他的工作反馈表示谢意，但我想现在的人并不真正在乎去改善什么工作吧！平时，刘杰是个不错的员工，但这次绩效评估确实让他沮丧。不管怎样，你能说出他究竟出了什么问题吗？"

问题：

（1）张经理在本案例中存在什么问题？

（2）你主张如何改进，写出建议。

表 7-3　员工绩效改进计划表

姓　名		性 别		年龄	
单　位		部门		岗位	
Ⅰ. 考绩摘要：					
杰出的绩效（按重要性排列）	1.				
	2.				
	3.				
	4.				
	5.				
需要改进的绩效（按重要性排列）	1.				
	2.				
	3.				
	4.				
	5.				
Ⅱ. 绩效改进计划：					
应采取的行动				完成时间	

续表

应采取的行动				完成时间	
被考核者签名		直接主管签名		部门主管签名	
备注	需到人力资源部备案				

7.2.2.4　*绩效改进的运用*

实际工作中，通过以下措施，可以切实帮助各级主管制定对员工的绩效改进方案。

1．广泛开展培训工作，将培训重点放在各级主管人员之上。

在绩效管理推动的过程中，各级主管和员工普遍反映对绩效管理四个阶段的相互关系不了解，以致影响了绩效管理工作的推动。对待绩效考核结果的应用也是这样，各级主管对绩效结果的应用知之甚少，对绩效改进的操作过程较为模糊，因此无法将结果应用到实际工作中去，使得绩效管理停留在了表面。

鉴于此，需要广泛开展培训，着重是对各级主管的培训。培训内容包括绩效管理的基础知识、流程和应用技巧等方面。培训的目的是澄清各级主管对绩效管理的错误及模糊认识——绩效管理并不是给其增加额外工作量，只是为了管理工作更好；绩效管理不是为了制造员工之间的差距，而是实事求是地去发现、评价员工的业绩和能力，进而有针对性地帮助员工提高；平时虽然需要投入大量的时间和精力在绩效辅导和沟通上，但它却能防患于未然，给企业带来长远效益。通过培训，首先提高各级主管的对绩效改进等内容的认识。

2．通过公布绩效管理制度，明确相关的奖惩措施，从制度上保证绩效改进的实施。

实施绩效管理的过程中，出现了“走过场”的敷衍现象。因此要从制度上明确奖惩，奖励那些能为员工考虑，制定绩效改进方案的管理人员，惩处那些虽经培训却仍然敷衍了事的管理人员。同时，对于那些不适合或不愿意做管理的主管，可以予以工作上的调动。

另外，在制定绩效改进方案和实施过程中要注意以下几个问题：

（1）绩效改进方案一定要有实际操作性，要有“行动步骤”。如果停留在理论上的话，改进方案根本没有存在的必要。根据晶石员工现在的发展水平，绩效改进方案的指导性一定要强，最好是能详细到具体的每一步骤。晶石现在的规范化管理比较欠缺，通过绩效改进方案，也能为以后实行规范化管理打好基础。

（2）绩效改进方案也要符合“SMART”原则。绩效改进方案是指导绩效改进实施的标准，因此一定要有可操作性。其制定的原则也要符合“SMART”原则，做到具体、可衡量、可达到、相关联和有时限。这是制定任何一个方案都必须考虑的原则。

3．绩效改进方案可以与计划目标制定相结合，也可以独立制定，目的都是为了员工的绩效提高。计划目标的范围较大，既包括了以前做得好的日常工作内容，也包括了需要提高的改进内容。与之相比，绩效改进方案虽然也是根据上一阶段绩效考核结果而制定的，但其更具有针对性，是着重针对绩效低下的原因而制定的。在实际工作中，由于时间等因素的限制，可以将制定绩效改进方案与计划目标相结合，通过一份计划反映绩效改进方案。

4．绩效改进方案的形式可以多样，但关键是要控制过程，给员工以指导。

任何方案都需要付诸实施，绩效改进工作可以有各种各样的方案，但是改进的过程只有一个。绩效改进能否成功，关键就在于是否能控制改进的过程。只有各级主管在过程中给予员工指导和帮助，修正改进方案，才能保证绩效改进的效果。

7.2.2.5　制定绩效改进计划

绩效评估要同员工的生涯规划、企业的培训计划有机地结合起来，而不仅仅局限于员工的薪资、奖金、升免。评估过程中要体现公正、公平、公开，能真实地反映员工的工作实绩，同时应尽量地避免绩效评估的负面影响。评估之后，对被评估人进行评估意见的反馈是很重要的，因为进行绩效评估的一个主要目的就是：改进绩效。所以，主管和员工应合力安排绩效改进计划。

【课堂训练】A 为一生产主机板的公司，成立历史有 10 年，资本额约为 12 亿，员工人数约有 200 人，与其同行业相比较之下，此公司规模较小，历史较短、成长快而且获利能力较高。此公司乃是由 7 个原先同在一家大计算机公司工作的工程师脱离原公司所创办的。A 公司刚开始的资本额只有 3 千万，在十年内的资本额扩展十分快速。由于其产品市场的高度成长、经营者的卓越管理及工程师团队的先进技术能力，近几年来，公司的经营绩效十分卓越，每股税后盈余由刚成立的前五年（1988～1992 年）的平均 4 元，提高到 1993～1994 年的平均 12 元，近两年（1995～1996 年）的平均更高达 33 元。A 公司的股票于 1996 上市以来，股价涨幅达 300%，每股的交易市价已达 700 元，A 公司的总市值于短时间内上涨数倍。

问题：

（1）A 公司因 1996 年经营绩效卓著，董事会于该年度终了时，决定提拨盈余给 200 名员工作为年终奖金，但尚未决定以何种方式来发放盈余。若全部以现金发放给员工，则每名员工平均约可得三十万元，若全部折算为股票来发放，则每名员工约可得市值近千万元的股票。请评估以上两种不同盈余分配方式对公司可能造成的利弊得失。

（2）由于 A 公司的成功多半凭借的是工程师团队的技术及合作能力，因此如何继续维持工程师团队的合作与稳定性为公司持续成长的关键。如果你是 A 公司的高阶主管，针对工程师团队，拟定你的领导方式，并说明理由。

（3）由于工程师的研发需透过团队合作，冲量个人绩效有其困难，然而就实际考量，A 公司的高阶主管认为仍有必要针对个别工程师的绩效予以评估，作为升迁与加薪的依据，如果你是人力资源主管，请拟定一套适用于工程师的绩效考核方法。

7.2.2.6　选取待改进方面的原则

（1）重审绩效不足的方面。主管的评价是否都合乎事实？也许主管没有真正察觉员工发生问题的缺点；也许主管认为的缺点事实上却是员工的优点。

（2）从员工愿意改进之处着手改进。这可能激发员工改进工作的动机，因为员工通常不会选取他根本不想改进的地方着手。

（3）从易出成效的方面开始改进。立竿见影的经验总使人较有成就感，也有助于再继续其他方面的改进。

（4）以所花的时间、精力和金钱而言，选择最合适的方面进行改进。

7.2.2.7　绩效改进的四个要点

绩效改进计划设计的目的在于使员工改变其行为。为了使改变能实现，必须符合四个要点：

（1）意愿。员工自己有想改变的愿望。

（2）知识和技术。员工必须知道要做什么，并知道应如何去做。

（3）气氛。员工必须在一种鼓励他改进绩效的环境里工作。而造就这种工作的气氛，最重要的因素就是主管。员工可能因畏惧失败而不敢尝试改变，这时，需要由主管去协助他们，帮他们建立信心。

（4）奖励。如果员工知道行为改变后会获得奖赏，那么他较易去改变行为。奖励的方式可分为物质和精神两方面：物质方面包括加薪、奖金或其他福利；精神方面则包括自我的满足、表扬、加重责任、更多的自由与授权。

此外，社会是在动态发展着的，绩效评估的标准与刻度也应做相应地调整，才能对员工的工作绩效切实起到改进、保持、发展的作用。

7.2.3　学习自测

一、单选题

1．在剖析各种绩效差距的原因时，“工作计划性不周”属于（　）原因。

A．个人　　B．外部　　C．组织　　D．管理

2．在绩效面谈中，反馈的信息应该“去伪存真”，这体现了有效信息反馈所具有的（　）。

A．针对性　　B．及时性　　C．主动性　　D．真实性

3．（　）面谈要求参加者事先准备一些问题，而且要掌握提问和聆听的时机。

A．双向倾听式　　B．综合式　　C．单向劝导式　　D．解决问题式

4．在绩效管理实施过程中，最直接影响绩效评价质量和效果的人员是（　）。

A．高层领导　　B．一般员工

C．直接上级/主管　　D．人力资源部人员

5．绩效面谈的质量和效果主要取决于（　）。

A．考评双方的心理状态

B．是否成立了员工绩效评审委员会

C．考评双方对绩效管理制度的理解

D．考评双方的准备情况以及提供数据的详细和准确程度

二、多选题

1．为了保障激励策略的有效性，应当体现（　）。

A．明确性原则　　B．及时性原则　　C．同一性原则　　D．预告性原则

E．开发性原则

2．由于考评者与被考评者双方在绩效目标上的不同追求，可能产生（　）。

A．员工目标矛盾　　B．管理目标矛盾

C．员工自我矛盾 D．组织目标矛盾

E．主管自我矛盾

3．由于采用的效标不同，从绩效管理的考评内容上看，绩效考评方法可以分为（ ）。

A．品质导向型 B．目标导向型 C．行为导向型 D．过程导向型

E．结果导向型

4．目标管理法的优点包括（ ）。

A．结果易于观测 B．适合对员工提供建议

C．直接反映员工工作内容 D．适合对员工进行反馈和辅导

E．便于对不同部门间的绩效做横向比较

5．为了检查和评估企业绩效管理系统的有效性，通常可以采用（ ）。

A．系统分析法 B．座谈会

C．问卷调查法 D．查看工作记录法

E．总体评价法

7.2.4 案例分析

H 集团的绩效改进

一、案例背景

H 集团成立于 1989 年，经过十几年的奋斗，现已发展为一家多元化、跨地域、员工逾万人的大型企业集团，年销售额近 22 亿元。零售业为 H 集团的基础产业，至 2005 年底，商业总营业面积 12 万平方米，最先开发的 A 购物中心连续多年位居全国零售百强。集团在 A 购物中心运作成功的基础上，又先后开发了 B、C 两个大型购物商场，三个商场档次定位不同，形成互补。

为了完善管理，促进各公司的快速发展，集团决定对各商场进行绩效考核。集团对各商场的考核成绩作为其总经理的考核分数，与其绩效工资挂钩。各公司的其他高层管理人员由本公司总经理进行考核，考核分数要与各公司的考核分数有一定比例地挂钩，具体比例由各公司自行制定。

集团人力资源部设计了一些关键绩效指标（KPI），按月度和年度考核各公司完成计划的情况，考核内容见表 7-4 和表 7-5。考核试行一年之后，发现效果并不理想，考核过程中存在着不少问题，各下属公司的意见也较多，特别是考核指标的设置问题尤其突出。这促使人力资源部对考核指标的制定进行反思。

表 7-4 月绩效考核指标

指标名称	权重
含税销售收入	50%
费用控制	30%
现金流	20%
重大经营管理安全事故	
合计	100%

表 7-5　年绩效考核指标

指标名称	权重
利润总额	50%
含税销售收入	30%
现金流	20%
综合业绩评价	
重大经营管理安全事故	
合计	100%

问题：

（1）H 集团在关键绩效指标中存在哪些问题？

（2）请针对 H 集团存在的问题提出绩效改进计划。

（资料来源：http://www.chinairn.com/doc/50170/193638.html）

7.2.5　实训项目

表 7-6　实训名称：绩效反馈面谈

实训目的	加深对绩效反馈的认识；明确绩效面谈的目的
实训条件	多媒体设备，摄像设备
实训要求	1．学员分组 2．角色扮演 3．公开展示
教师任务	点评各组面谈效果
实训评价	对小组活动打分

绩效反馈面谈背景：（差五分钟下班，客服经理王明正收拾整理一天的文件，准备下班后去幼儿园接孩子，吴总走了进来）

吴总：王明，你现在不忙吧？考核结果你也知道了，我想就这件事与你谈一谈。

王明：吴总，我下班后还有点事……

吴总：没关系，我今晚上也有个应酬，咱们抓点儿紧。

王明（无奈地）：那我就来。

（总经理办公室，办公桌上文件堆积如山。王明心神不宁地在吴总对面坐下）

吴总：王明，绩效考核结果你也看到了……

（电话铃响，吴总拿起了电话，“喂，谁？啊，李总呀，几点开始？好，一定！……）

吴总（通话用了五分钟。放下电话，笑容满面的脸重新变得严肃起来）：刚才我们谈到哪里了？

王明：谈到我的绩效考核结果。

吴总：喔，你上一年的工作嘛，总的来说还过得去，有些成绩还是可以肯定的。不过成绩只能说明过去，我就不多说了。我们今天主要来谈谈不足。王明，这可要引起你的充分重视呀，尽管你也完成了全年指标，但你在与同事共处、沟通和保持客源方面还有些欠缺，以后得改进呀。

王明：您说的“与同事共处、沟通和保持客源方面还有些欠缺”具体指什么？

（电话铃再次响起，吴总接起电话，“啊，李总呀，改成六点了？好好，没事，就这样。”吴总放下电话）

吴总：王明，员工应该为领导分忧，可你非但不如此，还给我添了不少麻烦！

王明：我今年的工作指标都已经完成了，可考核结果……

吴总：考核结果怎么了？王明，别看我们公司人多，谁平时工作怎样，为人处事如何，我心里可是明镜似的。

王明（委屈地）：我觉得您可能对我有些误会，是不是因为在上次销售报告会议上我的提议与李部长发生冲突，弄得很不愉快……

吴总：你不要乱琢磨。你看看陈刚，人家是怎么处理同事关系的。

王明（心想：怨不得他的各项考核结果都比我好）：吴总，陈刚是个老好人，自然人缘好；但我是个业务型的人，比较踏实肯干，喜欢独立承担责任，自然会得罪一些人……

吴总：好了，李总又该催我了，今天就这样吧。年轻人，要多学习，多悟！

王明（依然一头雾水）：……

吴总自顾陪客人吃饭去了，留下王明一个人愣在那里。

【参考答案】

一、单选题

1～5 A D A C C

二、多选题

1．BCDE 2．CDE 3．ACE 4．ABCD 5．BCDE

学习任务三 考核项目评估

7.3.1 学习导入

B 公司的一个被辞退的员工把企业告到了劳动仲裁部门，在仲裁申请中，该员工称自己工作如何努力，表现如何优秀，而企业如何无情，自己被辞退又是如何之冤枉，说了自己一大堆好话，企业一大堆的不是。对于这样一份仲裁申请，劳动部门本着维护弱者利益的原则，马上立案，并进入企业做了调查。

调查结果大出仲裁人员所料，实际上被辞退的员工的口碑非常坏，迟到早退，旷工打架，坏事做了不少，工作成绩也一塌糊涂。但是，为了顺利地把这个员工推出门去，又不想开罪于他，很多经理都在该员工的业绩考核表上填上了“优秀”的字样，就这样，这个员工带着优秀的光环跑遍了公司的所有部门，直到最后无处可去。

看完这个案例，我们有这样几个疑问：这个企业没有绩效管理体系吗？这个企业的绩效管理做得完善吗？经理们做得称职吗？为什么一个普通的辞退行为最后会演变成劳资纠纷？这能避免吗？

（资料来源：赵日磊．销售与管理．2004）

7.3.2 相关知识

7.3.2.1 考核项目评估的意义

1. 考核项目评估定位——总结

通常，人们对绩效管理的认识是考核项目评估就是填表打分，按照人力资源部规定的时间，在人力资源部提供的考核表上，对员工过去一段时间的表现进行打分，然后按照企业的要求划分等级，与工资、晋升、淘汰等人事决策相挂钩。通常把这种考核概念总结为两个字："打分"。这种定位是不准确的，至少是不全面的。因为一旦我们把考核项目评估的定义定位为"打分"，那么，作为绩效管理的中坚力量、绩效管理政策执行者的直线管理者，将会只做最简单的工作，只完成最低的标准，就是在规定的考核表格上打分，除此之外，他们不会再关心其他与考核有关的事情，因为他们认为打分是为了完成人力资源部的任务，考核项目评估是额外的工作负担，完成打分已经做了额外的工作，再做其他的工作，就划不来了！于是，直线管理者的头脑中就会认为，所谓的绩效考核，实际上就是对员工的表现进行打分。于是，绩效考核就成了被企业利用的工具，就无法发挥改善员工的绩效作用。我们知道，仅仅在考核表格上打分本身是无法帮助员工改善绩效的！只是在考核表格上打个分，怎么可能对改善员工的绩效有帮助呢？要想对员工的绩效起到改善作用，管理者就必须做更多的工作，这个工作就是"总结"。这里的总结有以下含义：

（1）对过去一个绩效周期内管理者与员工的工作进行总结这些总结包括：制定考核指标和考核标准的时候，员工是否参与？员工的意见是否得到了充分的表达？双方在考核指标和考核标准上的分歧是否已经达成一致？在绩效周期内，管理者是否主动与员工沟通绩效问题？是否提供了必要的帮助和辅导，影响绩效目标达成的障碍是否被明确识别，并被及时清除？员工是否主动与管理者沟通绩效问题，管理者提出的建设性改进意见是否得到了执行？等。

这些问题在绩效考核的时候进行回顾，非常必要，因为通过这样一个总结，让员工感觉到管理者是在帮助自己，管理者在绩效考核中所表现出来的角色是支持者和帮助者，而非简单的考核者。这样，员工才能消除对绩效考核的抵触心理，主动配合管理者，双方共同完成绩效目标，使绩效考核成为双方探讨成功的机会而不是批斗会和菜市场，减少双方的互相指责和摩擦。

（2）对过去一个绩效周期内员工的绩效指标达成情况进行总结在进行考核的时候，管理者不是对员工打一个分数，把表格交给人力资源部就完成任务了，其实，管理者还有比打分更重要的工作要做，那就是与员工进行一对一的绩效面谈。

绩效考核要想发挥作用，绩效面谈必须做。在绩效面谈中，管理者要将自己对员工的表现的打分情况告诉员工，并将每项内容中员工的具体表现告诉员工，这当中既有好的表现，也有差的表现，这两种表现都要反馈。

对于员工好的表现，反馈要具体，而不能只是笼统地说很好。要告诉员工，他的这种表现为什么好，好在哪里，不能仅仅说，"王辉，你这几项工作表现很好，我很欣赏"。这样无原则的表扬对员工一点作用没有，反倒可能引起员工的反感，认为那是虚伪的表现，所以，对于好的表现泛泛而谈是没有作用的。

要谈得具体，让员工回忆起某一个事件，或者某一个情节，这样才能引起员工的共鸣。

比如，你可以说，“王辉，上周六，你为了公司第二天投标要用的标书，加班到凌晨两点，而且标书的制作质量很高，受到客户的认可和好评，我对你的敬业精神和工作质量表示高度认可，希望你能再接再厉，继续发扬！”对于差的表现，管理者也应该直接具体地告诉员工，不要遮遮掩掩，遮遮掩掩反而使自己陷入更加被动的局面。比如：“王辉，8 月 16 日，你制作的标书里面的报价出现了错误，最后不得不在开标后与客户协商修改，使销售员非常被动。不知道这是什么原因造成的？”

（3）对绩效管理体系的运行进行总结一个好的绩效管理体系一定是一个不断完善和提高的管理体系，一定是一个不断螺旋上升的管理体系，而要做到这一点，管理者就不能被动按照考核的体系的要求亦步亦趋，就一定要在其中发挥积极作用，对绩效管理体系的运行情况进行总结。

有总结才有提高。我们给直线管理者的角色定位是两个词：“执行+反馈”。直线管理者一方面要执行企业的绩效管理政策，有不同意见也要执行，因为不执行，你不可能发现真正的问题，不执行也不可能有问题存在，只有先按照企业设计的绩效管理政策执行了，作为执行者的直线管理才可能发现问题，这个发现问题的手段就是总结，总结之后再将信息反馈给政策的制定部门人力资源部，然后由人力资源部统一调度各级管理者进行研讨，最后再来调整。

这里的总结包括：绩效目标制定得是否合理？考核标准制定得是否合理？公司的绩效激励政策是否合理？各种表格工具是否合适？员工在绩效考核的表现等。通过对执行政策的总结，为企业调整绩效管理政策提供依据，使企业的绩效管理发挥更好的作用。

似乎，打分和总结只是两个字的改变，但实质却有很大的差别，这是一种观念的更新，是一种看待考核项目评估概念的新视角，所以请管理者重新审视自己对考核项目评估的定位，从“打分”转到“总结”。

【课堂训练】王原胜对这次薪资的调整，不满意极了。因为他认为自己与刘少华比，实际上并没有得到应有的鼓励。王原胜来到这家公司已有十多年的历史，比刘少华多了五年的年资。这次公司薪资的调整，王原胜只比刘少华多出几佰块钱。然而，论年资、职级、工作表现，王原胜从未迟到早退，工作态度也甚为积极。至于刘少华在工作表现上，成绩平平；只是能言善道，虚浮不实，善于做表面功夫。

最近，部门主管发现王原胜工作态度消沉了许多，乃找来面谈。部门主管：“王原胜，你最近怎么了？你的工作绩效似乎退步了！有什么问题吗？”王原胜：“没什么啦！只是我觉得这次调薪好像不太公平！”

部门主管：“怎么说？”王原胜：“论资历、工作表现，我都不该比刘少华多出几佰块钱。我认为加薪除了应以底薪的比率调整外，还要考虑个人的努力程度、绩效和对公司的贡献等。按理说，我应该可以调整得更多。我感觉到这不是一次公平合理的调薪。”部门主管：“好的！我去查查看，然后给你答复。不过，我的建议是做人不必太计较，而且工作的目的，并不完全在于薪资的高低；有时候表现一些成就欲，也是蛮好的，你认为呢？”由于这次的谈话并没有满意的结果，且似乎有被责怪的意味，王原胜并没有改善他的工作态度。如果你是主管，会如何处理这个情况？

2．考核项目评估目的的定位——改善

企业为什么要实施考核项目评估？实施考核项目评估会给企业带来什么收益？很多企业对这一点没有清醒的认识。很多企业认为实施绩效就是为了解决工资发放的问题，这是企业实施绩效考核目的的焦点所谓，不夸张地说，至少 80%的企业都是抱着这个目的去操作绩效考核的。

实际上，通过实施考核项目评估来解决工资发放的问题，破除平均主义，这种想法本身没有错误，但是如果把实施绩效考核的目的仅仅定位于这一点，把所有的努力都指向这一点，就有问题了。抱着这种目的，会使员工从关注绩效改善转向关注自己的口袋，关注工资卡的上的数字，那么员工就会想方设法获取高分，而不会把精力放在长远的绩效改善上。

作为操作考核项目评估的人力资源部和各级直线管理者，也会只是把考核项目评估当作企业实施相关人事决策的工具，而不是去关注如何通过绩效考核改善员工的绩效，进而改善企业的绩效。

所以，要想使绩效考核发挥作用，还原本质，企业必须把考核项目评估定位在绩效改善上。最近有一个咨询公司刚刚为一个企业做完绩效管理的咨询，他们在一开始操作的时候，就把这个观点摆在了首要位置，从一开始的理念宣导，到绩效指标的分解，到 KPI 提取，到绩效管理方案的设计和解析，到最后的辅导实施，都把这个观念贯穿始终。咨询中间，客户的中层经理经常会为一些指标的问题争论，争执的过程中，客户的对接人就会站出来说，“我们进行绩效考核的目的是为了改善绩效，而不是为了分清责任”。确实，如果客户能够把这个观念贯穿于绩效管理的始终，那么，相信企业的绩效会得到改善的，而且是持续的改善。

如果把考核项目评估的目的定位于改善员工的绩效，进而改善企业的绩效，我们在操作绩效管理的时候，就必须重视绩效管理系统的建设，建立起“制定绩效计划，设定绩效目标－绩效沟通与辅导－绩效考核与反馈－绩效改善与提高”这样的管理流程，强调员工的参与，强调双向沟通，强调绩效管理过程的沟通与辅导，使绩效考核成为完整绩效管理系统的一部分，而不是单独存在的环节。

当我们把绩效考核放到绩效管理系统进行整体操作的时候，考核项目评估就不仅仅是个填表打分的简单动作，而是一个总结和提高的过程，考核项目评估就会还原到本质，真正发挥作用。

【课堂训练】在明星公司的业务检讨会上，总经理陈天利陈述了公司的经营状况，他说：“今年以来公司营业情况真教人心寒，第一季的营业额居然降到一亿元边缘，比去年同期衰退了将近五成，仅达成今年营业额年度目标的 8.3%，希望在座能彻底探究营业衰退原因，提出因应对策，否则长此以往，公司营运情况必定不堪设想。”

营业部经理廖有元表示：“今年第一季营业额确实减退很多，但有几项事实不容忽视：今年第一季是淡季，历年第一季的营业额通常也只占全年营业额的 15%左右；今年第一季春节假期较往年长，本公司的营业当然大受影响；去年上半年正值景气繁荣阶段，今年经济景气普遍低迷，企划部门所做的营业目标却依然依据成长的乐观估计所订定；本公司产品的式样业已过时，虽然营业人员使尽九牛二虎之力，也难以拓展市场。”

研究发展部经理胡高提出他的看法：“本公司的研究发展一向不落人后，新产品推出速度也比同业领先，以去年来说，本公司即有五种新产品问世。”

财务部经理王元博说：“去年推出五种新产品，有两种是失败产品，造成不少亏损，可见推出新产品不一定符合成本效益原则；而且新产品的推出多集中在五、六月份，时效上落后了很多。个人认为本公司应该努力于现有产品的促销，更重要的是预测与计划工作必须加强，以免浪费大量资源在没有潜力的产品上。”

企划部经理刘希林抗议说："企划部门所作的一切预测工作及营业计划都按照营业目标并非特别高，何况同业中也有少数公司营运仍持续增长着。另外，请别忽略了企划部全体人员只有三名的事实，我们人少事繁，又要承担公司成败之责，似乎不公平，本人认为如要促使公司业绩增长，重点仍在营业部。"

问题：

就本案资料，您认为明星公司营业额减退原因为何？如何改善营业？

3. 考核项目评估作用的定位——系统

最后，谈谈考核项目评估作用的定位。正如前面所讲很多企业只是把考核项目评估的作用定位于发放工资，这是不完整的，甚至是功利的。所以，我们必须系统地看待考核项目评估的作用。

对考核项目评估作用的定位有以下几个方面：

（1）改善员工的绩效这是绩效考核的最根本的作用，必须首先改善员工的绩效，然后才可能改善员工的收入和声誉。

（2）为员工培训提供信息通过绩效考核的总结过程，找到员工绩效中存在的不足，结合企业的要求，为员工制定合理的培训计划，帮助员工改善绩效。

（3）为员工的职业生涯管理提供信息单纯的职务等级的晋升让很多企业意识到，必须找出更好的办法，使员工获得职务之外的晋升，才能更好地激励员工，留住人才，因此职业生涯管理成为人力资源的热点，绩效考核可以为职业生涯管理提供信息。

（4）为员工的薪酬管理提供信息众所周知，绩效考核可以为员工工资标准的确定以及工资晋级晋档降级降档提供信息。

7.3.2.2 考核项目评估的程序

（1）人力资源部负责编制考评实施方案，设计考评工具，拟定考评计划，对各级考评者进行培训，并提出处理考评结果的应对措施，供考评委员会决策。

（2）各级主管组织员工撰写述职报告并进行自评。

（3）所有员工对本人在考评期间内的工作业绩及行为表现（工作态度、工作能力）进行总结，核心是对照企业对自己的职责和目标要求进行自我评价。

（4）部门主管根据受评人日常工作目标完成程度、管理日志记录、考勤记录、统计资料、个人述职等，在对受评人各方面表现充分了解的基础上，负责进行客观、公正的考核评价，并指出对受评人的期望或工作建议，交部门上级主管审核。

如果一个员工有双重直接主管，由其主要业务直接主管负责协调另一业务直接主管对其进行考评。

各级主管负责抽查间接下属的考评过程和结果。

（5）主管负责与下属进行绩效面谈。当直接主管和员工就绩效考核初步结果谈话结束后，员工可以保留自己的意见，但必须在考评表上签字。员工若对自己的考评结果有疑问，有权向上级主管或考评委进行反映或申诉。

对于派出外地工作的员工，反馈面谈由该员工所在地的直接主管代为进行。

（6）人力资源部负责收集、汇总所有考评结果，编制考评结果一览表，报公司考评委员会审核。

（7）考评委员会听取各部门的分别汇报，对重点结果进行讨论和平衡，纠正考评中的偏差，确定最后的评价结果。

（8）人力资源部负责整理最终考评结果，进行结果兑现，分类建立员工绩效考评档案。

（9）各部门主管就绩效考评的最终结果与下属面谈沟通，对受评人的工作表现达成一致意见，肯定受评人的优点所在，同时指出有待改进的问题和方向，双方共同制定可行的绩效改进计划和个人发展计划，提高个人及组织绩效。

（10）人力资源部对本次绩效考评成效进行总结分析，并对以后的绩效考评提出新的改进意见和方案，规划新的人力资源发展计划。

7.3.2.3　考核项目评估应注意的问题

1. 考核目的

要开展绩效考核工作，首要回答的问题就是为什么要开展绩效考核工作，这个问题不加以明确，势必使绩效考核陷于盲目。

企业要开展绩效考核工作，核心问题是使企业的战略目标得以顺利实现。要实现战略目标，人是其中最关键的因素。如何使人力资源发挥最大效能，调动人的积极性，使企业各级管理人员都有使命感，进而发挥创造力，使公司具有运行活力，进而对人力资源进行整合，使优者得其位，劣者有压力并形成向上动力，使企业目标在优化的人力资源作用下得以顺利实现等问题，正是绩效考核所要解决的最本质的问题。

2. 目标责任体系

（1）从目标到责任人。绩效考核不是孤立事件，它与企业人力资源管理、经营管理、组织架构和发展战略都具有相关联系，企业战略目标通过目标责任体系和组织结构体系分解到各个事业单元，与对应的责任人挂钩。

（2）从出发点到终点。因目标不是独立部门可完成的，从任务出发点到终点，通过企业每一环节的优秀业绩，保证整体业绩的最优。因此应根据业务流程图，明确部门间的协作关系，并对协作部门相互间的配合提出具体要求。

（3）对目标责任的一致认可。对工作目标的分解，要组织相关责任人多次研讨，分析可能性，避免执行阻力，直到目标由考核者和被考核者达成一致，这时以责任书的方式统一发布，并要明确奖惩条件，由责任书发出者与责任书承担者双方签定责任书的方式确定。

3. 评价标准

（1）成功关键因素。企业经营业绩并不是简单的投资与报酬，成本与收益之间的对比关系，因无论是成本或收益，均受多种因素的影响。指标设定的科学、全面、有效性与否直接关系到绩效考核的客观性和公正性。因此指标设定，一定是完成目标责任的成功关键因素，通过对这些因素监督、控制、考核的过程，能推进目标的实现。

（2）指标确定。

1）通过努力在适度的时间内可以实现，并有时间要求。

2）指标是具体的、数量化的、行为化的、具有可得性。

3）可衡量化，不论是与过去比，与预期比，与特定参照物比，与所花费的代价比较，都有可操作性，是现实的、可证明的、可观察的。

4）不能量化的，描述细化、具体，可操作。

5）经过同意制定，说服力强。

4. 考核办法

（1）直线制管理考核办法。在平衡计分卡考核体系下，对具体的责任人进行考核时，由责任人的聘用者、任务发出者及责任人的服务管理对象作为主要考核人，对责任人的工作业绩进行考核。同时责任人的个人业绩测评、责任人的协作部门的测评可作为辅助测评意见。以上意见进行综合，作为该责任人的绩效考核成果。

公司董事长由董事会成员、监事会成员、高管层进行考核；董事长及监事会成员、总经理分管工作的单位负责人及其员工代表、客户等对总经理的工作业绩进行考核，吸收党委、工会成员参加测评；董事长、总经理、监事会成员及副总经理分管的工作部门负责人及其员工代表、客户等对副总经理的工作业绩进行考核，可吸收党委、工会成员参加。

党委书记则由上级主管部门、党委成员及支部负责人、党员代表进行考核，可吸收职工代表参加测评；工会主席则由上级主管部门、党委书记、党委委员、职工代表参加测评。其他人员以此类推。

这样考核的原因在于责任人的工作由上级领导安排落实，上级领导对下属工作的完成情况最关心，情况最了解，同时也在管理上由上级领导负责。责任人执行情况，责任人的下属最了解，对责任人是否有所作为也最了解，因此责任人的上下级对责任人的考核最有发言权。吸收协作部门及个人测评，可力求使测评成果更客观、公正。

（2）管理者的考核责任。主管领导有义务和责任对其管理权属内的责任人进行考核评价，不宜以民主测评等方式推卸应由领导履行的职责。有些管理人员对自己下属的工作了如指掌，可就是不愿直接指出下属的不足，对下属工作不满意不愿直接触及矛盾，调整工作岗位更是难以下手，于是采取民主评议方式，让员工说出自己想说的话。这样做的结果往往是被考核人不服气，且滋生对管理人的不满，对考核工作不仅无促进作用，还会走向阻碍工作开展的方向。管理者在被管理者心目中树立权威的机会也会因此丧失，下属由于不能直接搞清楚管理者的意图和自己在其心目中的形象，不能感受到上级对自己的信任，领导也不可能对下属有更全面明晰的把握，易形成症结影响工作。

（3）考核办法评价。考核办法没有先进与落后，只要适合于企业实际，能够客观地、有针对性地评价管理人员的工作业绩，对开展工作有效地起到了促进作用，考核办法就值得采纳。

5. 考核信息反馈及成果兑现

（1）考核信息反馈。

1）对考评结果要做到全面分析，对未达标的工作部分要加以分析，找出原因并加以修正，调整战略目标，细化工作职责标准，调整平衡计分卡的内容，使之建立新的平衡。

2）对考核成果要充分进行利用，要及时由管理人员对有关的责任人进行沟通，对考核结果指出的责任人的优点给予充分的、具体的肯定，最好能以事例补充说明，让责任人感觉到领导者不是泛泛地空谈，而是真诚的认可。对于考核者存在的不足，要明确提出，并问清楚责任人原由，听取他对改进工作的意见建议，如有道理要尽可能采纳。如继续任用，则应提出具体的建议要求及改进工作的途径，以保证工作质量提高。即使不再任用，也要明确提出，使责任人充分理解，使之心服口服。

3）切忌对考核结果置之一边，任由被考核者猜测引起负面影响。

（2）考核成果兑现。

对考核成果要按照目标责任书的奖惩约定，及时进行奖惩兑现。

6. 持续性考核

绩效考核是一项复杂的系统工程，计划、监控、考核流程、成果运用等动态管理，构成绩效考核的主要工作内容。因此要持续不断地根据考评工作中存在的问题改进考核工作，同时还要把工作制度化、持续性地开展下去。这样考核工作就会受到各级管理人员的高度重视，其创造价值中心的作用就会越来越大。

7.3.3 学习自测

一、单选题

1. 关键事件法的缺点是（ ）。

A. 无法为考评者提供客观依据　　B. 不能做定量分析

C. 不能贯穿考评期的始终　　D. 不能了解下属如何消除不良绩效

2. 强制分布法假设员工的工作行为和工作绩效整体呈（ ）分布。

A. 偏态　　B. 正偏态

C. 正态　　D. 负正态

3. 在剖析各种绩效差距的原因时，“工作计划性不周”属于（ ）原因。

A. 个人　　B. 外部

C. 组织　　D. 管理

4. 在本期绩效管理活动之后，将考评结果以及有关信息反馈给员工本人，并为下一期绩效管理活动创造条件的面谈，称为（ ）。

A. 绩效计划面谈　　B. 绩效考评面谈

C. 绩效总结面谈　　D. 绩效指导面谈

5. 按照员工的工作成果进行评估，这种方法比较客观，容易为员工接受，能减少（ ）的可能性。

A. 产生误会　　B. 产生偏见

C. 产生误解　　D. 产生意见

二、图表分析题

某企业正在进行绩效考评，其中考评人员 A、B、C 的打分结果如图 7-1 所示。请据此分别分析这三位考评人员的考评误差，并分析该误差会给企业带来哪些不良影响。

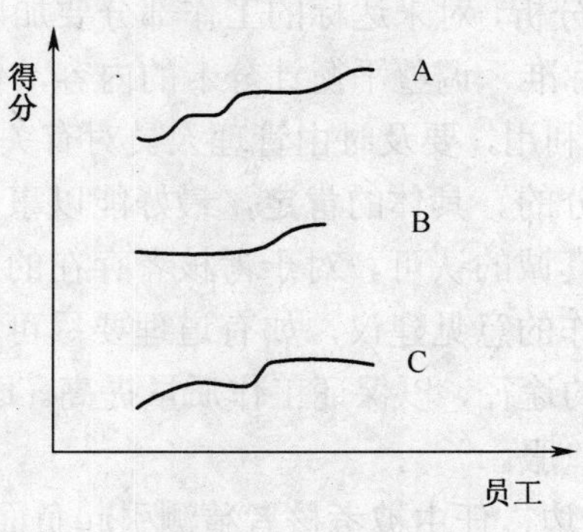

图 7-1

三、计算题

某公司对销售部门的员工采用 360 度绩效考评的方法，每项打分最高 6 分，最低 1 分，考评结果如表 7-7 所示。

表 7-7 某公司 360 度绩效考评表

<table>
<tr><td colspan="9">考评尺度与分数：杰出 6 分 优秀 5 分 良好 4 分 一般 3 分 较差 2 分 极差 1 分</td></tr>
<tr><td colspan="2" rowspan="2">考评项目</td><td rowspan="2">权重（%）</td><td colspan="6">考评得分</td></tr>
<tr><td>上级考评（70%）</td><td>同事考评（10%）</td><td>下级考评（10%）</td><td>自我考评（5%）</td><td>客户考评（5%）</td><td>本栏得分</td></tr>
<tr><td rowspan="2">个人特征</td><td>事业心</td><td>10</td><td>4</td><td>5</td><td>4</td><td>5</td><td>5</td><td></td></tr>
<tr><td>主动性</td><td>10</td><td>3</td><td>4</td><td>4</td><td>5</td><td>4</td><td></td></tr>
<tr><td rowspan="2">工作行为</td><td>合作能力</td><td>10</td><td>4</td><td>5</td><td>4</td><td>4</td><td>5</td><td></td></tr>
<tr><td>服务水平</td><td>10</td><td>4</td><td>4</td><td>4</td><td>5</td><td>4</td><td></td></tr>
<tr><td rowspan="2">工作成果</td><td>合同维持</td><td>10</td><td>3</td><td>3</td><td>4</td><td>4</td><td>4</td><td></td></tr>
<tr><td>业务开拓</td><td>10</td><td>4</td><td>4</td><td>5</td><td>5</td><td>4</td><td></td></tr>
<tr><td colspan="9">总分＝</td></tr>
</table>

7.3.4 案例分析

石城公司的绩效管理

石城公司是一家以开发、生产和销售电动工具为主要业务的公司。在 1998 年以前，主要是从事出口贸易，即从国内有关厂家采购产品卖到国外。随着欧美市场开拓和出口量逐年增大，为保证产品质量、供货及时和降低采购成本，该公司又相继成立了产品设计开发部门和生产制造厂，企业发展势头很好，人员也从最初的几十人发展到 300 多人。随着企业规模的扩大和复杂性增加，公司管理也遇到一些问题。其中比较突出的是考核问题。

该公司以前没有系统的绩效评估制度。到了年底，各部门让员工回顾一下本年度的工作，每人写一个书面总结，然后由部门主管就每个人的小结签个意见（尽管有优良中差的等级，但大多数人得的都是“良”），最后交给人力资源部算完事。至于奖金（红包）的多少，基本是总经理张三平一人说了算。原先人少的时候倒也相安无事，一是他对每个人情况都了解，评价大体还算公正；二是原先只有贸易这一块，大家干的事差不多，矛盾并不突出；三是虽然声称奖金发放是根据贡献，可实际上主要还是依据每个人的职务和资历，而且差距不是很大。尽管张三平要求大家不要互相打听各自的奖金数，可私底下谁都心知肚明。这种方法实行了几年，虽然谁对它都不满意，可大家也不太把它当回事。不过近年随着企业规模的扩大，部门的增多，考核方面的问题变得突出起来。首先是各个部门都对现行的考核方法有意见，都觉得对自己不公平，而且常常为此闹矛盾。其次是似乎各个层面的人都对考核和“红包”发放不满，去年年底接连发生骨干跳槽，有人甚至公开说，“什么贡献业绩，干好干坏还不都是老板一句话，没想到，这里的大锅饭比国企还厉害”。

张三平觉得这样下去也是个问题，于是找来了新上任人力资源部经理王海丽：“你了解一下目前公司考核的主要问题到底在哪里？然后搞一套绩效评估方案。要求是三个：一是能够测量出每个人工作的真实情况并做出实事求是的评价；二是能调动大伙儿的积极性，拉开差距；三是要让各部门主管有压力，别把矛盾都交到我这里。”

王海丽刚刚 MBA 毕业，虽然才到公司，情况不大了解。但凭着以往对企业的了解和学校学的知识，她对做好这项工作还是有信心的。为使考核方案有针对性，她决定先做一番调查。

她首先来到公司设计部。她知道这是公司的核心部门，也是老板最重视的单位之一。可最近这里跳槽的人不少，成了老板的一块心病。设计部主任李钢一听到她的来意就发起了牢骚，“咱们公司的考核制度早该改了，再不改人都跑光了。”王海丽笑着说，“不改对你有什么影响？谁不知道设计部的红包是全公司最大的”。李钢说，“你以为多发钱就没事了？关键是怎么发。我给你举个例子，我们设计部一共五个设计师，王欢年龄最小、到公司最晚，工资也最低。可他去年一个人就开发了 4 个新品，是全设计部最多的，卖得都不错。可到年底发奖金所有的人一样。我去找老板，老板说这已经对他破例了，如果根据级别和进公司的年限他还拿不到这么多。你说这是什么话？王欢现在跟我提出要走，不然就加工资。你说我怎么办？”王海丽说，“那就按每个人设计新产品的数量发奖金就得了……”“没这么简单，” 李钢打断她的话，“产品设计不能光看数量，还要看市场销路，看它带来的利润，评价起来比较复杂。还有，咱们公司是低工资，高奖金，表面看起来刺激力度很大，可这么低的工资水平根本找不到好的设计师。我这里都是大学生，招聘的时候他们最看重基本工资是多少，与其他公司相比有没有竞争力，人家可不是跟车间的工人比。工资低就把奖金看得特别重，如果奖金波动太大，大家无法接受；可不拉开差距，分配不公平又难以留得住人。你是 MBA 帮我们出个主意吧。”

王海丽哑然了，她一时还真想不出该怎么办。

从设计部出来，王海丽找到了生产部经理老宋。老宋原是一家大型国企的副厂长，抓生产很有一套。他说，“我现在统统采取计件工资制，一个月考核一次，对前 10%给双奖，后 5%黄牌警告，连续两次都在最后就走人，实行末位淘汰。哈哈，实行下来效果不错。还是民营企业机制好，辞退人没那么多麻烦。多劳多得，不劳不得，谁都无话可说。”他大手一挥，很自信的样子。王海丽知道老宋的绰号是“大吹”，便长了个心眼，又去找了生产部的几个班组长和工人了解情况。谁知大伙儿对目前的考核办法都一肚子意见。班组长的意见主要集中在工时定额上。石城公司产品的特点是多品种、小批量，以出口为主，一旦有订单工期就特别紧。要确定每个产品、每道工序的工时定额特别麻烦，有时根本来不及。标准定高了，工人不接受；定低了，老板不满意，弄得两头受气，各工种还经常为此闹矛盾。工人们的意见则又加上一条，实行计件工资，奖金占了很大一块，可有没有活干，却不取决我们。忙的时候忙死，闲的时候闲死，各个工序、班组情况也不一样，都用一个标准衡量，还搞什么末位淘汰，不仅不合理，工人压力也太大。

“这事你们向老宋反映过么？” 王海丽问。“反映过，可没用。为定额的事情找到老宋，他就毛估估，随意性很大；但考核时又卡得很死，让人没法接受。”“那你们说应该怎么办？”大伙儿面面相觑似乎也没什么好办法。

王海丽带着一堆问号离开了生产部，她开始感到老板交办的事并不像开始想的那么简单。她知道公司副总兼国际部经理许宁是当年与张三平一起打天下的元老，对公司的情况最清楚，或许他能给自己出些主意。为使谈话有的放矢，王海丽决定先找国际部其他人了解情况。

国际部对外称石城贸易公司，有30多人。内部又分为欧洲部、北美部、亚洲及澳洲部等。公司的客户大部分在欧洲和美国，近年来由于产品开始打入美国的连锁超市，出口增长很快，去年的出口额达到3000多万美元，其中大部分产品是从国内采购的，少部分是自己生产的。因此，国际部的人很"牛"，觉得公司有今天主要是靠他们。国际部除一些销售经理外，还有不少文员（主要是些大专毕业的女孩子）负责传真信函、联系客户、接听电话、打字录入等工作。按说国际部的收入是全公司最高的，可跳槽最多的也是它们。近两年有好几个骨干跳槽，或是到竞争对手那里，或是自己成立公司，这是让张三平最头痛的。王海丽曾私下问过那些走的人究竟为什么离开公司，得到的答案归结起来主要有：一是国际部的收入虽然在公司内部算高的，但与其他公司相比并不高；二是对现行的考核方式不满，不知道评价的依据是什么？既不是根据各部门的业绩（比如欧洲、北美部的销售额是全公司最高的，但年终奖差距并不大），好像又不是看每个人辛苦程度（比如加班加点，公司根本没有加班这一说）；还有他们没说出口，但又是促使他们离开的主要原因，就是公司的主要领导都是有公司股份的，而他们辛辛苦苦干了这么多年，只拿工资和奖金，心理上有些不平衡。"我们不知道自己在这里干究竟为什么？"一个离开公司的骨干这样说。

王海丽把了解到的情况向许宁作了汇报，许宁听了笑笑说，"他们说的是有些道理。可你想过没有，我们公司的市场主要在欧美，客户比较稳定，而其他市场还处在开拓阶段，销售量很小，如果考核完全根据销售额，谁愿意做市场开拓工作呢？说到没有加班费也是这样，由于时差关系，我们的许多工作必须在晚上进行，白天反而可能没什么事。我们只是要求你必须在规定期限完成任务，每天工作时间长短倒不重要。还有一点我可以告诉你，正是因为欧美市场特别重要，我们投入的时间精力也最多，老实说主要的市场和客户都是张总和我亲自跑的，一些大订单也是我们亲自谈的，他们只是做一些联络、单据等方面的辅助工作。你说业绩究竟应该算他们的，还是我们的？这就是我们在考核和奖金发放上一直采取模糊办法的原因，有时考核太细未必效果就好。至于股份……，这好像不属于考核问题。其他部门的情况我不是太了解，不好说什么。不过现在的绩效考核方法确实有问题，是应该做些调整。你先出个方案我们再商量"。

王海丽转了一大圈，觉得公司问题多多，谁的话似乎都有道理，但又好像都有偏颇。究竟怎样才能制定一个合理和有效的绩效评估系统，完成老板交给的任务，她一时有些茫然。

分析：

（1）石城公司的绩效考核系统存在什么问题？

（2）为什么过去的一些考核方式现在行不通了？

（3）王海丽应该怎样考虑和设计石城公司的绩效考核系统？

（4）如果是你，你会怎么做，为什么？

（资料来源：http://wenku.baidu.com/view/5478cdec4afe04a1b071de30.html）

7.3.5 实训项目

表 7-8 实训名称：管理人员管理方法评估方案

实训目的	能针对管理过程中某一具体项目拟定评估方法
实训条件	多媒体设备，摄像设备
实训要求	评估方法要有针对性和可操作性
教师任务	点评方案优劣
实训评价	对小组活动打分

管理人员管理方法评估方案设计背景：H 公司是一家民营服装企业，在创业初期，该公司只有员工 30 余人。由于业务繁忙，公司一味追求降低成本、提高销售额，没有及时建立科学的绩效考评体系，尤其是没有建立针对管理人员的绩效考评体系。这几年公司发展非常迅速，业务量持续上升，员工数量由过去的 30 余人猛增到 800 余人。随着公司规模的扩大，管理过程中存在的问题日益凸显，许多管理人员明显不能胜任工作，管理方法简单粗暴，由此引发的人员流失现象严重。经过认真细致的调研，该公司发现管理人员管理能力不足主要集中体现在人际关系技巧、团队合作精神、领导能力、语言表达能力等方面。经过分析与讨论，公司领导决定采用当前被广泛应用的评价中心技术来有针对性地评估本企业管理人员的管理能力，并责成人力资源部进行相关筹备工作。

假设你是该公司人力资源部经理，请针对该项工作写出具体评价方法及实施方案。

【参考答案】

一、单选题

1～5 B C A C B

二、图表分析题

从理论上分析，员工现实的工作表现和绩效应服从于正态分布，即最好和最差占少数，中等一般的或正常工作水平的员工占大多数。然而，在实际活动中，被考评单位的员工往往出现不服从正态分布的情形，常见的有：宽厚误差、集中趋势和苛严误差。本题中，考评人员 A 打分结果均偏高，犯了宽厚误差的错误；考评人员 B 的评定结果过于集中，犯了集中趋势的错误；考评人员 C 打分结果均偏低，犯了苛严误差的错误。

（1）宽厚误差亦称宽松误差，即评定结果是负偏态分布，也就是大多数员工被评为优良。这样容易使低绩效的员工滋生某种侥幸心理，持有“蒙混过关”的心态，不仅不利于组织的变革和发展，形成狭隘内部保护主义的错误倾向，更不利于促进个人绩效的改进和提高，特别容易使那些业绩优秀的员工受到伤害。

（2）苛严误差亦称严格、偏紧误差，即评定结果是正偏态分布，也就是大多数员工被评为不合格或勉强合格。这种误差对组织来说，容易造成紧张的组织的氛围；对个体来说，容易增加工作压力，涣散员工的士气和斗志，降低工作的满意度，不利于调动业务骨干的积极性、主动性和创造性。

（3）中趋势和中间倾向亦称居中趋势，即评定结果相近，都集中在某一分数段或所有的员工被评为“一般”，使被考评者全部集中于中间水平，或者说是平均水平，没有真正体现员工之间的实际绩效存在的差异，这往往是评定标准不明确或主管在评定工作中的平均心理造成的。这种考评结果造成绩效管理的扭曲，出现“好人不好，强人不强，弱者不弱”，某些人考评结果偏高，而某些人偏低的现象。

克服分布误差的最佳方法就是“强迫分布法”，即将全体员工从优到劣依次排列，然后按各分数段的理论次数分布分别给予相应的评价。

三、计算题

表 7-9　某公司 360 度绩效考评表

考评尺度与分数：杰出 6 分，优秀 5 分，良好 4 分，一般 3 分，较差 2 分，极差 1 分								
考评项目		权重（%）	考评得分					
			上级考评（70%）	同事考评（10%）	下级考评（10%）	自我考评（5%）	客户考评（5%）	本栏得分
个人特征	事业心	10	4	5	4	5	5	4.2
	主动性	10	3	4	4	5	4	3.35
工作行为	合作能力	10	4	5	4	4	5	4.15
	服务水平	10	4	4	4	5	4	4.05
工作成果	合同维持	30	3	3	4	4	4	3.2
	业务开拓	30	4	4	5	5	4	4.15
总分=3.78								

学习单元八　构建学习型团队

职业素养

1. 养成勇于创新的思维模式；
2. 培养良好的学习能力；
3. 提升作为一名优秀管理者的管理理念。

能力目标

1. 了解学习型团队的含义特征和相关知识；
2. 掌握构建学习型组织的目标、途径、方法。

学习任务一　形成学习机制

8.1.1　学习导入

从知识经济与信息时代的讨论，引申出来学习型组织（学习型组织专题：http://www.globrand.com/special/learning-org/）建设的话题，并首先在企业管理领域内被广泛实践。这种关于学习型组织建设的讨论与实践，迅速影响到了其他社会组织，还有学习型社会的提法，由此可见其影响之广。

西方企业进行学习型组织建设的实践，迅速落实为知识管理，通过企业内部信息化网络建设，实现知识共享、知识对象化。因为只有将因为参加培训、工作磨练获得的个人的知识加以对象化，而不再是某人的个人才智，这种知识才能形成为企业组织的财产，才能实现知识共享，即使该“人才”日后离开企业，培训成本并未真正流失。

反观国内的学习型企业、学习型社会的讨论，最大的结果是鼓励了个人得文凭，鼓励了企业见了博士不要硕士，见了博士后不要博士，鼓励了有关部委继续到国外高薪挖人不会自己培养人。

有种传统，需要深刻反思。韩愈说：“世有伯乐，然后有千里马”，被我们记诵了千年之久，奉为真理。这种到处找千里马就是自己不会培养马千里的“伯乐”，喜欢马儿对于自己知遇之恩的感恩，骄傲于自己识珠之慧眼，感慨于千里马的稀少，历史的结果是，伯乐乐了，千里马服了，其他的潜力马，只辱于奴隶人之手，骈死于槽枥之间，不以千里称也，哭了。

是把学习型组织建设落实于知识的对象化与组织建设上，还是寄望于有千里马与伯乐乍现？前者是法治，后者是人治。

（资料来源：全球品牌网 http://www.globrand.com/）

8.1.2 相关知识

20世纪80年代以来，企业内部和外部环境发生了一系列变化，尤其是科技发展高新化、信息传递高速化、商业竞争全球化的出现，使整个世界处于生机勃勃的变化之中，企业面临着前所未有的竞争环境的变化，传统的组织模式和管理理念已越来越不适应环境，其突出表现就是许多在历史上曾名噪一时的大公司纷纷退出历史舞台。因此，研究企业组织如何适应新的知识经济环境，增强自身的竞争能力，延长组织寿命，成为世界企业界和理论界关注的焦点。在这样的大背景下，以美国麻省理工学院教授彼得·圣吉（Peter M.Senge）为代表的西方学者，吸收东西方管理文化的精髓，提出了以“五项修炼”为基础的学习型组织理念。自从彼得彼得·圣吉提出学习型组织理论以来，这一理论已风靡全球，成为每一个渴望增加企业竞争力和延长企业寿命的必不可少的修练课程。

所谓学习型组织从本质而言，就是能在学习上保持持久的优势并有持续创新能力去不断开创未来的企业组织。因为未来唯一持久的优势，就是“有能力比竞争对手学习得更快”。真正出色的企业，将是能够设法使各阶层人员全心投入，并有能力不断学习的组织。

【课堂训练】英特尔的创新和学习激情。

英特尔深深吸引人的地方在于：孜孜不倦的创新和学习激情。创新和学习已经成为一种文化，永久地溶于了英特尔的文化和每一位员工的血液之中。

1973年，英特尔首度举办管理训练研习营。

1975年，英特尔特别成立“英特尔大学”，教授最新的技术和管理课程。

1991年9月，英特尔举办首次“总经理研习会”，训练课程包括：总经理应该做些什么、新任总经理的财务训练、策略制定、学习型组织、全力以赴、对外沟通等。主讲人都是世界一流的管理大师。这些课程都非常有价值，比如通过柯维“全力以赴”课程，英特尔完善了其内部一直积极推行的绩效评估方法，上完这门课后，副总裁决定以后在评估部属时，除了自己和其他高级主管的意见之外，也引用部属的同僚以及他们的部属们对他的建议，使得评估结果会具建设性。参加这门课的所有新任总经理，回到各自的部门后都开始采用这种新的评估方式，1994年，所有英特尔公司的高级主管全部用这种全新的方法来评估员工绩效。

自1991年到1993年两度举办的总经理研习会，几乎将所有总经理必须具备的武器涵盖在内，同时，这两年时间也让英特尔的新任总经理荷枪实弹，充实了许多实战经验，使得他们快速成长。对于英特尔来说，这样一些训练课程只是其学习型组织特征的冰山一角而已。你认为英特尔公司的这种做法对英特尔公司的发展有什么作用？

8.1.2.1 学习型团队的特征

学习型团队有时称为学习型组织或学习型企业。在学习型企业中，人们通过学习得到不断创造未来的能量，培养全新、前瞻、开阔的思考方法，全力实现共同的愿望，并终身学习和共同学习。与传统企业相比，根据新理论而创建的学习型组织拥有终身学习的理念和机制，拥有多元回馈和开放的学习系统，拥有学习共享与互助的组织氛围，具有实现共同愿望的不断增长的学习能力，工作学习化，学习工作化。学习型企业改变了传统的办公方式、组织结构、工作时间安排和报酬分配制度，有着鲜明的特征。

1. 组织成员拥有一个共同的愿景

组织的共同愿景（Shared Vision），来源于员工个人的愿景而又高于个人的愿景。它是组织中所有员工共同愿望的景象，是他们的共同理想。它能使不同个性的人凝聚在一起，朝着组织共同的目标前进。

2. 组织由多个创造性个体组成

在学习型组织中，团体是最基本的学习单位，团体本身应理解为彼此需要他人配合的一群人。组织的所有目标都是直接或间接地通过团体的努力来达到的。

3. 善于不断学习

这是学习型组织的本质特征。所谓“善于不断学习”，主要有四点含义：

一是强调“终身学习”。即组织中的成员均应养成终身学习的习惯，这样才能形成组织良好的学习气氛，促使其成员在工作中不断学习。

二是强调“全员学习”。即企业组织的决策层、管理层、操作层都要全心投入学习，尤其是经营管理决策层，他们是决定企业发展方向和命运的重要阶层，因而更需要学习。

三是强调“全过程学习”。即学习必须贯彻于组织系统运行的整个过程之中。约翰·瑞定（J.Redding）提出了一种被称为“第四种模型”的学习型组织理论。他认为，任何企业的运行都包括准备、计划、推行三个阶段，而学习型企业不应该是先学习然后进行准备、计划、推行，不要把学习与工作分割开，应强调边学习边准备、边学习边计划、边学习边推行。

四是强调“团体学习”。即不但重视个人学习和个人智力的开发，更强调组织成员的合作学习和群体智力（组织智力）的开发。

学习型组织通过保持学习的能力，及时铲除发展道路上的障碍，不断突破组织成长的极限，从而保持持续发展的态势。

4.“地方为主”的扁平式结构

传统的企业组织通常是金字塔式的，学习型组织的组织结构则是扁平的，即从最上面的一决策层到最下面的操作层，中间相隔层次极少。它尽最大可能将决策权向组织结构的下层移动，让最下层单位拥有充分的自决权，并对产生的结果负责，从而形成以“地方为主”的扁平化组织结构。例如，美国通用电器公司目前的管理层次已由 9 层减少为 4 层。只有这样的体制，才能保证上下级的不断沟通，下层才能直接体会到上层的决策思想和智慧光辉，上层也能亲自了解到下层的动态，吸取第一线的营养。只有这样，企业内部才能形成互相理解、互相学习、整体互动思考、协调合作的群体才能产生巨大的、持久的创造力。

5. 自主管理

学习型组织理论认为，“自主管理”是使组织成员能边工作边学习并使工作和学习紧密结合的方法。通过自主管理，可由组织成员自己发现工作中的问题，自己选择伙伴组成团队，自己选定改革，进取的目标，自己进行现状调查，自己分析原因，自己制定对策，自己组织实施，自己检查效果，自己评定总结。团队成员在“自主管理”的过程中，能形成共同愿景，能以开放求实的心态互相切磋，不断学习新知识，不断进行创新，从而增加组织快速应变、创造未来的能量。

6. 组织的边界将被重新界定

学习型组织的边界的界定，建立在组织要素与外部环境要素互动关系的基础上，超越了传统的根据职能或部门划分的“法定”边界。例如，把销售商的反馈信息作为市场营销决策，的固定组成部分，而不是像以前那样只是作为参考。

7. 员工家庭与事业的平衡

学习型组织努力使员工丰富的家庭生活与充实的工作生活相得益彰。学习型组织对员工承诺支持每位员工充分的自我发展，而员工也以承诺对组织的发展尽心尽力作为回报。这样，个人与组织的界限将变得模糊，工作与家庭之间的界限也将逐渐消失，两者之间的冲突也必将大为减少，从而提高员工家庭生活的质量（满意的家庭关系、良好的子女教育和健全的天伦之乐），达到家庭与事业之间的平衡。

8. 领导者的新角色

在学习型组织中，领导者是设计师、仆人和教师。领导者的设计工作是一个对组织要素进行整合的过程，他不只是设计组织的结构和组织政策、策略，更重要的是设计组织发展的基本理念；领导者的仆人角色表现在他对实现愿景的使命感，他自觉地接受愿景的召唤；领导者作为教师的首要任务是界定真实情况，协助人们对真实情况进行正确、深刻的把握，提高他们对组织系统的了解能力，促进每个人的学习。

学习型组织有着它不同凡响的作用和意义。它的真啼在于：学习一方面是为了保证企业的生存，使企业组织具备不断改进的能力，提高企业组织的竞争力；另一方面学习更是为了实现个人与工作的真正融合，使人们在工作中活出生命的意义。

尽管学习型组织的前景十分迷人，但如果把他视为一贴万灵药则是危险的。事实上，学习型组织的缔造不应是最终目的，重要的是通过迈向学习型组织的种种努力，引导出一种不断创新、不断进步的新观念，从而使组织日新月异，不断创造未来。

学习型组织的基本理念，不仅有助于企业的改革和发展，而且它对其他组织的创新与发展也有启示。人们可以运用学习型组织的基本理念，去开发各自所置身的组织创造未来的潜能，反省当前存在于整个社会的种种学习障碍，思考如何使整个社会早日向学习型社会迈进。或许，这才是学习型组织所产生的更深远的影响。

8.1.2.2 建立学习型团队模型

麻省理工学院教授彼得·圣吉认为：学习型组织不在于描述组织如何获得和利用知识，而是告诉人们如何才能塑造一个学习型组织。他说："学习型组织的战略目标是提高学习的速度、能力和才能，通过建立愿景并能够发现、尝试和改进组织的思维模式并因此而改变他们的行为，这才是最成功的学习型组织。"彼得·圣吉提出了建立学习型组织的"五项修炼"模型。

一是自我超越（Personal Mastery)：就是鼓励人们做事精益求精，努力实现心灵深处的热望。彼得·圣吉举例说：对于想改变组织，但是又觉得自己人微言轻，成就不了什么大事的人而言，自我超越提供了一个选择——你永远可以努力发展自我，超越自我。

二是改善心智模式（Improving Mental Models)：心智模式是看待旧事物形成的特定的思维定势。在知识经济时代，这会影响对待新事物的观点；这项修炼要求企业的领导者和职工要用新的眼光看世界。

三是建立共同愿景（Building Shared Vision)：就是组织中人们所共同持有的意象或愿望，简单的说，就是我们想要创造什么；

四是团队学习（Team Learning)：是发展成员整体搭配与实现共同目标能力的过程；

五是系统思考（Systems Thinking)：要求人们用系统的观点对待组织的发展。

【小资料】彼得·圣吉（Peter Senge）生平简介。

彼得·圣吉（Peter Senge），1947 年出生于芝加哥，后进入斯坦福大学学习并于 1970 年在斯坦福大学获航空及太空工程学士学位，之后进入麻省理工学院斯隆管理学院攻读博士学位，师从佛睿恩特（Jay Forrester）教授，研究系统动力学整体动态搭配的管理理念；1978 年获得博士学位后，彼得·圣吉留在斯隆，继续致力于将系统动力学与组织学习、创造原理、认知科学、群体深度对话与模拟演练游戏融合，从而发展出“学习型组织”理论。作为他们研究成果的结晶，彼得·圣吉的代表作《第五项修炼——学习型组织的艺术与实务》于 1990 年在美国出版，在书中，彼得·圣吉为经理人提供了工具和概念性原型，以更好地理解潜藏在组织问题下的结构和互动问题并首次系统地提出了一个全新的概念：学习型组织。该书于 1992 年荣获世界企业学会（World Business Academy）最高荣誉的开拓者奖并被《哈佛商业评论》评选为在过去 75 年中影响最深远的管理书籍之一（Pathfinder Award），彼得·圣吉本人也于同年被美国《商业周刊》推崇为当代最杰出的新管理大师之一。他所提出的学习型组织被誉为“21 世纪的金矿”。为了更好地发展学习型组织，彼得·圣吉等人 1991 年在麻省理工学院成立了组织学习中心。中心建立的最初目的是通过系统思考、改善心智模式、自我超越和建立共同愿景来提高领导和员工的学习能力。在创立后的几年之内，中心得到了迅速发展。至 1995 年已拥有 19 个合作伙伴，包括 AT&T、IBM、福特汽车等。许多公司都进行了各种各样的关于学习型组织的实验。1994 年又出版了《第五项修炼——学习型组织的艺术与实务》的配套实用手册《第五项修炼·实践篇》，由此催生出一场世界性的运动。在 1999 年推出了《变革之舞》。据彼得·圣吉自己说，此书是从两个重大教训开始的：第一，启动和维持变革并非如《第五项修炼》所建议的那样令人乐观，而是一项常常令人沮丧的任务；第二，启动变革这一任务要求商界人士改变思考企业的模式，即要像生物学家那样思维。时代已经转型，思维也要更新。

8.1.3 学习自测

一、单选题

1．五项修炼的内容不包括（　）。

A．自我超越　　B．改善心智模式

C．建立共同愿景　　D．个人学习

2．学习型团队的本质特征是（　）。

A．善于不断学习　　B．组织成员拥有一个共同的愿景

C．自主管理

3．《第五项修炼——学习型组织的艺术与实务》的作者是（　）。

A．彼得·圣吉　　B．梅约　　C．彼得·圣吉

二、判断题

1．学习型企业改变了传统的办公方式、组织结构、工作时间安排和报酬分配制度。（　）

2．心智模式是看待旧事物形成的特定的思维定势。（　）

3．学习型组织的组织结构是金字塔式的组织结构。（　）

4．学习型组织被誉为“21 世纪的金矿”。（　）

5．学习型组织的基本理念，不仅有助于企业的改革和发展，而且它对其他组织的创新与

发展也有启示。（　）

三、简答题

1. 什么是学习型组织？管理者为什么要将企业转变为学习型组织？

2. 学习型组织的特征有哪些？

8.1.4　案例分析

瞎子买剪刀

目的：帮助学员摆脱惯性思维的束缚。

步骤：

请一位学员上台，面向大家，按照老师的提问回答问题。

问：一个聋子去买锤子，因为十聋九哑，不会说话，请你如何向售货员表示要买锤子？

答：

问：一个哑巴去买菜刀，请问他会怎样做？

答：

问：一个瞎子去买剪刀，请问他会怎样做？

答：

讨论：

（1）是什么让我们走入心智陷阱？

（2）如何才能有效改善类似的心智？

（资料来源：豆丁网 http://www.docin.com/p-46111969.html）

8.1.5　实训项目

表 8-1　实训名称：回形针的妙用

实训目的	启发和引导学员的创造性思维，让团队学员练习创造性的解决问题
实训条件	回形针、可移动的桌椅
实训要求	1. 3 分钟尽可能多地想出回形针的用途 2. 每组指定一个人负责记录想法的数量和内容 3. 在 3 分钟后，请各组汇报数量、内容，汇总时将重复的省去
讨论参考问题	1. 你所在的小组在讨论的时候用到哪些方法 2. 你的创意曾遭到同伴的反对吗 3. 你认为妨碍团队创意的障碍有哪些
教师任务	1. 组织组长竞选发言 2. 点评发言
实训评价	对小组活动打分

【参考答案】

一、单选题

1～3　D　A　C

二、判断题

1～5　√　√　×　√　√

学习任务二　构建学习型组织

8.2.1　学习导入

为什么要建立学习型组织

倘若你有一个苹果，我也有一个苹果，那么，你我仍然是各有一个苹果。但是，倘若，你有一种思想，我也有一种思想，而我们彼此交流这种思想，那么，我们每个人将各有两种思想。

——肖伯纳

（资料来源：中国校本研修网 http://xbyx.cersp.com/jscz/qtfz/200612/1055.html）

8.2.2　相关知识

构建学习型组织，就是要激发全体成员全身心投入到学习过程之中，并通过学习创造自我，扩展创造未来的能量。

8.2.2.1　把握学习型组织的核心

1. 系统思考的管理观念

锻炼系统思考工作是创造学习型组织的核心工作。系统本质上是处于一定的相互关系中并与环境发生关系的各组成部分（要素）的总体（集）。概括的讲，系统思考的管理观念是指管理主体自觉的运用系统理论和系统方法，对管理要素、管理组织、管理过程进行系统分析，旨在优化管理的整体功能，取得较好的管理效果。

学习型组织系统思考的基础：系统动力学。系统动力学强调的是相互作用，作为系统动力学研究对象的社会经济系统本身处于千变万化的运动过程，其构成要素（生产力、人力、物力、财力、技术等）都表现出系统动力学的相互作用的本质。

学习型组织系统思考的层次有三个：

（1）事件层次上的思考：采取反应式的行为，结果是“专注于个别的事件、局限思考、归罪于外等。”

（2）行为变化层次的观点：能顺应变动中的趋势，但容易造成学习障碍，如从经验中学习，但习而不做等。

（3）系统结构层次的观点：能改造行为的变化形态，超越了事件层次和行为层次的局限，专注于解释是什么造成行为变化的形态，例如，对于制造和销售一体的企业，系统结构层次的观点必须显示出发出的定单、出货、库存如何变动，从互动中寻找货物不稳定与扩大的效应。由于结构才能触及行为背后的原因，进而进行行为改造。

2. 型组织系统思考的工具

学习型组织系统思考的要义就是在于看清复杂事物背后结构的形态。由于这种形态结构一再出现，彼得·圣吉给出了他们的基本模型，称为系统基模。不断增强的反馈、反复调节的反馈、时间的滞延是系统基模的三个主要方面。不断增强的反馈是成长的引擎，包括经常听到的词语如滚雪球效应、连锁反应、恶性循环都是不断增强的反馈。反复调节的反馈是系统追求稳定和平衡的一种力量，一个调节的系统就会自我修正，以维持这种状态。时间的滞延是行动和结果的时间差。学习型组织系统思考就是这样一个过程，通过增路循环、调节循环与时间滞延进行的。彼得·圣吉根据这些基本的过程，建立了反应迟缓的调节环路、舍本逐末、目标浸蚀、恶性竞争、成长上限、共同悲剧等模型。

3. 思考在学习型组织中的位置

系统思考的核心作用：

（1）系统思考和自我超越的修炼：用系统思考的语言和方式指导自我超越的修炼，在系统思考的指引下，个人修炼将彰显自我超越的几个方面，如对环境的认同感、对整体的使命感。

（2）系统思考与团队学习：系统思考的工具对于团队学习是至关重要的。在团队学习中，讨论和深度会谈能够持续下去，必须克服许多障碍。系统思考的方法帮助我们从组织发展的整体上认识出现障碍的原因，从而跳出个人的圈子。

（3）系统思考与改善心智模式：管理者必须学习如何反思他们现有的心智模式，直到习以为常的假设公开接受检验。根深蒂固的心智模式将阻碍系统思考的产生，反过来。系统思考对于有效改进心智模式已至关重要。

（4）系统思考与建立共同愿望：系统思考是建立共同愿望的沃土。共同愿望描述的是未来的状况，而系统思考则揭示了通向未来的必由之路。有了系统思考，组织中的人们可以清楚地了解现有的政策和行为如何创造或改变现状，找到启动现实的杠杆。一个信心来源就建立起来了，适合建立共同愿望的沃土就开发出来了。

4. 学习型组织的整合

个人的自我超越是整个学习型组织的基础。它为学习型组织提供了宝贵的人力资源，团队的学习都依赖个体的努力，比如改进心智模式、建立共同愿望、系统思考等。

团队学习是一种组织内部的学习，团队学习既是团队的活动内容，同时又是检视心智模式、建立共同愿望的载体和手段。

检视心智模式和建立共同愿望，从时间上看，前者针对业已形成的“组织记忆”，是组织从记忆中学习的体现，后者则是对未来生动的描述，对组织的成长起牵动作用。

系统思考是学习型组织的灵魂。它提供了一个健全的大脑，一种完善的思维方式，个人学习、团体学习、检视心智模式、建立愿望，都因为系统思考的存在，连在一起，共同达到组织的目标。

【课堂训练】从一个案例得到的关于团队合作的启示。

20 世纪 30 年代，全球最大最强的汽车制造企业是美国的通用汽车公司。到 20 世纪 80 年代，日本的汽车已经成功地打入美国市场。日本汽车的成功靠的是团队合作。

企业生产的产品一般经过市场营销、产品设计、成本核算、生产制造、销售、售后服务等环节。美国的汽车制造企业是按照流程从市场营销开始，一直到售后服务来开展业务，一般需要 5 年时间形成一个周期。而日本企业通过团队合作，从市场营销开始，各个部门共同参与，一般只需要 18 个月就形成一个周期。日本企业在 20 世纪 80 年代利用能源危机这一契机，成功占领了美国汽车市场。

问题：

（1）在 20 世纪 80 年代为什么日本汽车制造企业超过了美国汽车制造企业？

（2）团队合作的意义是什么？

8.2.2.2 学习型组织的学习模式

1. 单项式、双项式和反思

学习型组织的学习类型有单项式、双项式和反思式。单项式学习通常发生于对市场变化情况和竞争对手压力的响应，这是一种企业日常技术、生产和经营活动的基本学习类型。双项式学习经常发生在组织渐进或根本性创新时期，或者两个组织合并，一个组织的价值观、行为规范被另一个组织成功的接纳过程中。反思式学习则表现为组织反思以往是怎样学习的以及学习中的不足，从而进一步寻求更好的学习方法，包括有意识的学习、怎样学习以及努力寻找提高单项式和双项式学习效率的途径。这种学习通常包括新洞察的出现、新的选择、产生新的行动以及观察行动四个环节的循环，打断了这个循环也就打断了组织学习。正是通过这种循环，组织的新知识逐渐积累起来。人们之所以能够很快地接受并适应自治的新规范和新要求，很大程度上就在于这种不断循环的学习过程。

2. 适应型、发展型、过渡型、创造型学习模式

（1）适应型学习模式。在知识经济时代，技术更新换代的速度越来越快，学习型企业不可能也没有必要开发所有的技术。通过引进技术进行模仿创新、消化吸收，可以降低技术开发风险和市场开发风险。技术引进的起始阶段，由于引进技术水平较高，打破了企业原有的技术范式，引进企业不得不把重点放在全面改进原有的技术体系，使企业人员尽快掌握新技术的要领，以便能尽快按引进技术的标准生产出产品，并尽快打入市场，因此该阶段的学习模式是通过干中学和学中干。

（2）发展型学习模式。在适应型学习的基础上，为使引进的技术得到更充分的应用，企业必须积累更深的知识、技能和经验，加强自身的研究开发，结合企业自身的技术情况、消费者需求情况，通过逐渐创新，逐步提高所用技术最初的性能标准，使企业的技术体系沿既定的技术轨道有所发展。发展型学习，即通过能力积累，在保持稳定的前提下，使已有系统更有效，成为学习的主导模式，其中又以利用反向工程形式进行的发展性学习模式尤其受企业界人士的青睐。所谓反向工程（Reverse Engineering）国际上也称之为反求工程、逆工程学，是相对于引进的技术产品投入正向使用而言，指在国际间的技术转移过程中，引进国企业已引进的技术为对象进行全面、系统、深入的科学分析，反向研究它的性能、结构、原材料、配方、设计、制造、使用条件和其他与之相关的重要因素，最终达到有效地使用、掌握和发展这项技术，以形成引进企业自己的技术体系。

（3）过渡型学习模式。现代技术发展的动态特征，使企业越来越难以保持自己的竞争优势。当企业在完成对引进技术的消化吸收，并在原有基础上改革、创新之后，已形成一定的技术发展能力的同时，世界技术的发展又出现新的主导范式，企业再次面临落后的境地。在新旧技术更替时期，企业为适应环境的重大变化，应将分析理解外部环境中与已相关的重大事件和信息作为重要任务，探索战略性转变和系统重构的可能性，对未来发展进行多维的探索，这可以充分利用已有的技术能力，也可以进行新的技术引进。

（4）创造性学习模式。想在激烈的竞争中夺取制高点，进入国际产业的技术前沿，进行创造性学习是关键，它以全新型发明或采用新技术为突破点，进行一系列积极的根本性的系统重构，积极地对环境进行反应。为此必须打破习惯于固有行为准则和依恋过去经验的惯性，勇于否定过去。

这四种学习模式是相互联系、由浅入深的一个有机整体，企业可以根据自身所处的环境和条件，动态地选择恰当的甚至是混合的学习模式，并通过采用正确的学习模式来提高学习的效率，提高决策的正确性，加速技术的引进、消化、吸收和创新。

8.2.2.3　构建学习型组织的基本途径

构建学习型组织，就是要激发全体成员全身心投入到学习过程之中，并通过学习创造自我，扩展创造未来的能量。其基本途径主要有：

1. 学习制度，创新学习方式

建设学习型组织是一项长期复杂系统的工程，需要全体成员的积极参与、共同努力，更需要组织领导充分发挥模范带头作用，机关、系统、企业、社区、村镇都可因地制宜地建成各具特色的学习型组织。建立健全学习制度是构建学习型组织的前提和基础。为推进学习型组织建设，必须在细心钻研和掌握有关学习型组织的理论基础上，制定实施计划和有关规章制度，与时俱进，不断创新学习方式，以制度作保证，定期研究、部署、督促、检查其建设情况，规范每个组织成员的行为，广泛开展宣传教育，在整个组织中确立先进的学习理念，积极引导各成员参与其中，使学习逐渐成为组织成员的基本生存状态和行为准则。

2. 学习热情，实现自我超越

“自我超越”是心理学中常出现的一个概念，指的是不断突破极限的自我实现和技能精熟。在组织中的每一个人要不断理清个人的真实愿望，并找出愿望与现实之间的差距，通过努力，向极限挑战，以实现自我超越。这是构建学习型组织的精神基础。自我超越是一个自我成长的过程。组织的生命力和作用力，是建立在其成员个体的综合素质基础之上的。为此，只有每个组织成员都具有学习的意愿和能力，不断超越自我，整个组织才能具有学习的意愿和能力，才有可能成为学习型组织。激发组织成员学习热情的方式方法很多，如创新工作机制，建立奖励激励机制，通过积极营造学习氛围，创造学习条件，充分激发组织成员的学习积极性、主动性和自觉性，引导组织成员不断实现自我超越。

3. 思维方式，统一观念认识

人们由于受各种因素的影响，如生存环境、受教育程度、生活阅历、个性等方面的不同，往往造成思维方式的差异，这就是心理学上所说的“思维定势”，它是一种带倾向性的心理活动，常常以某种固定的模式影响人们解决问题。不同的思维方式或模式又导致人对同一个问题或事物产生不同甚至截然相反的认识。一个组织，只有努力改善其成员的思想模式，促进全体成员在认知和行动上达成高度的一致，才能保障组织计划的顺利实施，更好地实现组织目标。只有坚持与时俱进，不断创新，统一思想，牢固树立科学的世界观、人生观和价值观，自觉运用先进理论认识和改造世界，才能保证各项工作及时地得到贯彻落实，从而更好地满足社会需求。这是建设学习型组织的重要内容和任务。

4. 共同目标，激发前进动力

任何一个组织都应该有其共同的愿景，即鼓励其成员共同努力的愿望，包括共同的目标、价值观、使命感和责任感等。创建学习型组织，就是要在该组织成员中建立共同的价值观，确定共同的理想和奋斗目标，形成凝聚力和战斗力，为全体成员提供前进的方向和动力，使整个组织在物化的组织结构之外，在精神层面上也成为一个整体，并激励着组织成员相互配合，朝着共同的奋斗目标携手努力。这是构建学习型组织的关键。其目的在于培养并充分发挥共同理念的导向作用、凝聚作用、激励作用及规范作用，使整个组织成员充分激发自身的潜能，充分调动其主观能动性，使之由被动的“要我做”转变为自觉的“我要做”，从而增强事业心、责任感和奋斗精神。

5. 团队精神，打造整体优势

现代社会是一个开放的系统。创建学习型组织就是在这个开放系统中完成的，是一个多元化的过程，需要组织成员的相互配合、相互协作，需要发挥整体优势。因此，必须融洽相互间的关系，加强彼此间的沟通，鼓励组织成员相互间敞开心扉，深入交流思想。加强团队学习，以团队为学习单位，发挥团队成员整体搭配与实现共同目标的能力，不仅可以使学习成果迅速转化为实际的工作成果，且可使组织成员的个体学习成果产生乘积效应，使组织的集体智慧得到充分发挥和利用。

6. 系统思考，提高应变能力

系统论认为，任何事物及其发展过程都有一个系统，这个系统与其生存的环境构成一个统一体。同样，认知也是一个系统思考的过程，这就是指把所处理的事物看作一个系统，以系统的方法观察、分析、控制、管理和协调某个事物。一个组织运用系统思考解决处理问题水平的高低，对于其能否正确认识新事物、应对新变化有着直接的影响。在创建学习型组织的进程中，强化系统思考，就是要使组织成员学会立足长期利益处理近期矛盾、立足全局发展掌握局部工作、立足动态变化把握静态状况，学会通过宏观和微观的研究分析做出正确决策，从而推动该组织工作的不断发展。

【课堂训练】ROVER 学习的典范。

ROVER 是一个学习型企业的典范。就在 20 世纪 80 年代晚期，ROVER 还是一个江河日下的企业。但十年后，它已成为全球最富生命力的汽车制造厂商之一。这一翻天覆地变化的后面是由于他们导入了“学习型组织”的理念，并将其作为一面对内对外的旗帜，在这个旗帜的指引和昭示下，ROVER 实现了自我的蜕变。

20 世纪 80 年代末，GRAHAM DAY 在困境下出任 ROVER 集团董事会主席。他旗帜鲜明地提出，要想不在竞争中成为莽身巨鲸口中的小鱼，除了成为学习型组织，ROVER 别无选择。

ROVER 走的第一步是于 1990 年 5 月在公司内部成立一个专门从事学习管理的机构——学习事业部（简称 RLB）。在成立大会上，DAY 先生说，我们别无选择，只有破釜沉舟，矢志成为学习型的组织，才有出路。当天即向全体员工和世人公开宣布，组织学习将成为 ROVER 生存和复兴的基石。

ROVER 公司对于这一场“公司内真正意义的革命”倾注了充分的热情。他们对组织学习的观念和信仰进行了概括和提升，他们认为：①学习是人类的天性；②学习和发展是创造性、凝聚力与贡献的“燃料”；③每个人都有两项工作，即现在的工作和改善这项工作的工作；④谁发明，谁受益；⑤要重视人、尊重人；⑥创造性和独创性说起来容易，实行起来难；⑦管理不能解决所有的问题。

根据这些理念和信仰，ROVER 公司采取了一些具体措施，来保障组织学习的顺利进展。这些措施包括：把公司的目标和组织学习联系起来。在内部目标方面，他们开列了具体的清单，如通过更好学习，使成本节约 200 万美元；每两年员工的态度好转 10%；提供足够的物资和技术支持公司的学习过程；使 500 名管理者成为合格的教练；使 1000 名雇员制定个人发展计划；通过平等竞争，使 2000 名员工有信心走上他们认为自己合适的岗位；使 10000 员工都参加公司的培训和学习。

外部目标方面，则包括：使外界知道该公司致力于成为学习型的组织；获得全国职工培训奖。

ROVER 的做法有自己独特之处。一般企业在建设学习型组织的时候，大多将注意力集中于企业内部，而 ROVER 不仅将建设学习型组织的目标昭示于同人，而且还公之于社会。这样做显然有其重要意义。因为企业是国民经济的细胞。一个企业要想生存和进步，离不开与之相关的方方面面的支持与配合，与供应商、经销商、顾客的认同和合作就显得格外重要。ROVER 认为，一个致力于成为具有世界级竞争力的企业，离不开它的顾客、分销商和供应商。在激烈的竞争中，企业不能仅仅满足于适应其顾客、分销商和供应商学习，而且还要让他们与自己一起学习。为此，RLB 的一项主要工作就是负责对外的沟通，使“业内最佳学习型组织”的形象能深入人心。我们甚至可以将此看作是 ROVER 对无形资产的一种投入和培养。

作为具体的职能部门，RLB 的主要工作还包括：倡导学习；学习过程辅导；标竿管理等。

公司的第二项措施是把组织学习与全面质量管理活动结合起来。他们认为，组织学习的原理与全面质量管理活动的精髓有着显著的类似。这体现在：持续改善；管理引导；全员参与和注重成效。

第三项措施是组织结构的调整，主要包括：①精简层次，组织扁平化；②加强团队修炼；③增强公司应变能力，在大原则、目标、方针和政策的框架下，为管理者提供充分施展的空间；④创立内部沟通战略，保障组织内部的良好沟通。

对于员工的具体学习进程，ROVER 制定了两项措施：一是由管理者协助员工制定个人发展计划书，明确提出自己通过实践和教育、培养要达到的学习目标，使之不仅有利于个人事业成功，也有利于企业的整体利益；二是员工的助学工程，公司每年支付员工津贴 175 美元，鼓励员工拓展视野，掌握新知识、新技术，创造有利于创新的环境和条件。在对待员工个人学习的问题上，ROVER 的基本原则是：主动参与；反馈机制；学习转移；行为强化；激励变革的愿望；反复练习；留出时间，并为员工提供必要的学习上的物质条件。如编制印发学习手册——《学习是生活的一部分》，引导员工为什么要学习以及如何学习；向员工赠送内容丰富多采的学习日记。

试分析：该公司是怎样建设学习团队的？

8.2.3 学习自测

一、单选题

1．以下不是学习型组织的学习类型是（　）。

A．单项式　　B．双项式

C．回转式

2．构建学习型组织的精神基础是（　）。

A．自我超越　　B．系统思考

C．心智模式

3．以下哪些不是构建学习型组织的基本途径（　）。

A．共同目标，激发前进动力　　B．思维方式，统一观念认识

C．塑造个人能力

二、判断题

1．构建学习型组织，就是要激发全体成员全身心投入到学习过程之中，并通过学习创造自我，扩展创造未来的能量。 （ ）

2．一个组织，只有努力改善其成员的思想模式，促进全体成员在认知和行动上达成高度的一致，才能保障组织计划的顺利实施，更好地实现组织目标。 （ ）

3．锻炼系统思考工作是创造学习型组织的核心工作。 （ ）

4．想在激烈的竞争中夺取制高点，进入国际产业的技术前沿，进行过渡性学习是关键。 （ ）

5．反思式学习经常发生在组织渐进或根本性创新时期，或者两个组织合并，一个组织的价值观、行为规范被另一个组织成功的接纳过程中。 （ ）

三、简答题

1．怎样组建学习型组织？

2．学习型组织的学习模式有哪些？

3．学习型组织的核心是什么？

8.2.4 案例分析

美军建设学习型组织

美伊紧张局势已如箭在弦上，就在 13 日，美军又不慎扬言“有可能甩开英国单干”。那么美军凭什么如此自信，关心国际局势的商学院学生定能说出一番道理。如同世界五百强企业那样，美军用什么武器构筑了自己的核心竞争力呢？在 1991 年海湾战争的时候，很多军人预测美军会重蹈苏联在阿富汗的覆辙，然而 38 天后的结果证明他们错了。美军的学习型组织建设就是一个隐性武器！学习过程我们可以分为事前学习、事中学习、事后学习三种，下面的案例主要介绍美军是如何开展事后学习的。

在路易斯安娜的蒲科堡垒美军训练基地，几个身着迷彩装、面涂土色颜料的士兵正在散兵坑的旁边热烈地讨论，四周硝烟弥漫。这是美军在执行自己的学习过程：AAR，一项关于如何评估自己成绩的称作为“行动后评论”的美军标准学习过程。美军上校沃瑞·纳戈这样解释行动后评论：“它是在军队行动结束时参与者立即集合在一起，可能在山坡上、教室里、树荫下，来讨论‘我们开始打算做什么？我们实际做了什么？为什么有差异？’”。“现在我们的要点是如何改进一些薄弱点，并且对仍需要很好调整的地方做进一步改善。”费茨基拉德上校在一次评估会中说。

常言道，一个错误第一次犯是错误，第二次是失误，第三次就是愚蠢！而军队的错误更是无法容忍的，因为都知道它意味着什么。AAR 系统实际是帮助军队不重犯错误的，目标是确定我们做出了什么成绩，并需要保持下去；找出失败之处，必须进一步提高。

AAR 的过程已标准化。根据分工，主持者把任务分解下来。他把问题落实给任务中每一步的人员，最初的意图是什么？实际完成了什么？我们怎样保持我们成就，改正失误？AAR 形成三个明显特征：一是持续，在完成每项任务后，每一个分队，不论它位于何种层次都要始终如一地执行 AAR（AAR 分为低级和高级两种，低级的 AAR 包括这个分队里的每一个步兵；高级的 AAR 只包括上尉、正职官员（Majors）、副职官员（Lieutenant）和团长（Colonels）

——军队的中级管理者；二是记录，在 AAR 中形成的结论和决定总是由一个指定的人来记录，军人依靠自己来使用他们所学到的知识；三是风气，AAR 要求一种特别的风气，即坦率，人们可以很自由地承认自己的错误，也能自由地批评他们上司的行为。为了鼓励坦率，AAR 的记录是和军队人员的评估系统分隔开的，在 AAR 上承认错误不会损害军人的职业生涯。相反，不太诚实或者隐瞒事实倒是美军军人生涯毁灭的原因。

1994 年美军在海地执行维和任务时最终测试了 AAR 系统。置身于一个变化的环境里，并且维和制度所约束，这一切迫使美军发展一套全新的技能。就像一个公司突然插进入一个新市场，美军当时面临着许许多多未知的情况。没有选择，只有行动，然后尽可能多地从中学习。为了加快学习速度，部队认真贯彻 AAR。

迈克尔 •崔瀚上校是空军中队指挥官，他清楚记得在海地做的每一军事行动都执行 AAR。其中一些只是手写的、潦草的。比如如何跟踪通过交通控制点的车辆，如何填写关于日常事件的行动日志。每一个指挥官执行了一个特定的任务后要写出来：军事行动的概念、结果、趋势、建议、维持、改进。

在海地每周都会产生许多记录，中层官员的工作是从中提取精华并形成学习材料。然后按照两个途径传播这些信息：一是平级分发，发给其他分队的对应中层官员；二是垂直传播，传给高层军官，最后形成在全军分发的学习材料。

5 个月后，当第二批部队达到时，他们拥有了第一批部队总结的所有知识。半年后他们回到自己国家时，师长说："我们到达之前训练了第一批军队总结的 24 个主要经验。在海地，我执行了训练的 24 个情节中的 23 个，唯一没有执行的一个是对付恐怖分子的攻击！"

除此之外，美军创造了军队课程学习中心或称 CALL，总部设在堪萨斯州的伦温沃斯。CALL 是军队"从做中学"的神经中枢，它的 28 个成员以最低的代价服务着 50 万军人的学习需要。它派遣有经验的观察员小组到全世界的动荡地区去收集信息。CALL 总部很快归纳这些信息，把关键的材料分发给军队指挥官等军队高级官员。

CALL 的工作就是收集信息和归纳、传播信息。CALL 有 9 人负责收集信息，实际上是信息收集主管，他们有时需要从各大军事院校请几十位各方面专家协助工作，这些人可能会分布在世界的各地采集信息，并将信息及时传回总部。其他人则是将收集到的各种信息进行分类，归纳成易于理解的形式，形成为被称作"战场蓝本"的文件。这里把观察结果进行分类是一个标准化的体系，可以进行标准化的索引，像数据库一样便于查询。

纳戈是 CALL 的主任，他带领部下开发一个数据库通信系统，一个连队司令员在他的坦克里，在他和敌人周旋接触的运动中能够打开的数据库，在战场特定时刻如果他需要某一方面知识时可以查询数据库。

在标准化所学课程后，CALL 立刻把它们提取出来，制作成许多产品，例如时事通信和录像，军队以最快的速度将信息产品分发出去，保证信息不会因延迟而失去价值，从而能够被运到战场上。

美军通过建立这种学习型组织，使得犯错误的可能性降低，并可以做好最充分的能力准备，极大提高了作战能力。试分析美军提高作战能力的原因和采取的措施。

（资料来源：Http://News.wenzhouglasses.com）

8.2.5 实训项目

表 8-2 实训名称：特殊的椅子

实训目的	体会团队协作
实训条件	普通教室
实训要求	1. 全体学员围成一圈 2. 每个学员将双手放在前面学员的肩膀上 3. 然后听教练的指令 4. 要求学员齐声高呼“团结合作，同舟共济”
讨论参考问题	1. 你和大家配合默契吗 2. 你的动作会对整个活动有影响吗 3. 完成这个游戏的关键是什么 4. 对你有什么启示
教师任务	组织分组点评
实训评价	教师给每组打分

【参考答案】

一、单选题

1～5 C C C C C

二、判断题

1～5 √ √ √ × ×

参考文献

[1] 杨善林．企业管理学．北京：高等教育出版社，2004．

[2] 黄津孚．现代企业管理原理．北京：北京经济学院出版社，1997．

[3] 朱新民，李永春，周吉．现代管理科学词库．上海：上海交通大学出版社，1986．

[4] 郑文哲．管理学原理．科学出版社，2009．

[5] 达夫特，（美）马西克，高增安，马永红改编．管理学原理．（美）机械工业出版社，2010．

[6] 张立迎．管理学原理．北京：电子工业出版社，2010．

[7] 孙健敏，黄卫伟，王凤彬，焦叔武，杨军等译．Management, 9th Edition. Prentice Hall．北京：中国人民大学出版社，2008．

[8] 周三多．管理学．高教出版社，2008．

[9] 罗宾斯．管理学．北京：中国人民大学出版社，2004．

[10] 孙焱林，陈雨良，李彤．实用现代管理学．北京：北京大学出版社，2008．

[11] 黄雁芳，宋克勤．管理学教程案例集．上海：上海财经大学出版社，2008．

[12] 邵强．与官员谈沟通与协调的艺术．国家行政学院出版社，2010．

[13] 程正方．现代管理心理学．北京：北京师范大学出版社，2010．

[14] 张中华．管理学通论．北京：北京大学出版社，2005．

[15] 拉姆·查兰．Know-How．北京：中信出版社，2007．

[16] 邵一明，马嫣．现代企业管理．上海：立信会计出版社，2001．

[17] 刘小欢．企业管理概论．北京：高等教育出版社，2005．

[18] 胡君辰，郑绍濂．人力资源开发与管理．上海：复旦大学出版社，2004．

[19] 刘小欢．企业管理概论．北京：高等教育出版社，2004．

[20] 秦志华．人力资源管理．北京：中国人民大学出版社，2002．

[21] 张佩云．人力资源管理．北京：清华大学出版社，2004．

[22] 廖泉文．人力资源管理．北京：高等教育出版社，2003．

[23] 季辉．现代企业经营与管理．大连：东北财经大学出版社，2007．

[24] 盘和林．哈佛：战略管理决策分析及经典案例．北京：人民出版社，2006．

[25] 黄速建，黄群慧．现代企业管理．北京：经济管理出版社，2007．

[26] 肖刚．现代经营管理与决策．北京：中国经济出版社，2001．

[27] 胡恒松．中国儒式管理新模式．北京：中国纺织出版社，2006．

参考资料

[1] http://www.china-b.com
[2] http://www.cnxz.cn
[3] http://www.newjobs.com.cn
[4] http://www.eduol.cn/
[5] http://www.globrand.com
[6] http://learning.sohu.com
[7] http://www.docin.com
[8] http://xbyx.cersp.com
[9] http://www.chinaceot.com
[10] http://www.manaren.com
[11] http://guanli.bxsoo.com/info/8951_1.htm
[12] http://wenku.baidu.com/view/8fcefe175f0e7cd1842536da.html
[13] http://bbs.zgdod.com/thread-42300-1-1.html
[14] http://www.fz160.com/index.php/article/xuanzhizhuangxiu/2009-07-17/12042.html
[15] http://www.21manager.com/html/2008/9-10/172802220.html
[16] http://jpkc.ywu.cn/glx/News/News.asp?Id=1676）
[17] http://wenku.baidu.com/view/d4f40e3143323968011c9206.html
[18] http://blog.sina.com.cn/s/blog_5d8f22df0100d1uu.html
[19] http://wenku.baidu.com/view/96a8d311f18583d04964599a.html
[20] http://blog.sina.com.cn/s/blog_4b1774b1010008do.html
[21] http://crsit.spaces.live.com/
[22] http://wenku.baidu.com/view/0155c61755270722192ef754.html
[23] http://www.chinahrd.net/manage/info/108039
[24] http://ba-d.cdrtvu.edu.cn/News_View.asp?NewsID=512
[25] http://www.zige365.com
[26] http://www.examda.com/mba/Other/Case/20100213/093216320.html
[27] http://zhidao.baidu.com/question/154097449.html
[28] http://www.xici.net/main.asp?url=/u13993115/d68334769.htm
[29] http://www.chinairn.com/doc/50170/193638.html
[30] http://www.51test.net/show/703487.html